基金项目：全国教育科学规划教育部重点课题"基于企业和毕业生信息反馈的高职人才培养质量实证研究"（课题编号：DJA160278）

高职人才培养质量评价实证研究

——基于案例院校毕业生和用人单位的信息反馈

毕于民　屈克英◎著

中国书籍出版社
China Book Press

图书在版编目（CIP）数据

高职人才培养质量评价实证研究：基于案例院校毕业生和用人单位的信息反馈 / 毕于民，屈克英著. -- 北京：中国书籍出版社，2021.8
　　ISBN 978-7-5068-8627-7

Ⅰ.①高… Ⅱ.①毕… ②屈… Ⅲ.①高等职业教育–人才培养–研究 Ⅳ.①G718.5

中国版本图书馆 CIP 数据核字（2021）第 158881 号

高职人才培养质量评价实证研究
——基于案例院校毕业生和用人单位的信息反馈

毕于民　屈克英　著

责任编辑	姜　佳
责任印制	孙马飞　马　芝
封面设计	范　荣
出版发行	中国书籍出版社
地　　址	北京市丰台区三路居路 97 号（邮编：100073）
电　　话	（010）52257143（总编室）　（010）52257140（发行部）
电子邮箱	eo@chinabp.com.cn
经　　销	全国新华书店
印　　刷	青岛瑞克印务有限公司
开　　本	787 mm × 1092 mm　1 / 16
字　　数	300 千字
印　　张	17.25
版　　次	2021 年 8 月第 1 版　2021 年 8 月第 1 次印刷
书　　号	ISBN 978-7-5068-8627-7
定　　价	48.00 元

版权所有　翻印必究

内容摘要

新时代高等职业教育（以下简称高职教育）发展正在由追求规模扩张向全面提高人才培养质量转变。高职教育质量的提升，取决于学校所提供的教学资源、教学水平、管理服务等的质量。学生作为教育质量评价的主体，对所接受教育的满意度评价，成为新时代高职教育质量保障体系的重要组成部分。同时，企业等用人单位作为高职教育服务的对象，对人才培养质量的高低具有重要的发言权。因此，基于毕业生和用人单位信息反馈的视角，探索基于毕业生和用人单位信息反馈的高职人才培养评价指标体系并进行实证研究，具有重要的研究价值和实践意义。

本书以文献研究和实证研究相结合的方法，创建了基于毕业生信息反馈的包含4个层级169个指标的高职人才培养质量指标体系。一级指标2个，即毕业生对母校的总体满意度与推荐度；二级指标3个，分别是就业落实与就业质量信息反馈、毕业生自身知识能力素养提升评价、对母校的服务质量评价；三级指标14个；四级指标150个。各指标间有机联系，共同构成了一个评价整体。创建了基于用人单位信息反馈的包含3个层级37个指标的高职人才培养质量指标体系：4个一级指标（学校声誉、毕业生质量、雇主满意度、雇主忠诚度），6个二级指标（学校声誉、专业建设水平、就业服务水平、毕业生的工作能力、职业素养、核心知识）和27个主要观测点，编制了信度效度较高的《基于毕业生信息反馈的高职人才培养质量调查量表》和《基于用人单位信息反馈的高职人才培养质量调查量表》，从毕业生角度和用人单位角度对案例院校的高职人才培养质量状况进行了实证研究，对如何提高高职人才培养质量提出了对策与建议。

本研究的样本为案例院校2015届至2019届高职毕业生，书中实证研究的图表数据来源于课题组对案例院校的问卷调研。研究结果表明：五届毕业生就业率分别为91.5%、95.3%、92.7%、92.6%、93.3%，均在九成以上；就业率没有显著的专业差异；平均来看，男生的就业率高于女生；就业满意比例分别为76.4%、76.7%、83.5%、83.9%、76.8%，就业满意度得分≥3.0，达到了满意水平，并呈逐年上升的趋势；案例院校毕业生的平均月收入较高，2015至2019届分别为3022元、3281元、3568元、3817元、3976元；月收入的行业类别差异明显，收入排前五位的行业类别分别为运输业、房地产开发及租赁业、金融（银行/保险/证券）业、家具医疗设备及其他制成品业、文化体育及娱乐业；案例院校高职毕业生的工作专业相关度偏低，五届毕业生的工作专业相关度分别为56.9%、54.5%、57.2%、59.2%、54.9%；不同专业的毕业生工作与专业相关度存在一定的差异，2015、2016、2017、2019届毕业生工作与专业相关度的专业差异达到非常显著的水平，学前教育专业的毕业生专业相关度最高，软件技术专业工作与专业相关度最低；五届毕业生符合职业期待的比例分别为52.9%、50.3%、57.0%、50.0%、52.9%，平均52.62%，高于全国平均水平；2016至2019届毕业生掌握核心知识的满足度是逐届升高的，分别为82.72%、87.91%、87.75%、89.01%；毕业生能力提升综合满足度是逐年升高的，分别为87.1%、88.3%、89.1%、90.1%；根据不同专业的毕业生信息反馈，最重要的基本能力是理解他人、积极学习、有效的口头表达；毕业生认为核心素养有较大提升的占比分别为50.13%、53.76%、53.79%、56.20%、58.82%；对母校教学服务满意度分别为87.7%、91.7%、91.1%、91.8%、93.9%，除2017届较2016届稍有下降外，毕业生整体教学服务满意度变化趋势是逐年升高的；毕业生对校内实习实践的评价较高，满意度在90%以上；毕业生与教师的高频交流频度分别为61.6%、72.7%、65.6%、64.6%、63.9%，平均高达65.68%。毕业生对母校学生工作满意比例平均达到86.66%；对各类社团活动的满意比例在83%以上；生活服务满意度整体较高，并且呈逐年上升的趋势；2015至2019届毕业生对母校的五届平均满意度为92.18%，毕业生对母校的总体满意度人数比例呈逐年上升的趋势。五届学生对母校平均推荐度为68.5%。用人单位对案例院校的就业服务工作满意度为81%；用人单位对毕业生的工作能力整体是"满意"的，对"动手操作能力"和"服务他人的能力"两项指标的满意程度最高；用人单位最看重的毕业生职业素养是"积极的工作态度"和"遵守企业职业道德规范"。用人单位对案例院校高职毕业生各项职业素养的满意程度平均得分在4.53至4.74之间，均达到"满意"水平；用人单位对毕业生工作岗位"专业知识""与行业相关的知识""人文社会科学知识"的满意度分别为90%、96.7%、96.7%；用人单位对案例院校毕业生的总体满意度高达96.8%，100%的样本用人企业愿意或非常愿意继续招聘案例院校的毕业生，有58.1%的用人单位选择的是"非常愿意"。

关键词 高职 用人单位 毕业生 信息反馈 质量评价

目 录

第一章 导论 ·· 1
   第一节 研究背景与研究问题的提出 ·· 1
   第二节 课题研究的价值与意义 ··· 3

第二章 研究文献综述 ·· 6
   第一节 国外研究现状 ··· 6
   第二节 国内研究现状 ··· 8
   第三节 研究趋势 ·· 13

第三章 理论基础与研究设计 ··· 14
   第一节 理论基础 ·· 14
   第二节 分析框架和研究设计 ·· 21

第四章 基于毕业生和用人单位信息反馈的评价指标体系构建
       与量表编制 ··· 25
   第一节 高职学生就业意愿调研 ··· 25
   第二节 企业招聘关注点与高职毕业生视角的能力点调研 ············· 31
   第三节 基于毕业生和用人单位信息反馈的高职人才培养质量
            指标体系构建 ··· 37
   第四节 基于毕业生和用人单位信息反馈的高职人才培养质量
            评价问卷的编制 ··· 42

第五章 基于案例院校毕业生信息反馈的高职人才培养质量评价实证研究 …… 55

第一节 样本数据介绍与统计分析方法 …… 55

第二节 案例院校毕业生就业落实与区域贡献 …… 60

第三节 高职毕业生就业质量 …… 79

第四节 高职毕业生知识、能力、素养的提升情况 …… 114

第五节 毕业生对母校提供的教学服务、学生工作服务、生活服务满意度信息反馈 …… 141

第六章 基于用人单位信息反馈的高职人才培养质量评价实证研究 …… 209

第一节 样本数据介绍 …… 209

第二节 用人单位招聘案例院校毕业生的渠道、理由以及对学校就业服务工作评价 …… 210

第三节 用人单位对高职毕业生能力、素养、知识的评价 …… 216

第四节 用人单位对案例院校毕业生的总体满意度和招聘意愿 …… 225

第五节 用人单位对案例院校专业设置与课程设置的评价与改进建议 …… 227

第七章 主要研究结论与对策建议 …… 229

第一节 主要研究结论 …… 229

第二节 提高人才培养质量的对策建议 …… 236

附录1 基于毕业生信息反馈的高职人才培养质量调查 …… 243

附录2 基于企业信息反馈的高职人才培养质量调查 …… 258

参考文献 …… 262

第一章 导论

第一节 研究背景与研究问题的提出

一、研究背景

新时代社会转型赋予了高职教育新的使命，当前我国经济发展从高速度逐渐向高质量转变，与之相适应，新时代高职教育发展由追求规模扩张向全面提高人才培养质量转变。在国家大力倡导工匠精神，鼓励民众接受高职教育的大环境下，增强高职教育发展水平，提升高职教育发展质量，加强对高职办学质量和人才培养质量的评价与监测势在必行。

2004年，教育部下发《关于全面开展高职高专院校人才培养工作水平评估的通知》（教高厅［2004］16号），并以此作为指导性文件，开始在全国范围内全面开展高职高专院校人才培养工作水平评估。由教育部及其组织的相关专家组成专家组，对高等职业院校的办学指导思想、师资队伍建设、教学条件与利用、教学建设与改革、教学管理、教学效果、特色或创新项目等7项一级指标和15项二级指标开展测评，评价结果分为"优秀、良好、合格、不合格"四个梯度，这对我国高职教育的改革、建设、管理与人才培养质量的稳定提高，起到了重要的促进与规范作用。2008年，教育部出台了《关于印发〈高等职业院校人才培养工作评估方案〉的通知》（教高［2008］5号），标志着新一轮评估工作启动。除教育行政部门专家外，用人单位、学生及家长、一线教师等机构、群体也作为评价主体参与到评价活动之中；评价指标方面，一级指标仍然保持7项，评价内容更新为领导作用、师资队伍、课程建设、实践教学特色专业建设、教学管理、社会评价等方面，二级指标扩充到22项；评估结论调整为"通过"和"暂缓通过"两种；评价流程新增填报"高等职业院校人才培养工作状态数据采集平台"环节，通过该平台对高职院校实施常态监测，增加评价数据的可靠性和连续性。

总体来说，这两轮评估主体是以教育行政部门和高职院校为主，缺乏社会力量的监督与制约；评估的主要内容是教育投入、办学定位、教师素质、课程标准、教学模式、教学活动等评估指标，这些指标都是教育质量的保障条件，而非质量本身，并且侧重于外部监管和内部评价；对学生和用人单位这两个高职教育的直接利益相关者的感知虽有涉及，但没有引起足够的重视。

为贯彻落实《国家中长期教育改革和发展规划纲要（2010-2020年）》"把提高质量作为教育改革发展的核心任务""制定教育质量国家标准，建立健全教育质量保障体系"的要求，教育部于2012年3月颁布了《关于全面提高高等教育质量若干意见》，明确要求高等学校要"树立科学的高等教育发展观，走以质量提升为核心的内涵式发展道路"，同时把健全教育质量评估制度作为重点推进的30项工作之一。《高等职业教育创新发展行动计划（2015-2018年）》文件中，"质量"一词共出现40次，凸显了提高教育质量是高职教育当前和今后一个时期的发展核心和工作重心。

建立完善的人才培养质量监控与保障体系则是提高人才培养质量的关键举措。《现代职业教育体系建设规划（2014-2020年）》中，对"建立职业教育质量保障体系"提出了7个方面的具体要求，其中包括完善学校、行业、企业、研究机构和其他社会组织共同参与的职业教育质量评价机制；鼓励企业、用人单位开展毕业生就业质量、满意度等评价。由此可见，随着教育领域的开放性逐步增强，建立"基于教育利益相关者广泛参与、多元、立体的质量监控与保障体系"已成为必然。在这些利益相关者中，毕业生作为学校教育最直接、最深入的参与者，对教育质量的感知不容忽视；用人单位是学校育人服务的终端，毕业生的人文素养和职业技能如何，他们最有发言权，因此，通过毕业生和用人单位的反馈信息来检测、评价高职教育质量尤为重要。

二、研究问题的提出

教育评价事关教育发展方向，有什么样的评价指挥棒，就有什么样的办学导向。2020年，中共中央、国务院印发了《深化新时代教育评价改革总体方案》，《方案》强调"着力改进结果评价，强化过程评价，探索增值评价"。即新时代的职业教育评价不仅要评价学生的就业创业质量，还要评价高职院校人才培养过程中的教学、学生管理和生活服务的过程质量，更要评价学生的高职三年学习成效，评价其知识、能力与素养的增值情况。成效性的质量评价指标，离不开毕业生对教育质量评价的深度参与。所以，我国的高职教育是面向市场、以促进就业为导向、为社会服务的教育，教育质量直接体现在社会对毕业生质量的评价上，同时，在学生毕业一段时间后进行跟踪，评价会更加客观。高职教育培养的人才是否满足社会的需要，在很大程度上取决于行业企业（用人单位）的参与度，因为他们是学校育人服务的终端，他们的评价结果，对于提高学校人才培养质量和学校社会声誉都具有非常重要的意义。学生的人文素养和职业技能如何，他们最有发言权。行业企业（用人单位）既是高职院校教育服务的需求主体，又是客观地评价高职人才培养质量的重要主体，因此，加强以行业企业（用人单位）为主体的高职人才培养质量社会评价是亟需的改革和探索。

学生作为人才培养最直接、最深入的参与者，对教学质量的感知在教育评价中不容忽视。正如博格·霍尔所说："在所有人中，毕业生本应是最有资格评价所在大学服务的，并且能够提出建议使其改进"。

目前高职教育普遍存在的问题是学校大多关注"入学—培养—毕业"流程内部的各个环节，对学生毕业后状况的了解基本上处于缺位，即学校忽视了毕业生输出后外部关键利益相关者——毕业生和用人单位对高职教育"产品"的信息反馈环节，未能形成完整、闭合的质量保障体系。

鉴于此，我们从高职教育的外部关键利益相关者的视角，提出了"基于企业和毕业生信息反馈的高职人才培养质量实证研究"课题。

第二节　课题研究的价值与意义

一、课题研究的价值

1. 学术价值

本研究将在已有研究成果的基础上，构建《基于毕业生信息反馈的高职人才培养质量评价指标体系》和《基于用人单位信息反馈的高职人才培养质量评价指标体系》，构建高职人才培养质量评价模型，编制信度效度较高的《高职人才培养质量评价量表》(毕业生版、用人单位版)，分析影响高职人才培养质量的主要因素和影响机理，这些研究成果对丰富教育评价理论、顾客满意度理论等具有重要的学术价值。

2. 应用价值

《基于毕业生信息反馈的高职人才培养质量评价指标体系》和《基于用人单位信息反馈的高职人才培养质量评价指标体系》可以作为现行高职人才培

养评价指标体系的有益补充，可以为高职教育质量评价以及高职教育改革提供新思路；实施基于用人单位和毕业生信息反馈的评价策略，将从根本上改变教师师道尊严的心理定势。通过信息反馈，既可以识别学生和用人单位的需求，调动学生的主观能动性，又可以促进教师利用及时的教学效果反馈信息，改进教学方法，提高教学质量；基于用人单位和毕业生信息反馈的实证研究，不但有利于促进高职院校提供的教学服务更符合市场需求，也有利于高职院校客观地认识自己，面对竞争局面树立质量意识，真正让学生和用人单位的需求成为学校的关注焦点，及时调整人才培养目标，从而有利于高职教育质量的总体提升。因此，本研究具有重要的应用价值。

二、课题研究的意义

教学质量评价的目的是为了改进，即通过所获得的信息反馈来改进教学培养过程，确保学校培养的人才适应社会和用人单位的需求。通过行业用人单位和毕业生对高职人才培养质量评价的信息反馈，高职院校可以客观地获得社会需求信息，了解本校毕业生就业能力与就业质量及其对社会需求的满足情况，为科学诊断和调整专业设置、修订人才培养方案、改进教学培养等提供重要的客观依据。

1. 基于毕业生信息反馈评价的意义

毕业生通过切身的工作体会，能反馈出更有针对性的教学培养改进建议，基于毕业生的信息反馈测量的满意度，不仅是高校人才培养质量结果评价的科学方法，更能随着时间的流逝体现高校人才培养的成功度。

根据毕业生和用人单位的信息反馈，可以根据各系人才培养的数量、质量和结构对于社会需要的满足情况，制订或修改人才培养方案；根据培养质量的一系列结果指标，以及毕业生对母校在教学方面的改进建议，帮助各院系各专业了解自己的不足，有针对性地制订教改方案，改进教学课程设置和教学内容的选择；基于毕业生信息反馈的教育质量评价是基于办学结果的评价，是以往基于教学过程、教学条件评估的进一步完善；本校各专业毕业生毕业后主要从事什么职业、在什么类型和规模的用人单位就业、就业质量优势如何……这些信息可以帮助高校了解毕业生对社会需求的满足情况，找到本校的特色培养定位；通过各专业的培养质量反馈和对社会需求的满足情况，可以为高校调整专业设置和招生规模提供依据；通过信息反馈，可以了解本校各类就业服务的参与度和有效性，了解毕业生求职的渠道、求职难度和成本等。

2. 基于用人单位信息反馈评价的意义

提升用人单位对毕业生的满意度水平是高校提高就业率和办学质量的关键，是高职教育进行供给侧结构改革、优化专业建设和设置新专业的重要依据；毕业生在用人单位的综合表现则在很大程度上反映出学生所在的高职院校在专业建设、办学水平、办学条件等诸多方面的实际情况，以及供给侧的专业建设存在的问题。高职院校应把用人单位作为重要的利益相关主体，密切关注用人单位需求的变化，切实深化产教融合、校企合作、工学结合，实现高效率、高质量培养人才的目标。

高职教育就业质量的研究备受学界关注，但是基于满意度的高职院校毕业生就业质量分析研究在国内比较少，目前正处在探索期。基于用人单位和学生对就业的满意度，对高职院校毕业生就业质量进行分析研究，将丰富就业质量研究理论。用人单位作为劳动市场中的接纳主体，通过调查用人单位对高职毕业生的满意度，评价就业质量将更加客观，对以促进就业为导向的办学目标的实现具有重要的理论意义。用人单位满意度的评价，是完善第三方评价体系的质量诊断与监控功能的重要组成部分。要建立用人单位全程评价机制，包括跟岗实习评价、顶岗实习评价、毕业生就业单位评价，使用人单位满意程度成为高职供给侧结构性改革的重要依据。

第二章 研究文献综述

第一节 国外研究现状

一、高校信息反馈相关研究

(一) 学生信息反馈（满意度）相关研究

Waston（2003）认为，学生的反馈能够促进大学改进，也是学生参与大学管理的组成部分，通过院校范围内的学生满意度调查来收集学生对大学提供服务的反馈信息，把学生的意见和建议付诸于大学改革实践中，并使学生获知他们的反馈信息被采用，实现反馈环的闭合在学生信息反馈机制中是至关重要的。Symons（2006）通过对悉尼大学的个案研究也提出要听取学生的反馈以实现质量改进环的闭合。悉尼大学通过学生课程经历问卷（SCEQ）和学生研究经历问卷（SREQ）来收集学生学习经历的信息，这些反馈信息对质量改进、院系层面的策略规划，以及通过告知学生他们的反馈信息被采纳来完成质量改进的完整环路都有积极的帮助。Gareia Aiacil，A（2009）对欧洲大学毕业生就高等教育层次学习的满意率进行了调查，并找出诸如环境因素、研究领域、学习的有用性以及其他个体特征等因素对学习满意度的影响。美国大学进行校友调查始于 20 世纪 30 年代，校友调查已在多数较大规模的大学里普遍使用。70 年代，美国出现了大量完备的调查服务机构。80 年代末，许多州颁布了公立学校收集系统证明其成就证据的命令。Allen，J 等（2005）指出，过去人们重视高等教育的输入和教育过程本身，但是现在则对教育结果或者是预期的输出结果给予了更多的关注。毕业生的能力调查能为大学质量管理、质量评价等提供有效的反馈。英国主要有三类校友调查：官方全国性调查、用于质量改进的院校研究、探索高等教育与劳动力市场关系的学术研究，其中院校研究能够适应高校特殊的信息需求。高校进行校友调查的类型大致有基于高校自身发展的需要、基于高校进行内部审查与满足外部审查的需要、院校每年或隔年进行由学校统一管理的毕业生调查。

(二) 雇主信息反馈（用人单位满意度）相关研究

J.Joseph Hoey 和 Denise C. Gardner (1999) 认为对校友和雇主进行调查，既能满足以教师为主导的形成性评价的需要，又能满足国家层面的总结性评价。基于此，北加利福尼亚州立大学在 1992～1996 年间对校友和雇主进行了联合调查研究项目，由各院系教员参与讨论其通过校友和雇主调查想获得的信息，调查校友或其直接管理者就各种技能和知识领域对员工工作的重要性、所学课程对他们工作帮助的程度、本科生教育目标的满意度等。其调查结果主要用于课程改革、学生建议、改进规划过程。南澳大利亚大学（UniSA）进行了雇主反馈调查的实践，并将反馈结果作为澳大利亚教学委员会的教学质量指标。Oliver, B.等指出获得外部利益相关者的反馈信息具有一定的挑战性。澳大利亚科庭科技大学开发了网上毕业生调查（evaluate graduate）和雇主调查（evaluate employer），用来收集外部关键利益相关者的反馈信息。

综上所述，由于国外高等教育市场化的成熟度较高，尤其是在欧美国家，普通高校非常注重收集利益相关者的反馈信息，并把这些反馈信息作为提升教学质量的重要资源；政府也通过雇主评价、毕业生评价来衡量高校教育成果的有效性。国外在收集雇主和校友对高校教育质量的反馈信息方面有较多的研究，但在职业教育领域，通过系统的毕业生调查、雇主调查进行职业教育质量评价相关研究相对较少。

二、高校教育评估形式、评价标准和指标体系研究

(一) 人才培养质量内涵相关研究

人才培养质量评价在国外也称为鉴定或认证，是人才培养质量保障体系的重要组成部分，是质量保障过程中的重要一环。克隆甴赫（L. J. Cronbach）从获取信息的视角出发，把教育质量评价定义为"为获取教学活动的决策信息，对参与教学活动的各个部分的状态、机能、成果等情报进行收集、整理和提供的活动"。德雷斯（P. Dressel）着眼于过程，强调评价是收集信息的过程、提供决策依据的过程、判断效果的过程、教学优化的过程以及价值判断的过程等。泰勒（R. W. Tyler）从效果着眼，把教育质量评价定义为"评估过程是实现课程和教学大纲规定的教育目标的过程，评价的最终目的是为了实现教育目标"。

(二) 人才培养质量评价指标相关研究

学者 Robert G. Burgess 明确了高等教育质量的多层次、多方面的特点，认为不能从单一的标准直接确定高等教育自身的质量标准，同时，他认为教

育质量的评价主体应该是与高等教育相关的利益者，针对人才培养的输入、过程、输出的模式，提出三种不同质量评价标准。英国的高等教育有相当完善的高等教育质量保障体系，学校的内部保障体系由学校自行组织实施，而外部的保障体系则委托QAA（高等教育质量保障局）负责实施，评估指标多关注产出指标。美国和英国通过政府宏观调控、引导社会中介组织参与、高等院校和研究所开展经常性自评的办法对本国的大部分高校进行大规模的人才培养质量评价，探索形成了政府、社会中介组织、人才培养单位"三位一体"的人才培养质量评价体系

第二节　国内研究现状

一、高校顾客信息反馈相关研究

截止到2021年5月30日，在中国知网以"毕业生信息反馈"作为主题进行检索，共184篇文献，再进一步以"高职"作为主题进行检索，只有23篇；在中国知网以"用人单位信息反馈"作为主题进行检索，共43篇文献，再进一步以"毕业生"作为主题进行检索，只有35篇文献。由此可见，研究者已经意识到毕业生及用人单位对培养院校进行信息反馈的重要性，但相关研究文献不多。

（一）毕业生信息反馈相关研究

郭荣祥（2003）提出，在高等教育质量认识上存在一个误区：高等教育到学生毕业为止教育过程即告结束，大学不必为其"产品"接受方提供必要的"售后服务"。他认为高校承担"售后服务"的义务有利于高等教育教学质量的提升，增强高校的信誉度，增进与社会和用人单位间的联系与了解。王德林（2004）指出，大众化时代高校人才质量评价标准主要是毕业生离校后在工作中适应社会需求的程度。陈卫（2006）探讨了高师本科院校教学质量内部保障信息反馈机制，其中"社会教学质量信息反馈子系统"的运行规则是在充足的经费保障下，由校友会负责和毕业生保持永久联络，由院校教务处、学生处和校友会负责对社会用人单位及毕业生开展有关就业状况和院校教学质量方面的调查。吴良勤（2010）提出探索建立合理、规范、完善的毕业生信息反馈档案管理和利用体系。周洁（2012）讨论了构建高校毕业生信息反馈机制的机构设置、人员配置、物质保障和动力机制。刘珊珊（2013）

分析了高职院校毕业生就业信息反馈机制存在的问题及原因，提出高校应重视毕业生离校后的信息反馈，成立相关部门，制定工作办法。徐永清（2015）依托 CRM 理论建构了高职院校毕业生信息跟踪与反馈机制的模型，为高职院校及时优化调整专业设置、深化教育教学改革、推进校企的深度合作提供依据。

(二) 用人单位信息反馈相关研究

李静、吴敏、李健（2003）为了客观评估七年制毕业生的医疗、教学和科研水平，采用问卷式抽样调查方法，对录用七年制毕业生的单位进行了调查。结果显示七年制毕业生在医疗、教学及科研等方面较五年制毕业生强，而在医疗基本功、协作精神及人际交往等方面仍显不足。调查结果对七年制医学教育改革提供了一定的参考。吴敏、谭涛、柯亚莉（2011）构建出了用人单位反馈信息采集、研究、利用三个阶段的用人单位信息反馈机制模型，旨在为就业工作长效机制作一些补充。

基于以上文献，国内研究者在毕业生信息反馈方面进行了一些机制、方法等理论上的探讨，但系统的实证研究比较少见；在用人单位信息反馈方面，研究者还没有给予足够的重视，只是极少的院校尝试通过用人单位的反馈评价学校的人才培养质量，研究成果比较薄弱。

二、高校教育质量评价研究

截止到 2021 年 5 月 30 日，在中国知网，以"人才培养质量评价"为主题进行检索，相关文献有 1533 篇，进一步限定"高职"作为主题，可检索到相关文献 550 篇，由此可见，人才培养质量评价一直是教育研究者们普遍关注的问题，下面我们从人才培养质量内涵、评价标准和指标体系、满意度等维度进行梳理。

(一) 高校教育质量内涵研究

据《教育大辞典》所述，"教育质量是对教育水平高低和效果优劣的评价"，"最终体现在培养对象的质量上"。陈玉琨（2004）认为教育评价是对教育活动满足社会与个体需要的程度作出判断，是对教育活动现实的或潜在的价值作出判断。余小波（2005）结合顾客感知服务与院校自身发展，提出教育质量是人们对教育产品和服务所具有的功效性、人文性和调适性在满足社会和学生发展以及教育系统自身有序运转方面要求的预定目标程度的衡量。董步学（2006）从外部顾客满意角度探讨，认为教学质量是指学校培养的人才是否符合教学计划所规定的培养目标、培养规格以及对于现代生产技术和社会发展的适应性。熊建武等人（2006）认为高职人才培养质量至少应该包含三个层面：一是培养出能满足市场需求、受用人单位欢迎的学生，二是所提供的服务能满足学生和家长的需要，三是要为促进整个社会和个人的可持续发展服务。王明玉（2015）总结了目前高校人才培养质量内涵的主要观点有三个：一是内适质量，即在知识传递过程中，学生知识准备的充分程度和为以后的职业生涯发展提供准备的充分程度；二是外适质量，指高校所培养的学生满足国家、社会以及用人部门需要的程度；三是人文质量，指学生个体的认知、情感、兴趣、特长、意志、品质等个性全面发展程度。在此基础上，他界定高校人才培养质量是高等教育机构在遵循教育客观规律与科学发展的自身逻辑基础上，在动态发展的社会经济条件下，培养学生的职业技能、学习能力以及满足社会和自身长远发展需要的充分程度和学生个性发展的充分程度，并且指出，职业教育的直接受益者学生及家长和间接受益者用人单位是职业教育质量高低的忠实实践者和检验者。

综上所述，高校人才培养质量的内涵不是一成不变的，随着社会的发展和科学技术的进步、产业结构的不断升级以及区域经济发展结构的调整，社会对高校人才培养的要求也会发生变化，因此高职人才培养质量的内涵更倾向于满足学生、用人单位、社会发展需要的程度。

（二）高职教育评估形式、评估标准和指标体系研究

1. 国家层面宏观的评估研究

"如前'研究背景'所述，自2004年、2008年起，教育部分别启动了两轮高职高专院校的评估，分别构建了相应的指标体系。" 2015年，教育部办公厅出台文件"教育部办公厅关于建立职业院校教学工作诊断与改进制度的通知"（教职成厅〔2015〕2号），决定从2015年秋季学期开始，逐步在全国职业院校推进建立教学工作诊断与改进制度，全面开展教学诊断与改进工作。学校根据自身办学理念、办学定位、人才培养目标，聚焦专业设置与条件、教师队伍与建设、课程体系与改革、课堂教学与实践、学校管理与制度、校企合作与创新、质量监控与成效等人才培养工作要素，查找不足与完善提高的工作过程，同时也试行支持通过企业反馈诊断，倒逼专业改革与建设。2016年，国务院教育督导委员会办公室印发《高等职业院校适应社会需求能力评估暂行办法》的通知（国教督办〔2016〕3号），涉及的评估内容包括办学基础能力、"双师"队伍建设、专业人才培养、学生发展和社会服务能力等五个方面；评估工具包括数据表（由学校填写）、调查问卷（《校长问卷》、《教师问卷》和《学生问卷》主要在校内完成）和数据信息管理分析平台（政府主导借助第三方完成)。

综上所述，前两次宏观层面的高职人才培养质量评估对我国高职教育的改革、建设、管理与人才培养质量的稳定提高，起到重要的促进与规范作用，但前两次评估指标体系本质上是从"目标论质量观"出发的基于"政府需求"的指标体系，该指标体系对教学投入和教学过程给予了较大的权重，而对产出则给予了较小的权重。2015年和2016年出台的职业院校教学诊断与高职院校适应社会需求能力评估办法，关注了产出指标，如办学成效、学生发展、社会服务能力等，也试图通过用人单位的反馈信息改进专业建设，通过发放教师和学生问卷收集数据，即国家层面的评估也开始关注企业、教师和学生的评价意见，但这四次评估行动均由政府主导，主要从学院内部获得数据信息，组织专家或第三方进行评价，还没有充分关注学校外部高职教育的关键利益相关者毕业生和企业雇主的感知反馈。

2. 公民、社会组织层面的研究成果

马戎（2005）在教学质量测评中应用顾客满意理念，从学生满意度和教师满意度两个维度建立了教学质量满意度模型的测评体系。包含丽（2007）以成人高等教育教学质量的顾客满意程度为研究对象，运用层次分析法确定了顾客满意指标体系，建立了成人高等教育教学质量的顾客满意度数学模型，用实证分析所建模型的准确性，为评价和分析成人高等教育教学质量提供了理论依据和有效方法。张云霞（2012）从战略的角度设计了人才培养质量的保障体系、大学毕业生的就业率、大学毕业生就业的薪酬比较率、大学毕业生的满意度、用人单位的满意度、人才质量品牌的认知度等指标来评价高校人才培养质量。澎建章等（2012）在分析当前高等教育大众化与大学生就业难的问题背景下，提出建立以就业和社会适应性为视角的人才培养质量社会评估机制。周建松（2012）认为高职教育努力构建的质量评价体系，应包括教育质量观的理念层次和评价实施的主体、标准、流程、效力的制度层次两大要素，必须体现出开放性、多元性和立体化三个主要特征，参与评价的主体至少包括学生、用人单位、教育行政主管部门、财政等项目投入部门和社会各界。周彩兰（2013）在利益相关理论原则的指导下，进一步将高校、教师、学生和社会用人单位视为高校人才培养的主要利益相关者，提出他们的满意程度就是对人才培养质量最准确的、最有效的评价。吴岩（2014）依据"把促进人的全面发展、满足社会需要作为衡量教育质量的根本标准"，提出了"五个度"的质量标准体系，即培养目标的达成度、社会需求的适应度、师资和条件的支撑度、质量保障运行的有效度、学生和用户的满意度，这五个度不仅是评估高校教学工作的尺度与标准，也是高等教育质量标准的升华。贺星岳（2016）在《中国教育报》发表了题为"技术技能人才培养质量高低谁最有权评价"的文章，强调高职人才培养质量评价由学生说话、由用人单位说话。马树超（2016）说："之前的职业教育，光是教育系统内部的热闹，缺乏企业的参与，缺乏制度环境，缺乏一系列的公共政策"。麦可思应社会需求，抓住学生这个职业教育最关键的利益相关者设计人才培养质量指标体系，针对学生的感知体验，做了大量的数据调查统计，从学生的反馈信息对职业教育人才培养质量进行评价，得到了教育界的普遍认可。

综上所述，高职人才培养质量评价标准和指标体系在不断完善中，也越来越重视教育产出指标的设计，评价的主体与形式也逐渐趋向多元化，但仍存在一些问题：一是对高职人才培养质量系统化评价研究的重视程度不够；二是在基于利益相关者的反馈评价指标方面，大多停留在理论阐述上，缺少基于关键利益相关者评价的系统实证研究。国内最有影响力的第三方评价机构之一麦可思在通过学生信息反馈评价人才培养质量方面作出了较大的贡献，但在从用人单位信息反馈的角度收集数据对职业教育质量进行评价方面，目前还没有成熟的评价指标和系统的实证研究。

（三）影响高职毕业生就业满意度的因素

在社会资本对高校毕业生就业的影响方面，岳昌君、白一平（2018）研究指出，家庭所在地、家庭经济收入、父母受教育年限、父母职业类型和家庭社会关系均会对毕业生的就业落实、就业起薪和就业满意度产生显著影响。孔高文等（2017）认为父母教育背景和职业阶层为代表的家庭社会资本越高，毕业生的工资水平显著更高，即使毕业生前往外地就业，家庭社会资本对其工资水平的影响依然显著。在学校背景方面，岳昌君、丁小浩（2004）研究指出，院校类型和学校所在地对毕业生的求职结果和起薪有显著影响，就读高校在西部地区的毕业生更难找到工作，并且找到工作的毕业生起薪明显偏低。邓峰（2013）认为，不同类型高校毕业生起薪的显著差异还表现为学校类型的影响力大于人力资本和家庭背景因素。从劳动力市场的角度，马永霞等（2019）针对性地分析了2014~2018年北京高校毕业生就业行业的结构特点，发现北京市行业发展呈现出高知识、高技能、高创新能力的特征，知识密集型产业受到北京毕业生的青睐；劳动密集型的制造行业高校毕业生占比稳中有降，行业发展和毕业生就业结构协调性较好。岳昌君（2013）研究发现，工作因素对毕业生就业满意度有显著影响，非工作因素对就业满意度既有直接影响也通过工作选择有间接影响。具体包括起薪、就业地点、就业地区、就业单位性质、就业行业、岗位类型、学用匹配、雇佣形式。在人力资本方面，李黎明、张顺国（2008）研究发现，人力资本越丰富的大学生，越倾向于选择社会地位和资源含量较高的单位就业。

综上所述，已有研究在分析毕业生就业状况的同时，也从人口统计学特征、人力资本、家庭社会和经济背景、学校背景、求职状况、就业行业、就业地区等角度探究了毕业生就业质量的影响因素。就业问题是我国政府工作的重中之重，探究新时代高校毕业生的就业特点和就业质量以及影响因素，意义重大。

第三节 研究趋势

未来的研究趋势包括：一是评价的重心由重教育"投入"转向重教育产出，通过毕业生和用人单位的信息反馈和满意度，重点评价高职教育是否达到原定的人才培养目标，高职毕业生是否为社会所接受；二是高职人才培养质量评价开始重视学校的社会绩效责任，关键利益相关者如学生、家长、用人单位等成为评估的重要参与者；三是高职人才培养质量评价中逐渐引入全面质量管理的理念，ISO9000族质量管理标准也是未来教育评价未来改进的方向。

本研究是基于毕业生和用人单位信息反馈的高职人才培养质量评价实证研究，顺应了教育评价的发展趋势。

第三章 理论基础与研究设计

第一节 理论基础

高职毕业生就业受到学生个体、家庭、学校、社会经济环境等多种因素的影响，因此本研究的理论基础包括人力资本理论、社会资本理论、劳动力市场分割理论、职业搜寻理论等。

一、概念界定

1. 高职毕业生

本研究所称高职毕业生是指已经在普通高等学校接受了3年全日制高等教育，并且顺利完成了学业，获得毕业证书的学生群体。从我国高等教育层次的结构来看，是指高等专科教育。

2. 用人单位

用人单位是指具有用人权利能力和用人行为能力，运用劳动力组织生产劳动，且向劳动者支付工资等劳动报酬的单位。用人单位的用人权利能力和用人行为能力，自其依法成立之时产生，自其依法撤销之时消灭。目前，适用《劳动法》的用人单位包括企业、个体经济组织、国家机关、事业组织、社会团体。

3. 顾客

本研究将高职教育作为服务业来讨论，将教育界定为服务产品，将学生界定为顾客。从供求关系上讲，学校教育既有外部顾客，也有内部顾客，外部顾客包括学生、家长、政府、用人单位和高一级学校等。其中，学生和用人单位是学校教育最重要的外部顾客。对于学校教育来讲，使用顾客概念和方法，不仅是可行的，而且是有效的，有利于学校及其员工增强服务意识，有利于落实学生的主体地位。

就高职院校而言，其所提供的产品和面临的顾客均具有两重性：其一，高职院校是在一定的普通教育基础上向学生提供专门知识、技能和职业道德教育，以使学生获得适应某种职业需要的职业技能和资格的组织，其所提供的产品是传授知识、技能和进行职业道德教育这一特殊服务，而学生则是购买这项服务的顾客。其二，高职院校是培养并输送适应社会发展和经济建设需要的高级技术技能人才的组织，因而其所培养的学生即是产品，而相关的用人单位则是其顾客。

4. 顾客满意度

顾客满意度是测量顾客满意理论的重要组成部分，是一门涉及统计学、心理学、经济学、管理学的交叉科学概念。"顾客满意""顾客满意感"往往指的是同一概念，是顾客的需要得到满足之后的心理状态，是顾客对产品和服务满足自己需要程度的判断。本研究界定"顾客满意度=顾客感知/顾客期望"，是顾客的一种主观判断和心理状态。本研究中的顾客满意度主要指毕业生就业满意度、毕业生对母校服务质量满意度、用人单位满意度等。

5. 就业质量

大学生就业质量是一个内涵非常丰富的概念。借鉴国外相关理论研究成果和实际经验，根据国情特点，高职院校毕业生就业质量是一个综合性概念，它指的是高职院校的毕业生离开学校走向社会，与生产资料相结合并取得劳动报酬和利益相关方对工作的满意程度的期待与实际感受的综合评价。这个界定表明了判定高职院校毕业生就业质量的好坏优劣程度，在一定意义上是由用人单位对高职毕业生在工作中的综合素质及其现实表现满意度和毕业生对其就业状况的满意程度来衡量的。

二、主要理论

（一）人力资本理论

人力资本是指个体内在的生产能力，可以通过对教育、在职培训及健康等方面的投资而得到提升。个体投资教育能够提高生产能力进而获得收益，体现为更高的劳动收入、更好的工作机会、更高的就业可能性和更好的健康状况等（Brewer & McEwan, 2017）。因此，本研究认为个体在接受高职教育过程中积累了人力资本，不同类型的高校对个体能力的提升存在差异，因此毕业生能力和学校背景会对其就业产生影响。

（二）社会资本理论

Coleman（1988）将社会资本定义为个体所拥有的社会资源，认为个体利用网络关系能够得到社会资本的回报。对于求职而言，劳动力市场信息不对称，社会网络可以传递更加充分有效的信息来提高毕业生的就业率（Montgomery，1991）。对高校毕业生而言，家庭所拥有的社会关系是其最重要的社会资本，是求职过程中可以动用的资源。现有研究常用家庭社会经济地位（Socioeconomic Status）衡量家庭背景和社会资本，包括父母受教育水平、父母职业和家庭收入等指标（郑洁，2004）。因此，本研究认为家庭背景会影响毕业生的就业状况。

（三）劳动力市场分割理论

劳动力市场分割理论的代表之一是二元劳动力市场理论。Kerr（1954）首先提出了内部劳动力市场和外部劳动力市场的概念，后来由 Doeringer & Piore（1971）对其进行了发展。该理论认为，劳动力市场分为主要劳动力市场和次要劳动力市场，主要劳动力市场具有工资高、工作条件好、就业稳定、职业有保障、有较多的晋升机会等特点；次要劳动力市场则往往具有工资低、工作条件差、就业变化性大等特点。主要劳动力市场的雇主是一些大公司，主要生产资本密集型产品；次要劳动力市场主要由众多中小企业组成，主要生产劳动密集型产品。教育起到一种信号作用，工人接受教育是进入主要劳动力市场的敲门砖（赖德胜，1996）。结合我国不同地区、行业、单位、职业所体现的差异，本研究认为我国劳动力市场存在分割状况，高校毕业生的起薪和就业满意度会受其影响。

（四）职业搜寻理论

Phelps（1970）提出的职业搜寻理论认为，在信息不充分的条件下，工作搜寻者通过搜寻活动逐渐了解工资分布。搜寻者在劳动力市场上搜寻的时间越多，对工资分布越了解，则越有可能获得一份报酬较高的职业。获得有关报酬和工作岗位的信息需要花费成本，搜寻者通过比较搜寻的边际成本和可能获得的边际收益来决定是否继续搜寻（盛世明，2007）。因此，本研究认为高校毕业生的求职行为有可能影响就业质量。

（五）利益相关者理论

利益相关者理论最早并不是在教育领域中提出的，而是在企业管理领域，主要的研究者是美国的弗里曼，他对利益相关者有两个层面的定义，广义层面：任何可以确认的、能够影响公司目标实现或者被公司目标实现所影响的群体或个人，如公众利益集团、政府机构、同业工会、竞争者、工会，以及雇员、顾客、股东等；狭义层面：任何可以确认的、组织持续生存所依赖的群体或个人，如雇员、顾客、供应商、关键政府机构、股东、一定的金融机构等。他同时主张，从宏观上应当考虑更广义的涵义，但是如果从经营方看，则应考虑更窄的涵义。其他的研究者，如米切尔和伍德等人，则认为可以从另外三个不同的方面来对利益相关者进行认定，这三个方面主要考虑的是潜在利益相关者的合法性、权力性和紧急性，对不同的相关者从这三个方面赋予不同的分值，然后汇总相加，以分值的多少对相关者进行分类排列，因此他们认为以此可以把利益相关者分成以下几个类型：第一层次的利益相关者，也称为最重要的利益相关者，他们在企业或有关组织方面同时拥有合法性、权力性和紧急性三个属性，主要包括企业或组织的顾客、雇员和股东；第二层次的利益相关者，也称为重要利益相关者，他们在合法性、权力性和紧急性三个属性中，占据其中两个属性；第三层次的边缘性利益相关者，也称为蛰伏利益相关者，这类利益相关者在上述三个属性中只拥有一个方面的属性。

（六）顾客满意理论

本研究基于毕业生和用人单位信息反馈的高职人才培养评价实际上是从顾客满意理论出发进行的研究。顾客满意（Customer Satisfaction，简称 CS）概念是 20 世纪 80 年代由美国心理学家菲利普·科特勒（Philip Kotler）提出的，其后在发达国家被广泛应用。目前关于顾客满意的研究成果主要体现在几个著名的顾客满意模型上。

1. 瑞典顾客满意度指数模型（SCSB）

瑞典顾客满意度指数模型由美国密歇根大学的福内尔（Fornell）教授等指导开发。模型中主要有五个结构变量，分别是顾客期望、价值感知、顾客投诉、顾客忠诚度、顾客满意度。这一模型是最基础的顾客满意度模型之一，其具体结构如图 3-1 所示。

图 3-1　瑞典的顾客满意度指数模型（SCSB）

2. 美国顾客满意度指数模型（ACSI）

美国顾客满意度指数模型（ACSI）是在 1994 年由美国密歇根大学商学院、美国质量协会等编制的。在编制过程中为获得最有效信息，美国 200 多家大公司参加了测评和数据采集，这 200 家公司的总销售量占当时美国国民生产总值的 40% 以上。美国顾客满意度指数模型从三个方面考察质量感知：总体质量感知、产品与服务满足顾客需求的程度（Customization）以及这些需求满足的可靠程度（reliability），同时分别考察产品和服务的质量感知与AC-

SI 模型中各变量的关系。该模型的结构如图 3-2 所示。

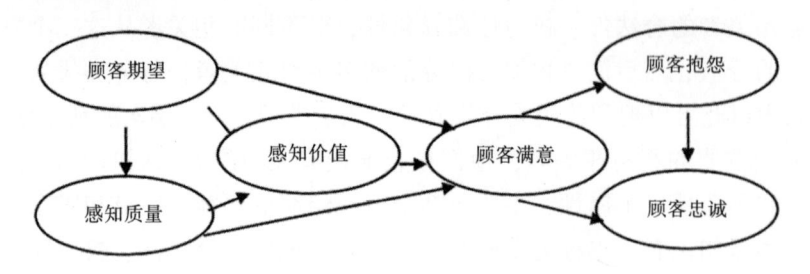

图 3-2 美国顾客满意度指数模型（ACSI）

3. 高校毕业生用人单位满意度模型

研究者张金成、胡永红研制的高校毕业生用人单位满意度模型如图 3-3 所示。顾客满意是指顾客事后感知与事先期望之比，其内容可归纳为三方面：一是事后感知小于事先期望；二是事后感知等于或约等于事先期望；三是事后感知大于事先期望。

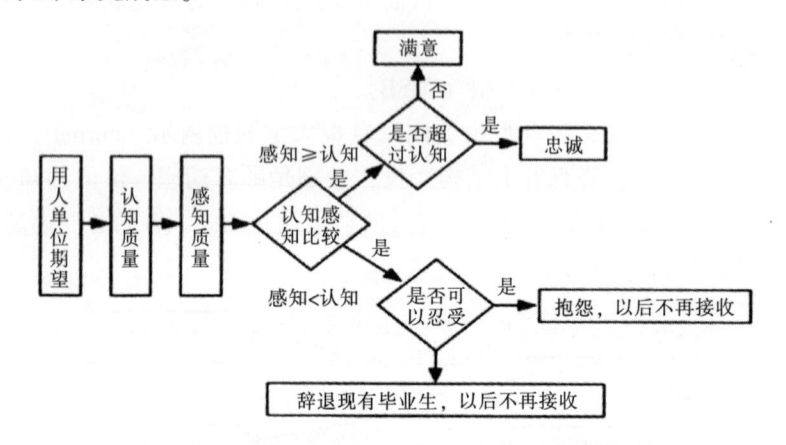

图 3-3 高校毕业生用人单位满意度模型

4. 期望—实绩比较模型

美国著名营销学家 Olive 于 1980 年提出了期望—实绩比较模型，如图 3-4 所示。目前这一模型是被最广泛应用的消费者满意度理论模型之一。该模型体现的是，消费者的满意程度由其对该产品或服务的事前期待与实际感知效果之间的对比来决定。当实际消费后感到产品或服务质量好于事前期待，消费者会感到满意；实际消费后感觉质量未达到事前期待，则感到不满意；如果实际消费后感觉质量与事前期待相符合，消费者不会满意，也不会不满意；实际感知的效果与事前期待差距越大，消费者不满意的程度也就越高。

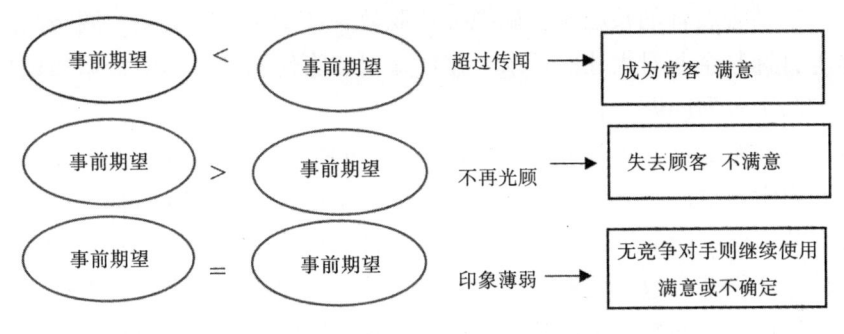

```
事前期望  <  事前期望    超过传闻  →  成为常客 满意
事前期望  >  事前期望    不再光顾  →  失去顾客 不满意
事前期望  =  事前期望    印象薄弱  →  无竞争对手则继续使用
                                    满意或不确定
```

图 3-4 期望—实绩比较模型

在高等教育的顾客满意研究方面，国内有一些理论探讨，但系统性的实证研究还很少，比较有影响的有 2010 年 7 月，人力资源和社会保障部对全国 40 个城市 5050 家用人单位进行了"高职院校毕业生需求与满意度问卷调查"，这是以顾客满意理论为基础进行的一个尝试。其中关于用人单位对毕业生满意度的调查结果向社会公布，这些数据在高职院校的改革中也经常作为重要参考数据。由此可见，把用人单位和毕业生作为顾客，根据用人单位和毕业生的信息反馈进行高职人才培养评价是有理论支撑和实践基础的。只有把顾客满意与高职教育相结合，明确企业和学生期望得到什么和学生实际得到了什么，如费耐尔模型说明的那样明确顾客期望值与实际感知之间到底有多大的差别，才能最大限度地满足企业用人需求与毕业生就业与发展需要，从而进一步提高用人单位与毕业生对高职教育的评价。

（七）高职教育产学结合理论

产学结合是高等职业院校为培养具有良好职业素质、适应企业用人需求，以培养技术技能人才为主要目标，以学校和企业合作为基础，将学校与企业的教育资源相结合，学生在学校学习与在企业进行实践训练相结合的一种高等职业教育人才培养模式，它既是高职院校履行其职能的必然选择，也是企业增强核心竞争能力的必然要求。实行产学结合人才培养模式是高等职业教育适应经济社会发展的需要，是高等职业教育培养人才的基本途径，它充分利用学校与企业合作，共同培养企业所需的人才，使学生提前接触工作环境，了解并掌握工作岗位所需的技能和能力，使学校培养的学生在就业中处于优势。产学结合包括合作理念、运行发展机制、合作模式、合作定位、合作途径等理论和实践问题。产学结合培养人才是自主创新的一条途径、人才培养的必然要求、社会分工的必然选择、毕业生就业的有力保障，也是学校发展的必由之路。

产学结合教育的核心是正确把握高职教育产学结合的关系，围绕高职院校培养目标与企业对人才的需求、显性知识和隐性知识对学生掌握知识技能的影响两个关系问题，找准产学关系的结合点。从"学"的角度分析，产学结合的本质是显性知识学习和隐性知识学习的结合，其结合点在于把握好从显性知识学习过渡到隐性知识学习的时机和契机；产学结合的基点是学校教学计划的产学结合兼容点，而落实产学结合过程要把握适当的时间点和空间点。搞好产学结合教育就要加强校外实践教学基地建设，充分利用产学合作功能，建设稳固的校外实训基地。首先，要做好校外实践实训基地的选择工作，使校外实践实训基地有丰富的高新技术内涵，教学设备和工艺技术有一定的前瞻性，尽量贴近区域经济发展现状，为学生提供更多的高新技术领域的专业理论和专业技能，以实现高职人才培养的需求；其次，要规范管理，通过管理文件的制定，明确双方责任权利，保证基地长期合作。

(八) 教育生产函数理论

教育生产函数是一种研究学生学业成绩决定因素的方法，也叫作"投入—产出"分析法，其关注焦点是教育过程中可测量的投入要素和学生学业成绩之间的关系。教育生产函数是教育投入与产出之间的一种统计关系，Hanushek（1986）提出如下一般性的公式：$A_t=f(F_t, T_t, OS_t)$。A_t代表一个学生在时间t所取得的学业成就；F_t代表累积到时间t为止的、来自于家庭方面并对学生学业成绩有影响的各种因素，如父母的受教育程度、收入、种族以及家庭中所使用的语言等；T_t代表累积到时间t为止的、由教师投入一个学生身上的各种因素，包括教师的资格；OS_t则代表学校的其他投入要素，包括班级规模、图书资料、课程等，假定教育过程的产出，即每个学生的学业成绩与一系列投入密切相关。Levin（1996）指出，教育生产函数是与经济学研究中具有很长历史的工业生产函数相类似的。任何一个工业厂商要么提供产品，要么提供服务。为了获得产出，它必须使用如劳动和资本这样一些可以根据现有的技术将其转变为商品和服务的投入。为了使利润最大化，厂商必须有效地利用他们的资源，并采取与成本和生产率有关的适当组合方式来购置生产要素，学校也同样以学生学业成就及其他有价值成果的形式生产教育产品。为达此目的，他们需要设施、仪器、教师、教辅人员、教导人员和管理人员，因此，对于工业生产函数的计量和对教育生产函数的计量，就具有明显的类似性。科尔曼报告也叫作"教育机会均等化报告"，对其研究发现的解释是学校在学生成绩方面影响十分有限，家庭和同伴是最重要的影响因素。教育投入要素分为学校性投入（包含教师、课时、班额等）和非学校性投入（包含家庭背景因素、同伴、社区因素等）。

(九) 利益选择与合作博弈理论

高职学生高质量就业是院校自身发展的需要，也是与企业远期利益关系构建的需要，高职学生就业单位（或岗位）与其就业选择意愿的差距对于加强就业指导教育提出了紧迫要求。企业对高技能人才的需求动机也对高职院校提出了合作需要，相互合作是共同需求，选择也就有了基础。所以学生就业涉及院校和用人单位的相互选择、学生和用人单位的相互选择所共同遵循的利益选择与合作博弈理论。

高职院校依据产学结合理论选择合作企业，为学生就业创造条件和机会；用人单位则从人力资源开发的角度，基于教育生产函数选择合作院校和接受毕业生；学生则从人力资本增长的角度寻找和选择就业单位。学校与企业合作，学生到某用人单位就业是三方相互选择的结果，遵循利益选择与合作博弈理论；而校企合作与学生在用人单位就业的结果如何，可以依据满意度理论和信息反馈理论进行研究。

第二节 分析框架和研究设计

一、研究的基本思路

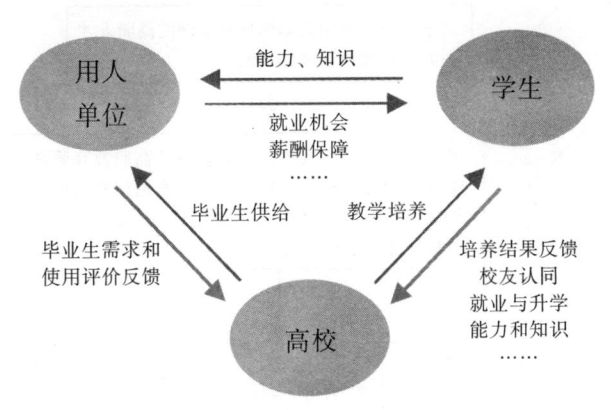

图 3-5 高校、学生、用人单位关系图

高校管理者需要获得毕业生就业能力的真实数据，才能诊断出教学培养过程对学生就业数量、就业质量、职业发展潜力的影响；高校也要了解用人单位对于学生在知识、能力方面的需求，以及对本校毕业生使用的满意程度，作为学校调整教学的导向和目标（如图3-5所示）。

为了全面、客观、公正地评价高校人才培养质量，完善质量评估体系，更好地提升服务区域经济发展的功能，高校应该建立自己的培养质量的跟踪评估系统（CHEFS），即通过对当年高校毕业生短期就业情况的跟踪调查，分析高校毕业生的就业状态和就业质量的变化趋势，研究影响大学毕业生就业的因素，检验人才培养质量，预测人才需求趋势，提出改进人才培养方式的建议。

二、分析框架

本研究分析框架如图3-6所示。

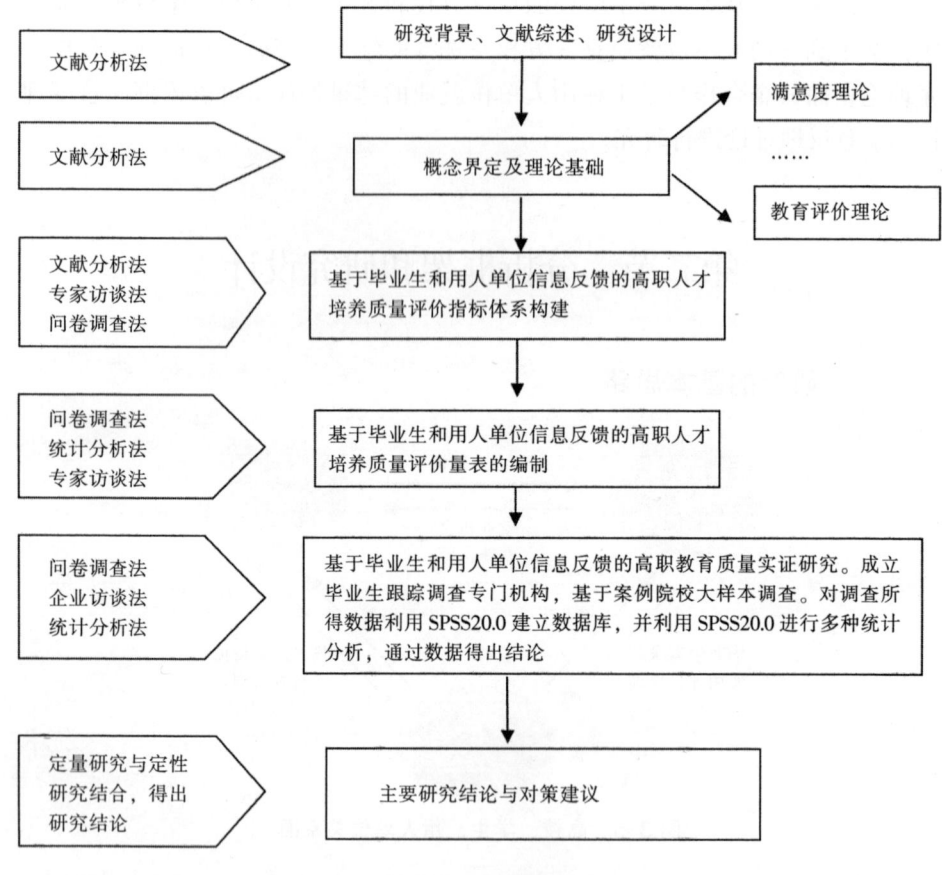

图3-6 分析框架

三、研究设计

（一）基于用人单位和毕业生信息反馈的评价模型设计

基于毕业生和用人单位信息反馈的评价模型设计如图3-7所示。

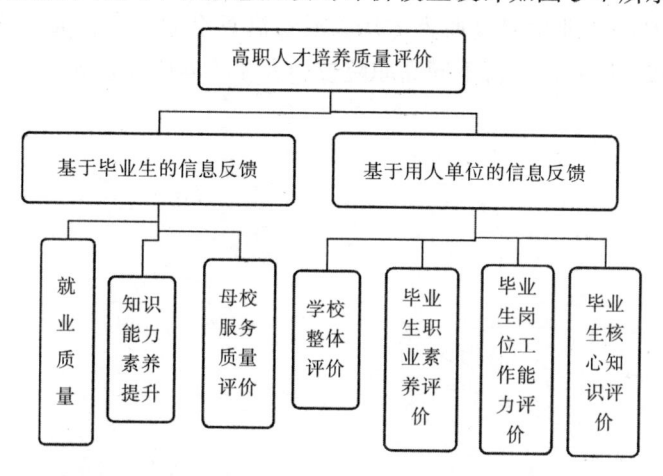

图3-7 基于毕业生和用人单位信息反馈的评价模型

（二）实证研究程序与方法

本研究依下列程序进行：

1. 问卷的编制

通过雇主访谈、典型毕业生访谈，了解高职毕业生及其雇主对高职人才培养的期望与需求，建立基于毕业生和用人单位信息反馈指标体系。编制《高职人才培养质量状况调查量表》（毕业生版和用人单位版）。

2. 量表信度与效度检验

在国家示范、省级特色名校、一般高职院校的毕业生中分类抽样，进行小样本试测，通过试测数据统计分析及专家访谈，对毕业生用量表进行信度与效度测量与修订；在与抽样院校的合作企业中按照规模和企业类型抽样，进行小样本试测，通过试测数据统计分析及专家访谈，对企业用量表进行信度与效度测量与修订。

3. 大样本连续施测

与Mycos公司联合，对案例院校毕业1年后的2015~2019届毕业生进行问卷调研，实施大样本测评。

4. 数据统计分析

利用SPSS20.0进行数据统计，建立高职毕业生和用人单位期望与需求情

高职人才培养质量评价实证研究
——基于案例院校毕业生和用人单位的信息反馈

况数据库、毕业生反馈信息数据库、用人单位反馈信息数据库,采用描述性统计分析、因素分析等分析方法,定量分析高职毕业生及用人单位期望与需求情况;利用数据库,对量表进行信度与效度分析;利用 SPSS20.0 对用人单位反馈信息数据库、毕业生反馈信息数据库进行方差分析、回归分析,研究影响企业和高职毕业生对高职人才培养质量满意度的因素;通过描述性统计分析和差异性 t 检验,分析不同高职院校的人才培养质量差异。

第四章 基于毕业生和用人单位信息反馈的评价指标体系构建与量表编制

第一节 高职学生就业意愿调研

根据满意度理论，满意程度=感知/期望，所以了解高职学生在选择就业单位时的意愿与期望，可以从一定程度上推测其对就业的满意程度，对分析其满意与不满意的原因有一定的帮助。

一、高职学生择业关注因素及程度调研

（一）调研问卷

我们对学生就业选择时所关注的企业因素进行归纳总结，将高职学生集中关注的因素编制成《高职学生就业意愿调查问卷》。对调查结果进行量化，学生选择实习单位时，按所关注的企业方面的因素重要程度进行四级划分：不重要、不太重要、比较重要、非常重要，分别计1、2、3、4分，因素得分越高，显示该因素越重要，对学生就业选择的影响越大。

（二）样本说明

课题组分别于2016年和2017年，对处于顶岗实习状态的2016届毕业生和2017届毕业生进行就业意愿调研，以了解高职学生对就业单位的期望。选择山东省4所示范高职、4所省特色名校、4所一般高职进行分类抽样，大样本调查，同时广泛借助校友会、校企合作平台、质量监控与保障系统、微信平台、邮箱、QQ等多种调研方式发放调研问卷，保证调研数据真实有效。2016届毕业生有效样本407人，2017届毕业生有效样本448人。

（三）调查结果

高职学生就业意愿调研结果见表4-1、表4-2。

从表4-1的统计数据来看，2016届毕业生的16个择业因素中，重要程度排在前8位的依次是发展前景好、工作稳定、福利待遇好、经济收入高、

利于施展个人的才干、符合自己的兴趣爱好、工作单位的声誉好、对社会的贡献。

表 4-1　2016 届毕业生期望企业因素重要程度排序情况

	N	极小值	极大值	均值	标准差
发展前景好	441	1	4	3.56	0.665
工作稳定	442	1	4	3.50	0.707
福利待遇好	448	1	4	3.44	0.683
经济收入高	443	1	4	3.42	0.695
利于施展个人的才干	441	1	4	3.38	0.760
符合自己的兴趣爱好	443	1	4	3.36	0.738
工作单位的声誉好	444	1	4	3.35	0.747
对社会的贡献	444	1	4	3.22	0.773
工作自由	441	1	4	3.18	0.757
能获得权力和社会资源	441	1	4	3.17	0.821
工作舒适、劳动强度低	444	1	4	3.13	0.792
工作单位的规模大	444	1	4	3.05	0.776
专业对口	446	1	4	2.99	0.915
工作单位在大城市	447	1	4	2.95	0.841
可兼顾亲友关系	442	1	4	2.87	0.891
能够解决户口问题	440	1	4	2.81	0.934

从表 4-2 的统计数据来看，2017 届毕业生这 16 个择业因素中，重要程度排在前 8 位的依次是：发展前景好、利于施展个人的才干、福利待遇好、工作稳定、经济收入高、符合自己的兴趣爱好、对社会的贡献、工作单位的声誉好。

表 4-2　2017 届毕业生期望企业因素重要程度排序情况

	N	极小值	极大值	均值	标准差
发展前景好	480	1	4	3.39	0.685
利于施展个人的才干	484	1	4	3.35	0.725
福利待遇好	486	1	4	3.31	0.766

续表

	N	极小值	极大值	均值	标准差
工作稳定	483	1	4	3.31	0.783
经济收入高	482	1	4	3.30	0.747
符合自己的兴趣爱好	486	1	4	3.27	0.727
对社会的贡献	484	1	4	3.27	0.785
工作单位的声誉好	480	1	4	3.27	0.774
工作单位的规模大	484	1	4	3.25	0.669
工作单位在大城市	485	1	4	3.23	0.814
工作自由	484	1	4	3.22	0.716
能获得权力和社会资源	481	1	4	3.22	0.761
工作舒适、劳动强度低	477	1	4	3.12	0.751
能够解决户口问题	478	1	4	3.01	0.861
专业对口	485	1	4	3.01	0.908
可兼顾亲友关系	482	1	4	2.98	0.822

从以上两种排序结果看，学生对16个企业因素的重视程度具有一定的稳定性，备受关注的前8个因素是相同的，个别因素的排序稍有变化。

从两届学生的就业意愿统计描述可见，学生选择就业单位时排在第一位的因素是"企业的发展前景好"。2016届毕业生的调查样本中，60.6%的学生认为"企业发展前景好""非常重要"，27.4%的学生认为"比较重要"，只有7.0%的学生认为"企业发展前景好""不太重要"，0.9%的学生认为"不重要"；2017届毕业生的调查样本中，50.6%的学生认为"企业发展前景好""非常重要"，49.4%的学生认为"比较重要"，只有10.8%的学生认为"企业发展前景好""不太重要"，0.2%的学生认为"不重要"；

两届学生均把"工作稳定、福利待遇好、经济收入高"三个因素排在前五位的重要程度，说明高职毕业生在择业时比较注重实惠、注重稳定，更注重长远发展。进一步研究"工作稳定"因素，2016届毕业生中，60.4%的学生认为"工作稳定""非常重要"，30.3%的学生认为"工作稳定""比较重要"；2017届毕业生中，48.0%的学生认为"工作稳定""非常重要"，38.3%的学生认为"工作稳定""比较重要"。进一步研究"福利待遇好"因素，2016

届毕业生中，53.1%的学生认为"福利待遇好""非常重要"，39.1%的学生认为"福利待遇好""比较重要"；2017届毕业生中，46.1%的学生认为"福利待遇好""非常重要"，42.8%的学生认为"福利待遇好""比较重要"。进一步研究"经济收入高"因素，2016届毕业生中，52.4%的学生认为"经济收入高""非常重要"，37.9%的学生认为"经济收入高""比较重要"；2017届毕业生中，45.6%的学生认为"经济收入高""非常重要"，39.8%的学生认为"经济收入高"因素"比较重要"。

"利于施展个人的才干"因素，2016届毕业生把该因素排在第五位，2017届毕业生则把它排在第二位，前进了三位，由此可见，学生把在就业岗位上能不能发挥自己的才干、发挥自己的价值越发看得重要。2016届毕业生中，52.8%认为就业岗位"利于施展个人才干""非常重要"，35.7%认为就业岗位"利于施展个人才干""比较重要"；2017届毕业生中，持有这两种看法的学生占比分别为47.5%和42.1%。

"对社会的贡献"因素2016、2017届毕业生分别排在第八和第七，位次均在"工作自由""工作舒适、劳动强度低"之前，可见毕业生在看重工作稳定、收入高、发挥自己的才干价值外，比较关注自己"对社会的贡献"，对工作舒适、自由要求不高。2016届毕业生中，41.4%的学生认为"对社会的贡献""非常重要"，41.4%认为"对社会的贡献""比较重要"，认为"工作自由""非常重要"的只有37.4%，认为"工作舒适、劳动强度低""非常重要"的只有35.8%；2017届毕业生中，45.0%的学生认为"对社会的贡献""非常重要"，40.3%认为"对社会的贡献""比较重要"，认为"工作自由""非常重要"的只有38.4%，认为"工作舒适、劳动强度低""非常重要"的只有33.3%。

很意外的是，2016、2017两届学生均对"专业对口"因素不看重，分别排在倒数第四位和倒数第二位，2016届毕业生认为"专业对口""非常重要"的占35.0%，认为"比较重要"占35.2%；2017届毕业生中，认为"专业对口""非常重要"和"比较重要"的分别为34.0%和40.6%。由此可见，面对沉重的就业压力，在选择就业机会时，越来越多的毕业生会接受用人单位需求的岗位，并不会过多地限制在自己所学的专业对口领域。大学毕业生就业不对口现象广泛存在于本科及高职院校中，高职院校尤其严重。

二、高职学生对就业单位性质关注度调研

为了调查高职毕业生对就业单位性质的意愿，对学生主要向哪类单位求职进行调研，排在第一位的求职单位列表见表4–3、图4–1。

从表4-3和图4-1可见，高职毕业生求职时排在第一位的用人单位依次是国有企业、国家机关、其他事业单位、民营企业、学校和科研单位、三资企业、其他，31.7%的学生首选国有企业，这应该是大部分高职学生结合自己的学业状况和发展前景产生的择业愿望，也是比较现实的。

表4-3 排在第一位的求职单位

	频率	有效百分比（%）	累积百分比（%）
国有企业	145	31.7	31.7
国家机关	91	19.9	51.5
其他事业单位	78	17.0	68.6
民营企业	63	13.8	82.3
学校、科研单位	40	8.7	91.0
三资企业	36	7.9	98.9
其他	5	1.1	100.0
合计	458	100.0	

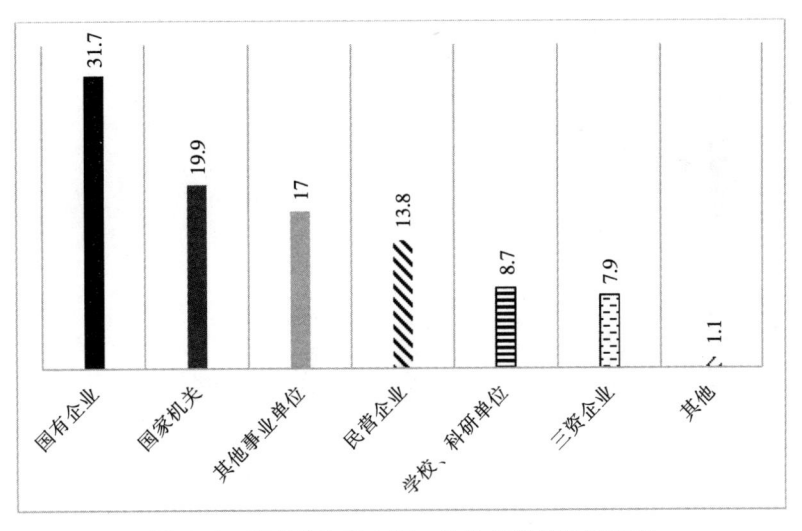

图4-1 高职学生排在第一位的求职单位柱状图

排在第二位的求职单位列表见表4-4、图4-2。

由表4-4和图4-2可见，高职毕业生求职时排在第二位的用人单位依次是民营企业、国有企业、其他事业单位、三资企业、学校和科研单位、国家机关、其他，35.8%的学生把"民营企业"作为排在第二位的首选单位。由此可见，高职毕业生在选择就业单位时，从相对稳定和好的发展前景出发，更看重国有企业和民营企业，高职毕业生的择业定位相对比较准确。国家机关、事业单位或是三资企业的能力点门槛较高，高职生在这些单位求职成功率不高，也不是大多数毕业生的首选。

表4-4 排在第二位的求职单位

	频率	有效百分比（%）	累积百分比（%）
民营企业	150	35.8	35.8
国有企业	93	22.2	58.0
其他事业单位	79	18.9	76.8
三资企业	35	8.4	85.2
学校、科研单位	30	7.2	92.4
国家机关	16	3.8	96.2
其他	16	3.8	100.0
合计	419	100.0	

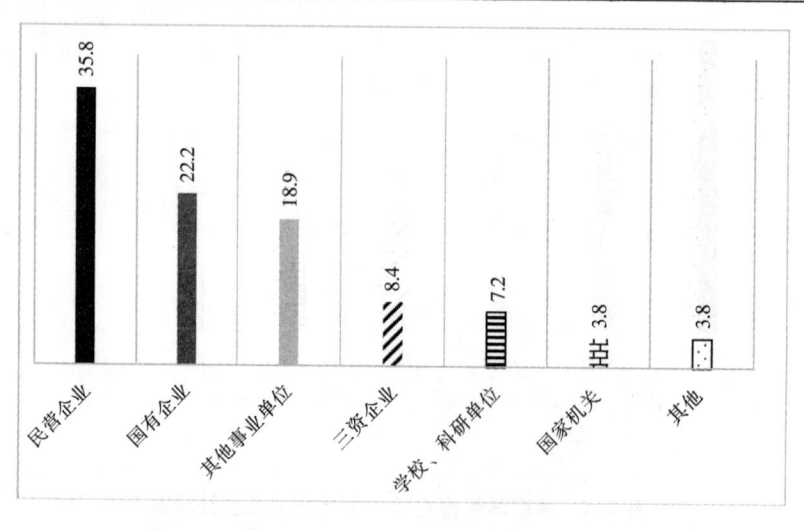

图4-2 高职学生排在第二位的求职单位柱状图

第二节　企业招聘关注点与高职毕业生视角的能力点调研

一、企业招聘时关注的主要因素

1. 调研问卷组成及计分方式

自编《企业招聘关注因素调研问卷》，问卷主要包括三个部分：

第一部分包括企业性质、单位规模、用人学历标准3个项目；

第二部分包括企业招聘时最关注的10个因素：学校的品牌形象、毕业生的专业、专业操作能力、学习成绩、品质与修养、组织管理能力、人际沟通能力、语言表达能力、个人形象气质、所获得的荣誉；

第三部分是企业的其他需求。

计分方式：看重因素计1分，不看重的因素计0分。

2. 样本说明

选择山东省各种性质的企业进行抽样调查，共发放问卷70份，收回有效问卷66份。

3. 调查结果

企业关注因素的重要性程度用回答看重该因素的企业数占所有参与调研企业数的百分比来表示，调研结果如表4-5所示。

从表4-5数据可见，企业招聘员工时关注的求职者的首要因素是"品质与修养"，76.3%的企业认为求职者的品质与修养是他们考虑的重要因素。道德修养的驱动力不是源于对个人直接利益的追求，而是遵循社会生活规律与法则，为社会整体利益检验和修正自己的思想和行为。高素质的人是"德才兼备"，新时代的职业市场更欢迎德才兼备的大学生。个人行为的良好与否将直接影响着任一群体、社会组织乃至整个社会的生存与发展，因此企业招聘关注的第一点就是个人"品质与修养"。所以，新时代职业教育的根本任务是"立德树人"，追求"德技并重"，培养社会需求的高素质技术技能型人才，高素质的第一表现就是"品德"过硬，这也是当前职业教育重视"思政教育"、强调"思政课程"和"课程思政"的原因。

排在第二位的是"语言表达能力"，71.4%的企业认为语言表达能力重要。语言表达能力是一个比较基础的素养，好的语言表达能力使得求职者能在工作中进行有效的人际沟通，有利于工作的开展，特别是营销岗位或是管理岗位等，都需要求职者具备优秀的语言表达能力，所以学生在求学阶段有意锻炼自己的语言表达能力是重要的。

表4-5 企业招聘关注的重要因素

企业招聘时注重的因素	企业注重程度（%）
品质与修养	76.3
语言表达能力	71.4
专业操作能力	69.8
专业相关性	69.4
人际沟通能力	66.7
个人形象气质	59.7
组织管理能力	53.4
注重学校品牌形象	37.9
学习成绩	29.5
所获得荣誉	25.8
其他因素	3.5

排在第三位和第四位的是"专业操作能力"和"专业相关性"，认为该因素重要的企业分别占69.8%和69.4%。不同企业对自己内部的岗位有不同的需求，会对专业提出具体的要求，与目标工作相匹配的专业知识是最基本的能胜任工作的要求。所以，大学生若找专业相关的工作，就需要学好专业知识，更重要的是掌握较强的专业能力，主要体现在分析和解决问题的能力上。

排在第五位的是"人际沟通能力"，有66.7%的企业认为人际沟通能力很重要。人际沟通能力与语言表达能力是相辅相成的，现代企业需要的是团队合作，而不是单兵作战，所以在团队中的人际沟通能力强，可以有效提高工作效率。

59.7%的企业注重"个人的形象气质"，53.4%的企业关注"组织管理能力"。认为"学校品牌形象"重要的有37.9%，所以提高学校的声誉在学生的求职过程中起到一定的促进作用。只有29.5%的企业看重学生的"学习成绩"，25.8%的企业会参考求职者"所获得的荣誉"。所以，大学期间追求"学习成绩和荣誉"是为了提高专业能力、专业素质，而两耳不闻窗外事、成绩好、能力差的学生并不是大多数企业的用人标准，高职学生要深刻理解"德技并重"的重要性。

企业看重的各因素分布情况见图 4-3 所示。

图中数据（柱状图）：
- 品质与修养 76.3
- 语言表达能力 71.4
- 专业操作能力 69.8
- 专业相关性 69.4
- 人际沟通能力 66.7
- 个人形象气质 59.7
- 组织管理能力 53.4
- 注重学校品牌形象 37.9
- 学习成绩 29.5
- 所获得荣誉 25.8
- 其他因素 3.5

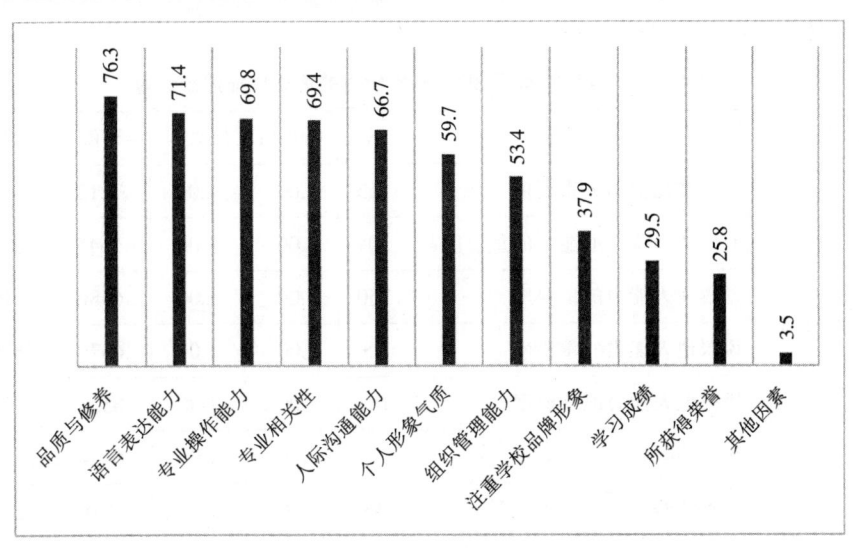

图 4-3 企业招聘时看重的因素排列

二、高职毕业生视角下求职时所具备的基本能力重要程度调研

(一) 调研问卷

本研究参考美国 SCANS 标准，对基本工作能力进行划分，不仅包括毕业生从事对应岗位所需要的专业技术能力，同时也包括毕业生职业迁移所需要的通识能力。建立了中国用人单位对大学毕业生基本工作能力需求模型，最终将 35 项基本工作能力划分为七类能力，即人际沟通能力、团队协作能力、计划管理能力、科学性思维能力、分析解决问题的能力、持续学习能力、专业应用能力。

针对 35 项基本工作能力编制了调研问卷，设计描述性问题，用于定义正在工作的大学毕业生所理解的 35 项基本工作能力在其岗位工作中的重要程度，分为"不重要""有些重要""重要""非常重要"和"极其重要"5 个层次，数据处理时把重要性处理为百分比，0 代表"不重要"、0.25 代表"有些重要"、0.50 代表"重要"、0.75 代表"非常重要"、1.00 代表"极其重要"。

(二) 样本说明

选择山东省 4 所示范高职、4 所省特色名校、4 所一般高职院校毕业一年后的 2015 届毕业生进行分类抽样，收回有效问卷 612 人。

(三) 调查结果

基于2015届各专业毕业生的视角，对这七大类能力的重要程度进行调研，调研结果见表4-6。

表4-6 毕业生视角下35项基本能力的重要性描述统计量

能力大类	基本能力	N	极小值	极大值	均值	标准差
人际沟通能力	谈判技能能力的重要度	113	.00	1.00	.7212	.28495
	有效的口头沟通能力的重要度	509	.00	1.00	.6645	.26120
	理解他人能力的重要度	350	.00	1.00	.6586	.25150
	说服他人能力的重要度	95	.00	1.00	.6579	.26561
	服务他人能力的重要度	143	.00	1.00	.6538	.24090
	积极聆听能力的重要度	135	.00	1.00	.6444	.26356
	理解性阅读能力的重要度	43	.00	1.00	.5930	.32286
计划管理能力	时间管理能力的重要度	69	.25	1.00	.6812	.24957
	情绪管理的能力	25	.00	1.00	.5946	.3121
	绩效监督能力的重要度	18	.00	1.00	.5417	.30012
科学性思维能力	逻辑思维能力的重要度	37	.00	1.00	.6757	.31658
	针对性写作能力的重要度	14	.00	1.00	.6429	.33561
	科学分析能力的重要度	20	.00	1.00	.4875	.27476
	数学解法能力的重要度	10	.00	1.00	.4500	.38730
分析解决问题的能力	解决复杂的问题能力的重要度	49	.25	1.00	.6735	.24582
	判断和决策能力的重要度	50	.00	1.00	.6350	.29542
	系统分析能力的重要度	18	.00	1.00	.4375	.34718
	疑难排解能力的重要度	104	.00	1.00	.6062	.28367
持续学习能力	积极学习能力的重要度	501	.00	1.00	.6427	.25415
	学习方法能力的重要度	309	.00	1.00	.6246	.25292
团队协作能力	协调安排能力的重要度	90	.00	1.00	.6044	.26120
	人力资源管理能力的重要度	18	.00	1.00	.5694	.32995
	指导他人能力的重要度	51	.00	1.00	.5490	.26467

续表

能力大类	基本能力	N	极小值	极大值	均值	标准差
专业应用能力	设备维护能力的重要度	22	.00	1.00	.6364	.33387
	安装能力的重要度	12	.00	1.00	.6250	.27178
	技术设计能力的重要度	18	.00	1.00	.5694	.36183
	维修机器和系统能力的重要度	15	.00	1.00	.5667	.37161
	财务管理能力的重要度	36	.00	1.00	.5417	.28970
	质量控制分析能力的重要度	48	.00	1.00	.5208	.27208
	操作和控制能力的重要度	30	.00	1.00	.5167	.34699
	操作监控能力的重要度	19	.00	1.00	.4868	.34835

从表4-6的数据来看，谈判技能能力、时间管理能力、逻辑思维能力、解决复杂的问题能力、有效的口头沟通能力、理解他人能力、说服他人能力、服务他人能力、积极聆听能力、针对性写作能力、积极学习能力、设备维护能力、判断和决策能力、安装能力、学习方法能力、协调安排能力得分在0.6以上，接近"非常重要"的水平。

从大类上来看，毕业生对能力重要性评估依次是人际沟通能力、计划管理能力、科学性思维能力、分析解决问题的能力、持续学习能力、团队协作能力、专业应用能力。

由此可见，在工作岗位上，毕业生的通识能力远比专业能力更重要，在通识能力中，"人际沟通能力"是排在第一位，尤其是"谈判技能"和"有效的口头沟通能力"，62.8%的毕业生认为"谈判技能"非常重要或极其重要，50.3%的毕业生认为"有效的口头沟通能力"非常重要或极其重要。著名企业家卡耐基先生曾指出，一个人事业成功的因素，只有30%是由专业技术决定的，另外的70%则要靠人际关系，在人际关系复杂的社会，要想成功就必须增强自身的沟通能力。沟通有对上沟通和对下沟通，对上，要掌握好沟通的时间和方式，才能得到上级的理解和支持；对下，要学会换位思考和尊重下属，才能得到下级的认同和共鸣。只有善于沟通，才能建立良好的人际关系。可见高职教育阶段，培养学生的人际沟通能力尤其重要，这也恰恰是我们容易忽视的问题。

其次是"计划管理能力"，在该大类能力中"时间管理能力"尤其重要，47.8%的毕业生认为"时间管理能力"非常重要或极其重要。一天只有24小时，时间对每个人都是公平的，一个人的事业成功与否、一个企业是否会做大做强，时间管理的效率尤其重要，尤其是在碎片化严重的时代，有效的时间管理会帮助你更好地分配自己的时间。

再次是"科学性思维能力"，科学性思维具有开放性、创新性、逻辑性、辩证性，工作生活中客观、全面、辩证地看问题，有助于工作交流和提升人的素质。

"分析解决问题的能力"是工作中执行力的综合表现，一个好的职员和管理者必须具有分析问题和解决问题的能力。要熟悉和掌握一定的分析技术，对数据能够进行系统的分析，然后找出问题的发生和发展规律，高效完成任务。

"持续学习的能力"尤其重要，45.6%的毕业生认为"积极学习的能力"非常重要或极其重要。学习是终身要做的事，高职毕业生起点差不多，都做相同的工作，但总有人成长快、有人成长慢，这和他的持续学习能力有直接关系。

"团队协作能力"包括委托别人的能力、协调能力、传授指导的能力等。团队精神，就是大局意识、服务意识和协调意识"三识"的综合体。优秀员工会先集体后个人，秉承团队精神，让所在集体发挥"1+1>2"的效果。

"专业应用能力"是大学生专业知识与专业技能的综合应用能力，是毕业生求职和就业时最直接的考察点，熟练的专业应用能力往往是用人单位考察员工岗位工作能力的重要因素，也是高职教育最关注的因素。

由毕业生对通用能力和专业应用能力的反馈信息来看，学生在校期间不仅要掌握扎实的专业知识和技能，更应该具备良好的通识能力，在职场中，综合素质超群的人才能够脱颖而出。

第三节 基于毕业生和用人单位信息反馈的高职人才培养质量指标体系构建

在构建指标体系时，要考虑到教育的特殊属性，教育既具有服务活动属性，又具有生产活动属性。不同利益相关者看待教育的角度是不同的，对教育的要求也不同。如果把教育理解为一个由输入、过程和结果（或输出）构成的流程，那么对于学生来讲，教育的输入、过程和结果是同等重要的。作为向学生提供服务的教育，其质量应该被理解为教育输入、教育过程和教育结果特性满足学生要求并使学生满意的程度。教育质量必须通过教育全过程即教育输入、教育过程和教育结果三个方面来完整体现。用人单位关注的是教育结果，即毕业生。从用人单位视角看，教育是一种生产过程，即通过一系列环节培养出合格的学生。作为生产活动，教育也是由教育输入、教育过程、教育结果几个环节构成的，但是只有作为教育结果的毕业生才是最为重要的。从用人单位的角度，可以把教育质量理解为教育结果特性满足要求的程度。教育质量主要通过教育结果来体现。

一、高职人才培养质量指标体系的构建原则

（一）评价主体认同原则

毕业生和用人单位是高职教育的利益相关者，又是评价的多元主体。在评价主体多元情况下，必须通过沟通使各评价主体达成对评价活动的认同与共识。只有评价主体认同该评价的缘由、目的和意图、评价的价值选择、组织和实施、信息收集和处理、评价结论及其运用范围，形成共同接受的评价价值，他们才可能认真、深入地参与评价，我们才有望获取全面、客观、权威、公正的评价信息。

（二）突出绩效评价原则

人才培养质量是学校发展的根本，高职人才培养质量评价重点要突出人才培养绩效的评价。人才培养的质量主要体现在"两个需要"，一是满足市场需要，二是满足学生个人发展需要。因此，在高职人才培养质量指标设计上，要高度重视对高职院校毕业生受欢迎程度、毕业生整体素质、就业能力、社会公认度、企业满意度以及未来在社会上各行各业贡献率和影响力的判定，这些信息反馈是确定人才培养目标与方案的重要依据。同时，人才培养质量

的保障不仅取决于教学过程和专业发展的有效监控，还与学校管理与环境的有效支持紧密相关。

（三）坚持人文素质与基本技能评价相结合的原则

通过对毕业生就业单位的访谈调查，发现用人单位对毕业生的人文基本素质和基本能力更加关注。人文素质包括科学文化素养、交际沟通能力、工作态度、积极的价值观等基本内容；基本能力包括：数学逻辑推理能力、专业基本技能、动手能力、创新能力等。在制定评价指标时，应在教育心理学、社会学、管理学、专业理论的基础上进行充分的科学论证，坚持基本素质与基本能力评价相结合。

（四）专业性与适应性相结合的原则

科技进步日新月异，以移动互联网和云技术、大数据、新能源、机器人及人工智能技术为代表的高科技在产业和服务领域的应用日益广泛，现存的商业模式和劳动力市场将发生极大的变化，一些行业和工作岗位正在消失，一些新行业和岗位正在产生，变化正在以几何级数的速度发生。据预测，现在40%的工作岗位将要消失，所以对毕业生既要进行短期专业考核，也要考核毕业生适应工作变化的迁移能力，毕业生雇主满意度的考核应坚持专业性和适应性相结合的原则。

（五）定量与定性评价相结合的原则

评价的目的是改进教育、提高人才培养质量。在构建评价指标体系时要兼重定量和定性原则，对毕业生就业率、就业满意度、服务满意度、知识技能素养提升等通过量化构建实现数据评价，将培养目标、就业分布、离职原因、职业性向、课程评价、创业情况、对学校改进意见、综合素质与职业岗位适应度等指标纳入质性评价的范畴。

二、基于毕业生信息反馈的高职人才培养质量评价指标体系

通过文献查询、毕业生访谈、专家咨询和论证，构建基于毕业生信息反馈的人才培养质量评价指标体系。

该指标体系有169个指标，包含4个层级：一级指标2个，即毕业生对母校的总体满意度与推荐度；二级指标3个，分别是就业落实与就业质量信息反馈、毕业生自身知识能力素养提升评价、对母校服务质量评价；三级指标14个；四级指标150个。各指标间有机联系，共同构成了一个评价整体，并显示了各指标在整体中的地位和作用，充分体现出指标设计的思想。具体指标体系如表4-7所示。

表 4-7 基于毕业生信息反馈的人才培养质量评价指标体系

一级指标 2个	二级指标 3个	三级指标 14个	四级指标 （观测点150个）
总体满意度	就业落实与就业质量	就业分布	主要行业、主要职业、区域贡献（3项）
		就业落实	就业率、升学率、创业率（3项）
		就业质量	职业期待吻合度、工作与专业相关度、月收入（3项）
		就业满意度	总体满意度、工资福利满意度、工作地点满意度、工作稳定性满意度、个人发展空间满意度、社会地位满意度、独立自主性满意度（7项）
		离职率	是否有过离职、离职类型（2项）
		创业落实	创业率、创业动机、创业项目专业相关性（3项）
	知识能力素养提升评价	核心知识提升	核心知识重要度与满足度、分项专业知识（教育与培训知识、计算机与电子学知识、消费者服务与个人服务知识、设计知识、经济学与会计知识、工程与技术知识、机械知识、生产与加工知识、营销与沟通知识等）的重要度与满足度，分项通用知识（行政与管理、人事与人力资源知识、法律与政府知识、心理学知识、文秘知识、传播与媒体知识、中文语言知识、数学知识、美术知识、外国语知识等）的重要度与满足度（20项）
		基本能力提升	基本能力总体提升、8类能力（人际沟通能力、团队协作能力、计划管理能力、科学性思维能力、分析解决问题的能力、持续学习能力、创新能力、专业应用能力）重要度与满足度，23项基本能力重要度与满足度（32项）
		职业素养提升	职业素养总提升、个人品质（诚实守信、包容精神、积极乐观、追求上进）重要度与满足度，社会责任（遵纪守法、公益助人、社会公德、关注社会）的重要度与满足度，基础素养（人文美学、健康卫生、艺术修养、科学精神）的重要度与满足度，职业发展（职业规划、团队合作、专业素养、创新精神）的重要度与满足度（17项）

续表

一级指标 2个	二级指标 3个	三级指标 14个	四级指标 (观测点150个)
校友推荐度	母校服务质量评价	教学服务评价	教学服务满意度、实践教学满意度、职业资格证书获取率、核心课程重要性、核心课程的满足度、人才培养目标的了解、毕业要求了解、课程内容、课程考核方式、教师敬业精神、教师专业能力、教学艺术、师生互动、实践教学比例、专业认识实习、专业生产实习、课程实践、专业技能比赛、专业技能相关实训、毕业顶岗实习、校内生产性实训基地实习、校外顶岗实习、专业作品设计（23项）
		创新创业教育服务评价	创新创业教育满意度，创新创业教育载体（创新创业教育课程、创新创业实践活动、创业辅导活动、创新创业竞赛），创新创业教育受众比例，创新创业成效（创新创业知识提升、创业能力影响、科学创业观的影响）（9项）
		学工服务评价	学生工作满意度、社团活动满意度、与辅导员（班主任）交流频度、辅导员（班主任）态度、辅导员（班主任）素质、学生资助、解决学生问题，社团活动参与度（学术科技类、社会实践类、社交联谊类、文化艺术类、表演艺术类、体育户外类、公益类）（8项）
		就业服务评价	获得第一份工作渠道、就业服务满意度、就业服务的形式（职业发展规划、求职辅导、招聘会、发布招聘信息、推荐工作），就业服务的有效性（8项）
		生活服务评价	生活服务满意度、食堂饭菜及服务、宿舍管理服务、学校医院服务、学校安保服务、学校洗浴服务、学校设施和环境（教室设备、体育场馆、艺术场馆、实验室设备、图书馆与图书资料、校园网）的满足度（12项）

三、基于用人单位信息反馈的高职人才培养质量评价指标体系

要找出影响用人单位对高职院校人才培养质量认知的主要因素，必须先了解用人单位对高职教育质量的关注点，即用人单位在接受高职毕业生时最

为关心的因素。通过调查研究发现，高职毕业生用人单位往往具有一些共同的需求特点和偏好，这些特点和偏好反映在对高职教育质量的评价中就是一致性；但研究也表明，不同类型的企业对于高职教育质量关注的焦点并不一致，这说明不同类型的企业群体也会有他们各自的需求重点，同样，在不同岗位或专业的用人需求上，用人单位的期望关注点也是有差异的。

通过深入企业访谈与调查，设计企业感知质量的构成要素。访谈发现用人单位普遍关注学校的声誉和毕业生质量。学校的声誉主要表现为学校的社会声誉、学校的专业建设、学校的就业服务三个方面；质量主要表现为毕业生的职业素养、专业知识技能、岗位工作能力等方面。针对高职院校的特点，同时借鉴相关研究结果，并依据课题组与用人单位访谈的情况，设计基于企业信息反馈的高职人才培养质量评价的具体测量指标体系。该指标体系共有指标37个：一级指标4个，二级指标6个，三级指标27个。具体见表4–8。

表4–8 基于用人单位信息反馈的高职人才培养质量评价指标体系

一级指标	二级指标	三级指标
学校声誉	学校的社会声誉	企业心目中对学校整体印象的认知，即聘用理由（1项）
	专业建设水平	专业设置、课程及教学设置是否符合岗位需求（2项）
	招聘服务满意度	对高职院校响应用人单位需求程度、提供服务全面性和就业工作人员服务水平等（2项）
毕业生质量	职业素养	社会责任感、创新意识、对环境的适应性、积极的工作态度、学习的意愿、政治素质、遵守职业道德规范（7项）
	岗位工作能力	问题分析能力、动手操作能力、组织管理能力、沟通与交流能力、自主学习能力、服务他人、信息技术/电脑技能、解决问题能力、团队合作能力、时间管理能力、压力承受能力、创新能力（12项）
	核心知识	专业知识、行业知识、人文社科知识（3项）
雇主满意度		用人单位对学校的总体满意程度
雇主忠诚度		愿意继续使用该校的毕业生或愿意向他人推荐该校学生

第四节 基于毕业生和用人单位信息反馈的高职人才培养质量评价问卷的编制

一、基于毕业生信息反馈的高职人才培养质量评价问卷的编制

问卷编制流程如图4-4所示。

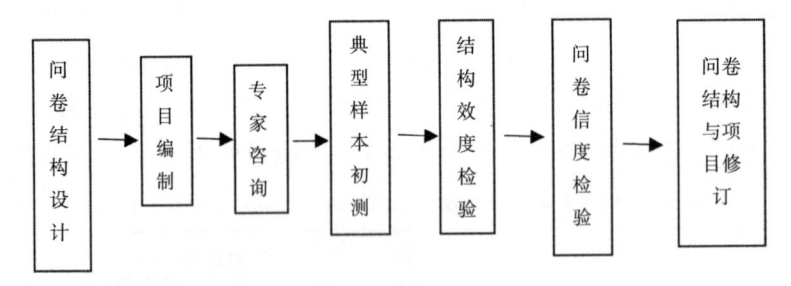

问卷结构设计 → 项目编制 → 专家咨询 → 典型样本初测 → 结构效度检验 → 问卷信度检验 → 问卷结构与项目修订

图4-4 基于毕业生信息反馈的高职人才培养质量评价问卷编制的流程

（一）量表结构的设计与项目的编制

1. 问卷结构的设计

基于毕业生信息反馈高职人才培养质量评价指标初步设计，将基于毕业生信息反馈的问卷结构分为四个部分。

第一部分：设计3个维度21个观测点，分别调研毕业生就业落实、就业质量、就业分布维度的问题。在就业落实指标上，设计就业率、离职率、创业率、升学率、参军入伍等5个检测点；在就业质量指标上，设计就业满意度、6个分项就业满意度、职业吻合度、职业与专业相关度、月收入等13个检测点；在就业分布上设计区域贡献、就业行业性质、职业类型等3个观测点，考察学校人才培养的区域贡献和行业贡献等，从而判断专业人才培养定位的科学性与合理性。

第二部分：设计3个维度69个观测点，分别调研毕业生毕业时知识、能力、素养三个维度水平提升情况。知识提升维度，设计核心知识总提升、教育与培训知识、计算机与电子学知识、消费者服务与个人服务知识、设计知识、经济学与会计知识、工程与技术知识、机械知识、生产与加工知识、营销与沟通知识、行政与管理知识、人事与人力资源知识、法律与政府知识、心理学知识、文秘知识、传播与媒体知识、中文语言知识、数学知识、美术

知识、外国语知识等20项观测点。能力提升维度，设计基本能力总提升、8大类关键能力（人际沟通能力、团队协作能力、计划管理能力、科学性思维能力、分析解决问题的能力、持续学习能力、创新能力、专业应用能力）的提升和23项基本能力提升共32个观测点。素养提升维度，设计职业素养总提升、个人品质（诚实守信、包容精神、积极乐观、追求上进）的重要度与满足度，社会责任（遵纪守法、公益助人、社会公德、关注社会）的重要度与满足度，基础素养（人文美学、健康卫生、艺术修养、科学精神）的重要度与满足度，职业发展（职业规划、团队合作、专业素养、创新精神）的重要度与满足度共17个观测点。

第三部分：设计5个维度60个观测点，分别调研毕业生对母校提供的教学服务、创新创业服务、就业服务、学工服务、生活服务5个方面的满意程度。在教学服务维度，主要考察毕业生通过自己的工作经历，反思母校核心课程设置的重要性、课程设置满足工作需求度、课程内容、课程考核方式、教师敬业精神、教师专业能力、教师的教学艺术、师生互动情况、课程实验、专业生产实习、专业认知实习、专业技能实训、校内生产性实训基地、校外顶岗实习、毕业设计、课程设计、专业技能比赛、毕业顶岗实习、实践教学比例、获得职业资格证书情况，并对教学满意度进行综合评价，提出改进意见等，共23个观测点。创新创业服务维度，主要调研毕业生接受母校创新创业教育课程、创新创业教法、教师实践经验、创新创业实践活动、创业辅导活动、创新创业竞赛服务情况，以及创新创业教育对其创新创业知识提升、创业能力影响、科学创业观的影响等进行综合评价，提出改进意见，共9个观测点。就业服务维度，主要调研学生接受母校提供的职业发展规划教育、就业辅导、就业信息服务、就业机会服务情况等信息反馈，并对就业服务的有效性进行评价，提出改进意见，共8个观测点。学工服务维度，主要调研毕业生对母校学工处工作与辅导员工作的满意度，包括与辅导员（班主任）交流情况、辅导员（班主任）工作态度、辅导员（班主任）素质评价，学工处学生资助、解决学生难题、社团活动开展情况，学生对学工服务进行满意度综合评价，提出改进意见等，共8个观测点。生活服务维度，主要调研毕业生对母校食堂饭菜及服务、宿舍管理服务、教室设备、学校医院服务、学校安保服务、学校洗浴服务、设施环境等的综合评价，提出改进意见，共12个观测点。

第四部分：设计2个一级指标：毕业生对母校人才培养质量与各项服务质量进行总体满意程度评价，是否向其他人推荐就读母校或招收母校毕业生等，并且征求毕业生对母校的教学服务、学工服务、生活服务等的意见和建议。

2. 问卷项目的编制

通过文献研究，结合毕业生访谈总结出毕业生就业落实与就业质量观测点、毕业生关注的焦点、毕业生对高职学习期间知识能力素养提升各方面的信息反馈，毕业生反思母校教学服务、就业服务、生活服务、学工服务、创新创业教育服务等方面的优势与劣势，对这些信息进行加工，形成测查项目；另一方面，分析搜集毕业生就业满意度调查问卷、高职学生顶岗实习情况调查问卷、全国高校就业状况调查问卷等问卷中的测查项目，把认为能从毕业生的视角反映高职人才培养质量的项目纳入本问卷的测查项目。通过经验性筛选以及专家访谈，共保留了175个项目。为了检验被试者回答的真实性，在量表中穿插了10个完美性检验题，形成了由185个项目组成的"基于毕业生信息反馈的高职人才培养质量调查问卷"。

3. 预测与问卷项目修改

按照分类整群抽样原则，在泰山职业技术学院2015届毕业生各个专业抽取1000个样本，通过邮箱、微信、QQ群等方式进行团体预测。根据预测数据，利用SPSS20.0进行项目分析，排除区分度低于0.3的项目。然后对每个维度的测查项目多次采用主成分分析法进行探索性因素分析，保留特征根大于1.0的因素，且使各维度的测查项目集中在同一个因素上。

利用探索性因素分析排除项目的原则：排除项目少于两个的因素、排除负荷低于0.5的项目、排除虽对同一公因素影响显著但明显与其他项目不属于同一种类的个别项目、排除在多个因素上负荷均匀的项目。经过探索性因素分析，全量表保留169个项目。用这169个项目再加上5个完美性检测题编成"基于毕业生信息反馈的高职人才培养质量调查问卷（计分项目）"，同时把不适用于因素分析又比较典型的检测项目编制成非计分项目，基于非计分项目的毕业生的信息反馈，对高职人才培养质量进行质性研究。

问卷编制做到定量与定性调研项目相结合。

（二）量表结构的设计与项目的编制，问卷测试及问卷信度效度检验

1. 研究对象的选取

按照分类整群抽样原则，在山东省泰山职业技术学院、莱芜职业技术学院、山东服装职业学院、泰山护理职业学院、滨州职业学院、德州职业技术学院、山东旅游职业学院、东营职业学院、青岛酒店管理职业技术学院、山东工程职业学院10所高职院校抽取样本，样本分布为2013届毕业生300人、

2014届毕业生350人、2015届毕业生450人，共选样本1100人，有效样本936人，其中2013届毕业生213人、2014届毕业生255人、2015届毕业生468人，报告性别的样本中男生532人、女生393人，未报告性别的11人。

2. 相关检验及多层级因子分析方法

KMO检验和Bartlett球形检验：因子分析之前需通过KMO检验和Bartlett球形检验来分析变量是否具有相关性，一般当KMO>0.5时，适合做因子分析。用Bartlett检验相关系数矩阵是否是单位阵，在不是单位阵时才可进行因子分析。

多层级因子分析方法：采用多层级因子分析法检验量表的结构效度。指标体系中上一层指标由下一层指标综合而成，因此运用多层次因子分析法，确定综合因子得分式的各指标权重，即对基本变量标准化后数据分别做因子分析，以期分别获得包含信息量较多的上一层即领域层的指标；再分别对所得领域层中各指标因子的得分，应用因子分析，得到上一层即准据层的指标因子得分；最后就准据层中指标进行分析得出目标层的因子得分。

本研究中重点应用多层级因子分析法研究问卷的结构效度，在检测优化量表结构的同时，进一步筛选问卷项目。

3. 多层级因子分析结果及问卷结构效度检验

（1）多层级因子分析：首先利用主成分分析法对问卷设计的10个定量考察的三级指标（维度）下属的四级指标（观测点）进行因子分析，旨在考察每一维度的所编项目是否体现、代表和测量了该维度的人才培养质量。分析结果表明，每个维度的KMO均大于0.6，Bartlett检验显著，相关系数矩阵不是单位矩阵，表明各维度所含项目（观测点）均适合做因子分析。

对各维度的项目（计分观测点）进行因子分析，均抽取到一个因素，该因素对应的即问卷的维度或评价指标体系的三级指标，各项目在对应因素（维度）上的负荷如表4-9、4-10、4-11、4-12所示。各维度抽取到的这一个因素对相应维度内各项目的解释率如表4-13所示。

表4-9 就业落实与就业质量因子的因素负荷

项目	就业落实	项目	就业质量
毕业后流向	0.597	就业现状满意度	0.798
是否就业	0.536	职业吻合度	0.789
是否离职	0.498	月收入	0.443
		职业与专业相关度	0.427

表4-10 母校学习经历对毕业生自身知识提升、能力提升、素养提升因子的因素负荷

项目	知识提升	项目	能力提升	项目	素养提升
专业知识提升	0.954	解决问题能力的提升	0.937	忠诚守信提升	0.823
计算机应用知识提升	0.944	持续学习能力的提升	0.936	遵纪守法提升	0.804
管理知识提升	0.902	创新能力的提升	0.926	环境意识提升	0.777
文化知识（如中文、数学、外语等）提升	0.876	团队合作能力的提升	0.924	专业素养	0.739
方法的知识提升	0.782	沟通与交流能力的提升	0.913	乐观态度提升	0.688
		专业知识应用能力的提升	0.899	关注社会提升	0.685
		资源掌控能力的提升	0.886	努力上进提升	0.680
		管理能力的提升	0.859	团队合作提升	0.586
				开拓创新提升	0.582
				公益助人提升	0.546

表 4-11 毕业生对母校教学服务、就业指导服务、创新创业服务信息反馈因子的因素负荷

项目	教学服务	项目	就业指导服务	项目	创新创业服务
教师敬业程度	0.774	辅导求职策略	0.798	创新创业教育课程	0.714
教师专业能力	0.754	辅导面试技巧	0.759	创新创业教法	0.703
课程设置的合理性	0.746	辅导简历写作	0.683	教师实践经验	0.642
课程考核方式合理性	0.735	职业发展规划教育	0.566	创新创业实践活动	0.640
课程内容实用性	0.714	发布招聘需求与薪资信息	0.509	创新创业竞赛	0.509
清晰本专业培养目标定位	0.689	大学组织的招聘会	0.503	创新创业知识提升	0.503
了解专业知识能力素养方面培养要求	0.641	推荐介绍工作	0.467	创业能力影响	0.467
实习和实践环节强度	0.638			科学创业观的影响	0.458
课堂气氛与学生参与度	0.533				

表4-12 毕业生对母校学工服务、生活服务信息反馈因子的因素负荷

项目	学工服务	项目	生活服务
辅导员或班主任态度	0.897	学校交通服务	0.680
辅导员或班主任专业素质	0.878	学校安保服务	0.655
与辅导员或班主任接触交流情况	0.713	学校医院或医务室服务	0.572
学生资助服务	0.709	教室设备与服务	0.522
学生社团活动组织情况	0.676	食堂饭菜质量及服务	0.518
解决学生问题及时	0.625	学校洗浴服务	0.477
		宿舍管理服务	0.451

表4-13 基于毕业生信息反馈的高职人才培养质量评价各三级指标的解释率

维度（三级指标）	就业落实	就业质量	知识提升	能力提升	素养提升	教学服务满意度	创新型创业教育服务满意度	就业服务满意度	学工服务满意度	生活服务满意度
方差解释率（%）	76.124	80.352	79.832	84.181	67.730	72.657	65.419	73.546	68.774	61.293

通过对四级指标进行探索性因子分析，排除掉因子负荷小于0.3的项目，以及方差最大旋转后排除因素少于两个的因子，确保四级指标探索性因子分析后得到的因子对应问卷设计的三级指标个数及因子含义。通过第一层级的因子分析，问卷四级指标中计分项目保留67个，分布情况：就业落实3个；就业质量4个；知识提升5个；能力提升8个；素养提升10个；教学服务9个；就业指导服务7个；创新创业服务8个；学工服务6个；生活服务7个。

利用多层级因子分析法原理，我们对对应三级指标的10个因子得分进行对应上层的因子分析，得三个二级指标，三级指标在二级指标上的因素负荷和二级指标的解释率见表4-14、表4-15。

表4-14结果表明，利用问卷各维度的因子得分再次进行对应层级的因子分析，相应定量三级指标对应的各维度均抽取1个因子，因子命名与二级指标含义一致，表明问卷结构层级合理。表4-15数据可见，二级指标因子的解

释率在60%以上。进一步对三个二级指标进行因子分析，结果抽取两个因子，两个因子命名对应两个一级指标，毕业生对母校的"总体满意度"和"校友推荐度"，因素符合分别为0.843和0.692，两个一级指标的解释率为69.857%。

表4-14 三级指标在三个二级指标上的因素负荷

三级指标	就业落实与就业质量	三级指标	知识能力素养提升	三级指标	母校服务评价
就业落实	0.754	知识提升	0.939	母校教学服务信息反馈	0.880
就业质量	0.716	能力提升	0.940	母校就业服务信息反馈	0.862
		素养提升	0.613	母校创新创业服务反馈	0.814
				母校学工服务反馈	0.806
				母校生活服务反馈	0.791

表4-15 基于毕业生信息反馈的高职人才培养质量评价各二级指标的解释率

二级指标	就业落实与就业质量	知识能力素养提升	母校服务质量反馈
方差解释率（%）	70.146	78.672	60.093

（2）问卷的结构效度：由多层级因子分析结果表4-9至表4-13可以看出，该问卷每一个维度内都只存在一个特征根大于1.0的因子，且各项目在对应维度的因素负荷在0.427~0.954之间，每个被抽取的因素对相应维度各项目的解释率在65.419%~79.832%之间。由表4-14、表4-15可以看出，这10个维度划分三组进行因子分析，每组均抽取1个因子，对应三个二级指标，并且各维度在对应一级指标上的负荷在0.613~0.939之间，方差贡献率为分别为70.146%、78.672%和60.093%。对三个二级指标得分再次进行因子分析，结果抽取两个因子，分别对应一级指标毕业生对母校的"总体满意度"和"校友推荐度"，两个一级指标的解释率为69.857%。这些数据表明该量表具有较高的结构效度。

4. 基于毕业生信息反馈的高职人才培养质量调查问卷信度检验

根据量表的测试结果，对量表进行内部一致性信度系数（α系数）考察，结果如表4-16所示，数据表明该量表具有较高的内部一致性。

表4-16　基于毕业生信息反馈的调查问卷内部一致性信度系数（α系数）

维度	就业落实与就业质量	知识能力素养提升	母校服务质量反馈	全问卷
α系数	0.806	0.763	0.731	0.814

二、基于用人单位信息反馈的高职人才培养质量评价问卷的编制

（一）基于用人单位信息反馈的高职人才培养质量评价问卷结构与项目的设计

根据基于用人单位信息反馈的高职人才培养质量评价指标初步设计，将基于用人单位信息反馈的问卷结构分为三个部分。

第一部分：设计两个方面的问题，共7个项目。一是单位的基本信息，包括单位名称、所属行业、单位的性质、规模4个项目；二是单位聘用渠道与用人标准，设计3个项目，分别调研用人单位招聘本校毕业生的渠道、招聘本校毕业生的理由、用人单位在招聘员工时注重的因素。通过第一部分调研，能够了解企业对毕业生的用人需求与关注焦点，利于高职院校调整人才培养的目标。

第二部分：是企业对毕业生工作能力、知识、素养评价和继续招聘意愿度，共24个项目。包括岗位工作能力评价12个项目，如问题分析能力、动手操作能力、组织管理能力、沟通与交流能力、自主学习能力、服务他人、信息技术/电脑技能、解决问题能力、团队合作能力、时间管理能力、承受能力、创新能力等；包含毕业生职业素养评价7个项目，如社会责任感、创新意识、对环境的适应性、积极的工作态度、学习的意愿、政治素质、遵守职业道德规范等；用人单位对毕业生掌握核心知识情况的评价3个项目，如对专业知识、与行业相关的知识、人文社会科学知识的需求度与满意度等。另外设计企业对毕业生的总体满意度和继续招聘案例院校毕业生的意愿度2个项目。

第三部分：用人单位对高职院校的整体评价及改进建议，共6个项目。包含学校的专业设置与建设水平、课程设置、学校的就业服务满意度、学校声誉评价等4个项目，另外征求改进案例院校专业建设和就业服务建议的2

个项目。

(二) 问卷调查与信度效度检验

1. 样本描述

选取案例院校毕业生的用人单位作为本研究的调查对象。问卷发放方式主要有三种：电子邮件或传真、招聘会上现场发放、到用人单位调查访谈。

本次调查共发放问卷310份，回收228份，其中有效问卷214份，问卷回收率为73.5%，有效率为93.9%。具体样本的结构如表4-17所示。

表4-17 用人单位样本的结构

统计变量	分类项目	数量	总样本占比（%）
所在行业	政府机关/公用事业单位	12	5.6
	电信/IT业	28	13.1
	金融业	19	8.9
	批发零售	12	5.6
	酒店/旅游/餐饮	11	5.1
	房地产/建筑行业	46	21.5
	运输、物流	17	7.9
	制造业	36	16.8
	其他	33	15.4
单位性质	国有企业	20	9.3
	民营企业	103	48.1
	集体企业	20	9.3
	三资企业	11	5.14
	政府机关/事业单位	20	9.3
	个体	29	15.9
单位规模	100人以下	105	49.1
	100~200人	33	15.4
	200~300人	33	15.4
	500~1000人	18	8.4
	1000人以上	25	11.7

续表

统计变量	分类项目	数量	总样本占比（%）
主要招聘岗位	工程技术	31	14.5
	客户商务	38	17.8
	营销和市场推广	47	22.0
	行政/文秘	11	5.1
	计算机应用	29	13.6
	财会	25	11.7
	艺术设计	15	7.0
	物业管理	5	2.3
	幼儿教师	13	6.1

2. 问卷的信度效度检验

（1）信度检验：利用SPSS20.0对数据进行内部一致性信度分析，信度检验结果见表4-18。

表4-18　基于企业信息反馈的高职人才培养质量问卷信度检验

维度	学校声誉	毕业生质量满意度	雇主满意度与忠诚度	全问卷
α系数	0.806	0.763	0.814	0.869

由表4-18数据可知，问卷各维度的信度均在0.763以上，总量表信度α=0.869，说明该问卷项目内部一致性信度高，是可靠的。

（2）效度检验：本研究模型包含的结构变量主要有学校品牌形象、用人单位感知毕业生质量、用人单位整体满意度和继续招聘案例院校毕业生的意愿，其中用人单位感知质量有19个测量项目测度，其余变量则分别有1~3个测量项目测度，因此本研究主要进行雇主感知质量的结构分析。

在提取因子之前，首先对样本充分性进行检验，结果显示：样本充分性KMO测度为0.904，样本分布的球型Bartlett卡方检验值显著性为0.000，表明适合对数据进行因子分析。确认样本的充分性后，采用主成分分析法提取因子，并采用极大方差法进行因子旋转，分析结果如表4-19、表4-20所示。

表4–19 各项目在五个因子上的因子负荷

项目内容	毕业生职业素养	毕业生岗位工作能力	毕业生知识水平	雇主忠诚度	学校声誉
社会责任感	0.798				
对环境的适应性	0.697				
遵守职业道德规范	0.683				
积极的工作态度	0.621				
政治素质	0.557				
创新意识	0.597				
学习的意愿	0.483				
自主学习能力		0.786			
服务他人能力		0.699			
沟通与交流能力		0.681			
团队合作能力		0.642			
问题分析能力		0.612			
解决问题的能力		0.609			
动手操作能力		0.595			
时间管理能力		0.518			
组织管理能力		0.506			
信息技术掌握水平		0.497			
创新能力		0.421			
压力承受能力		0.409			
专业知识			0.853		
行业知识			0.748		
人文社科知识			0.597		
招聘服务满意度				0.869	
继续招聘意愿度				0.796	
学校专业建设水平					0.637
学校专业课程设置					0.519
总体满意度					0.483

表 4-19 探索性因素分析结果可见，由于评价毕业生质量维度的项目较多，原研究设计中的毕业生质量维度经因素分析抽取 3 个特征各大于 1 的因子，分别对应毕业生知识、能力及素养因子，这样整个问卷共提取 5 个因子，通过这 5 个因子来描述高职院校毕业生雇主感知质量特征。从各个因子构成项目的内容上看，因子 1 可以归纳为毕业生职业素养，因子 2 归纳为毕业生岗位工作能力，因子 3 归纳为毕业生知识水平，因子 4 归纳为雇主忠诚度，因子 5 归纳为学校整体评价。这 5 个因子解释了总体方差的 85.226%。

表 4-20 各因子的方差解释率

维度	毕业生职业素养	毕业生岗位工作能力	毕业生知识水平	雇主忠诚度	学校声誉	累积方差解释率（%）
方差解释率（%）	24.955	19.227	18.582	15.113	7.349	85.226

第五章 基于案例院校毕业生信息反馈的高职人才培养质量评价实证研究

第一节 样本数据介绍与统计分析方法

一、样本的选取

为了客观评价案例院校的人才培养质量，课题组连续 5 年分别对案例院校 2015 至 2019 届的毕业生毕业一年后进行问卷调研或访谈，收集毕业生对案例院校人才培养质量等方面的反馈信息。选择毕业一年后的毕业生进行反馈，是因为毕业生毕业一年后的就业状况趋于稳定，一年的工作经历可以让毕业生对求职、岗位工作能力、职业素养重要性等有更深刻的了解，也能够较正确地评估母校的学习经历对自己知识能力素养提升的影响，对母校的教育教学服务、学生管理工作和生活学习环境能进行客观的信息反馈。

排除有效样本中样本数少于 5 人的专业。各届样本专业分布见表 5-1、表 5-2、表 5-3、表 5-4、表 5-5。

表 5-1 案例院校 2015 届毕业生样本专业分布

专业	人数	有效百分比	专业	人数	有效百分比
电气自动化技术	14	3.13	旅游管理	10	2.23
电子商务	9	2.01	汽车电子技术	30	6.70
动漫设计与制作	8	1.79	软件开发与项目管理	9	2.01
服装设计	6	1.34	食品营养与检测	12	2.68
工程造价	59	13.17	数控技术	19	4.24
会计电算化	75	16.74	物流管理	8	1.79
机电一体化技术	92	20.54	畜牧兽医	5	1.12
计算机应用技术	20	4.46	园林技术	7	1.56

续表

专业	人数	有效百分比	专业	人数	有效百分比
建筑工程技术	37	8.26	园艺技术	7	1.56
酒店管理	6	1.34	装饰艺术设计	15	3.35
合计有效样本数			448		

表5–2　案例院校2016届毕业生样本专业分布

专业	人数	有效百分比	专业	人数	有效百分比
电气自动化技术	28	3.59	旅游管理	33	4.23
电子商务	12	1.54	汽车电子技术	18	2.31
动漫设计与制作	6	0.77	汽车技术服务与营销	15	1.92
服装设计	9	1.15	软件开发与项目管理	11	1.41
工程造价	91	11.67	食品营养与检测	37	4.74
国际经济与贸易	7	0.90	数控技术	15	1.92
会计电算化	135	17.31	物流管理	23	2.95
机电一体化技术	132	16.92	畜牧兽医	11	1.41
计算机网络技术	8	1.03	园林技术	11	1.41
计算机应用技术	35	4.49	园艺技术	15	1.92
建筑工程技术	70	8.97	珠宝首饰工艺及鉴定	8	1.03
金融与证券	9	1.15	装饰艺术设计	28	3.59
酒店管理	8	1.03	资产评估与管理	5	0.64
合计有效样本数			780		

表5–3　案例院校2017届毕业生样本专业分布

专业	人数	有效百分比	专业	人数	有效百分比
道路桥梁工程技术	20	1.4	汽车电子技术	18	1.3
电气自动化技术	24	1.7	汽车技术服务与营销	16	1.1
电子商务	56	3.9	汽车检测与维修技术	57	4.0
服装设计	20	1.4	食品营养与检测	44	3.1
工程造价	120	8.4	食品营养与检测（加工技术方向）	5	0.4

续表

专业	人数	有效百分比	专业	人数	有效百分比
国际经济与贸易	12	0.8	首饰设计与工艺	27	1.9
航空服务	15	1.1	数控技术	59	4.1
会计电算化	300	21.1	物流管理	48	3.4
机电一体化技术	203	14.3	畜牧兽医	7	.5
计算机应用技术	71	5.0	应用电子技术	24	1.7
建筑工程技术	122	8.6	园林技术	26	1.8
酒店管理	10	0.7	园艺技术	20	1.4
旅游管理	38	2.7	装饰艺术设计	48	3.4
模具设计与制造	12	0.8			
合计有效样本数			1422		

表5-4 案例院校2018届毕业生样本专业分布

专业	人数	有效百分比	专业	人数	有效百分比
道路桥梁工程技术	24	1.1	模具设计与制造	12	0.6
电气自动化技术	25	1.2	汽车电子技术	94	4.5
电子商务	86	4.1	汽车技术服务与营销	15	0.7
动漫设计与制作	13	0.6	汽车检测与维修技术	85	4.0
服装设计	20	1.0	软件开发与项目管理	18	0.9
工程造价	132	6.3	食品营养与检测	67	3.2
国际经济与贸易	9	0.4	数控技术	99	4.7
航空服务	22	1.0	物联网应用技术	9	0.4
会计电算化	374	17.8	物流管理	57	2.7
机电一体化技术	334	15.9	畜牧兽医	11	0.5
计算机应用技术	162	7.7	应用电子技术	70	3.3
建筑工程技术	113	5.4	园林技术	53	2.5
酒店管理	31	1.5	园艺技术	55	2.6
旅游管理	52	2.5	珠宝首饰工艺及鉴定	13	0.6
旅游管理（航空服务）	13	0.6	装饰艺术设计	32	1.5
合计有效样本数			2100		

表 5-5 案例院校 2019 届毕业生样本专业分布

专业	人数	有效百分比	专业	人数	有效百分比
道路桥梁工程技术	21	1.3	模具设计与制造	15	1.0
电气自动化技术	54	3.4	汽车电子技术	28	1.8
电子商务	52	3.3	汽车技术服务与营销	17	1.1
动漫设计与制作	25	1.6	汽车检测与维修技术	39	2.5
服装与服饰设计	7	0.4	软件技术	36	2.3
工程造价	56	3.6	食品营养与检测	48	3.1
工业机器人技术	8	0.5	首饰设计与工艺	12	.8
国际经济与贸易	13	0.8	数控技术	34	2.2
环境艺术设计	18	1.1	物联网应用技术	13	0.8
会计	241	15.4	物流管理	50	3.2
机电一体化技术	230	14.6	畜牧兽医	23	1.5
计算机应用技术	100	6.4	学前教育	168	10.7
建筑工程技术	56	3.6	应用电子技术	27	1.7
酒店管理	34	2.2	园林技术	59	3.8
空中乘务	14	0.9	园艺技术	37	2.4
旅游管理	35	2.2			
合计有效样本数			1570		

所选样本中男女比例如表 5-6 所示。

表 5-6 案例院校 2015 至 2019 届毕业生有效样本的男女生比例

届别	2015 届	2016 届	2017 届	2018 届	2019 届
男生比例	47.4%	56.6%	46.7%	49.3%	44.5%
女生比例	32.8%	43.4%	38.4%	36.6%	38.9%

二、数据采集

在数据采集过程中，我们邀请Mycos第三方评价机构担任评价组织主体，这样可以使整个评价过程中尽可能最大程度地脱离学校人为的、主观因素的干扰，排除产生虚假信息的可能，提高评价结果的真实性和有效性。

各评价主体相对分散、独立，各具特点，因此一定要采用开放性、便利性的渠道与方式，让大多数利益相关者都能充分参与评价。当前现实而可靠的做法是利用网络平台开展评价，即设计评价问卷、开发评价软件，然后引导、组织评价者参与网络评价。网络评价相对便利，没有确切的时间限定，有利于参评者深入了解和分析问题，提出改进问题的策略和建议；网络平台评价易于组织，运行成本较低，也便于统计数据、分析原因、归纳结论。需要注意的是，在评价活动组织中，期望所有利益相关者都能充分参与是不切合实际的，因为评价总有时间和经费上的限制，因此作为评价组织主体，应该尽可能寻求优化的利益相关者参与评价。另外，为了进一步作质性研究，我们还组织个别毕业生进行座谈及访谈、资料查阅、实地考察等，通过这些方式，更有利于学校准确把握人才培养中存在的关键问题和有价值的改进措施，以及利益相关者深层次的思想。

三、统计分析方法

1. 描述性统计

对毕业生就业满意度、对母校总体满意度、教学服务满意度、学工服务满意度、生活服务满意度、就业服务满意度、企业满意度及满意程度等进行描述性统计，通过频数、平均值、标准差等数值评价高职人才培养质量的高低。

2. 方差分析

对就业满意程度、对母校的总体满意程度、教学服务满意程度等指标的院系差异、专业差异进行差异性方差F检验，通过方差分析，检验专业、系别是否是影响高职毕业生满意程度的重要影响因素，院系差异、专业差异是否明显。

3. 差异性t检验

对男女毕业生的就业满意程度、对母校的总体满意程度、教学服务满意程度等进行差异性t检验，了解高职人才培养质量的性别差异是否显著。

第二节 案例院校毕业生就业落实与区域贡献

一、案例院校学生毕业一年后的就业率

就业率反映了高校毕业生供给、市场需求、毕业生个人选择三者之间的匹配程度，是培养目标的达成度在供求数量上的反映。

本研究中，就业率反映了毕业生毕业的落实情况，也称毕业生的落实率。按照教育部公布的高校毕业生就业率的计算公式：

毕业生就业率=（已就业毕业生人数÷毕业生总人数）×100%

毕业生总人数=已就业毕业生人数+待就业毕业生人数+暂时不就业毕业生人数

已就业毕业生包括受雇全职工作人员、受雇半职工作人员、自主创业就业人员、自由职业人员、毕业后入伍人员、毕业后读本科的人员。

（一）毕业生的就业率整体分布情况

案例院校 2015 至 2019 届连续 5 年毕业生毕业一年后的就业率及毕业去向见表 5-7、图 5-1。

表 5-7 案例院校高职毕业生毕业一年后的去向

毕业生一年后去向	2015 届（%）	2016 届（%）	2017 届（%）	2018 届（%）	2019 届（%）
毕业后读本科	2.4	3.4	1.8	2.2	4.8
毕业后入伍	1.3	1.0	2.9	1.3	3.2
受雇半职工作	2.6	1.6	2.2	1.9	2.2
受雇全职工作，与专业无关	33.6	42.4	40.0	45.8	38.5
受雇全职工作，与专业有关	44.3	39.8	40.3	35.9	39.9
自主创业	7.2	7.1	5.6	5.5	4.6
无工作，继续寻找工作	4.4	2.8	3.4	3.7	3.2
无工作，其他	4.1	1.9	3.9	3.7	3.5
就业率（1~6项）	91.5	95.3	92.7	92.6	93.3

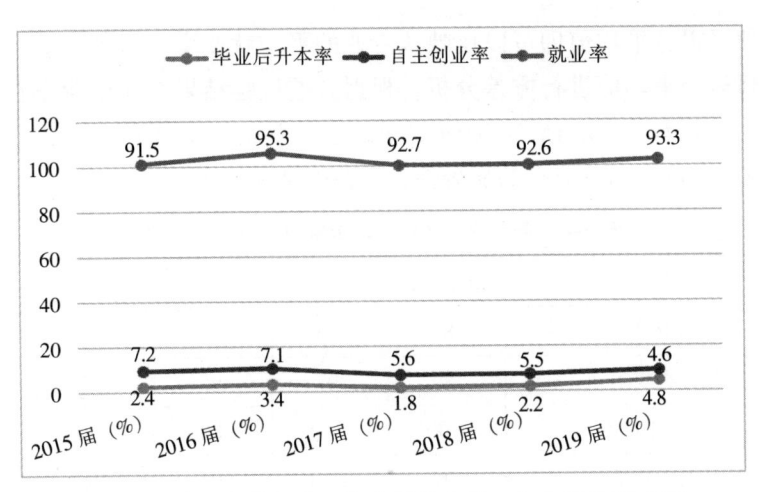

图 5-1 毕业生就业率、毕业后升本率、自主创业率（%）

从表 5-7 和图 5-1 数据可见，案例院校 2015 届至 2019 届毕业生连续 5 年的就业率分别为 91.5%、95.3%、92.7%、92.6%、93.3%，落实率持续处于较高的水平，其中 2016 届毕业生落实率最高，达到 95.3%。在落实就业的毕业生中，毕业后读本科的毕业生 2019 届最高，达到 4.8%。据案例院校招办数据统计，案例院校 2020 届毕业生的升本比例达 14.5% 左右，升本比例大幅提升，这与国家政策 2019 年、2020 年专升本扩招政策有直接关系。在专升本大规模扩招的环境下，受疫情影响，经济普遍不景气，高职生毕业后继续升学深造意愿越来越强，比例会越来越高，这也是搭建普通高等教育与职业高等教育立交桥的显著成效。

在就业落实的毕业生中，受雇全职工作（平均每周工作 32 小时或更多）的比例分别为 77.9%、82.2%、80.3%、81.7%、78.4%，受雇半职的比例分别为 2.6%、1.6%、2.2%、1.9 %、2.2%。案例院校毕业生全职工作的学生比例连续 5 年维持在较高的水平。

自主创业的比例分别为 7.2%、7.1%、5.6%、5.5%、4.6%，呈逐年下降的趋势，这与普遍文献调研大学生创业比例逐年升高不一致。一是可能与案例院校的创业教育欠缺有关；二是大学生毕业即创业也不一定是好的选择，据有创业经验的成功人士的观点，大学生应该先就业，深入了解行业相关形势的前提下再创业会比较容易成功，从这一点看，毕业生的自主创业率减少也许与学生就业观念越来越成熟有关。

（二）毕业生就业率的专业分布

"在是否就业"项目，回答"是"计 1 分，"否"计 0 分，各专业"是否就业"项目得分平均值即可以反映该专业的平均就业率。对各专业"是否就业"项目得分平均值进行方差分析，根据方差检验结果判断就业率在不同专业间有无显著差异。2015 至 2019 届毕业生各专业"是否就业"得分平均值见表 5-8，专业影响就业率的显著性方差检验结果见表 5-9。

表 5-8　各专业毕业生"是否就业"得分平均值

主要专业	2015 届	2016 届	2017 届	2018 届	2019 届
工程造价	.88	.95	.94	.93	1.00
建筑工程技术	.89	.97	.95	.93	.98
电气自动化技术	1.00	1.00	.88	1.00	.94
汽车电子技术	.97	1.00	.94	.94	.89
机电一体化技术	.93	.94	.94	.93	.94
数控技术	.94	.93	.88	.92	.91
计算机应用技术	.85	.92	.96	.94	.96
会计电算化	.86	.97	.90	.91	.91
食品营养与检测	.92	1.00	.91	.81	.98
汽车检测与维修技术	——	.91	.93	.96	1.00
电子商务	——	1.00	.95	.90	.90
物流管理	——	.97	.94	.91	.92
装饰艺术设计	——	1.00	.98	.94	.89
旅游管理	——	.94	.84	.92	.94
应用电子技术	——	.89	——	.94	.85
园艺技术	——	.90	——	.93	.92
园林技术	——	.92	——	.94	.93
酒店管理	——	.96	——	1.00	.88
航空服务	——	.82	——	1.00	1.00
服装设计	——	——	——	.90	1.00
学前教育	——	——	——	——	.93
软件技术	——	——	——	——	.89
动漫设计与制作	——	——	——	——	.88
畜牧兽医	——	——	——	——	.91

表 5-9 专业影响就业率的显著性方差检验结果

参数	2015 届	2016 届	2017 届	2018 届	2019 届
F	0.868	0.993	1.133	1.396	1.097
p	>0.05	>0.05	>0.05	>0.05	>0.05

从表 5-8 各专业毕业生"是否就业"项目得分的平均值来看，2015 至 2019 届毕业生各专业平均得分在 0.81~1.00 之间，也可以说各专业毕业生的就业率在 82%~100%之间，其中电气自动化专业 2015、2016、2018 届毕业生的就业率达到 100%，汽车电子技术、食品营养与检测、装饰艺术设计三个专业 2016 届的毕业生就业率达到 100%，2018 届航空服务、酒店管理两个专业的毕业生就业率达到 100%，2019 届工程造价、汽车检测与维修技术、航空服务、服装设计四个专业的毕业生就业率达到 100%。而 2015 届计算机应用技术专业、2016 届航空服务专业、2017 届旅游管理专业、2018 届食品营养与检测专业、2019 届的应用电子技术专业的毕业生就业率分别为 85%、82%、84%、81%、85%，同届各专业就业率排序最低。

从统计数据还发现，有些专业在不同届别的毕业生中，就业率变化比较大，如装饰艺术设计专业 2016 至 2019 届毕业生的就业率分别为 100%、98%、94%、89%，呈现就业率逐年降低的趋势，这或许与近几年房地产行业增速放缓、装修市场热度下降有一定的关系；又如汽车检测与维修技术专业，2016 至 2019 届毕业生的就业率分别为 91%、93%、96%、100%，呈现就业率逐年升高的趋势，这与市场需求紧密相关。我国汽车拥有量越来越高，汽车检测与维修专业的技术人员在全国各地需求量逐年升高，汽车检测与维修技术专业毕业生就业率就会逐步升高，就业前景十分广阔。当然，各专业就业率高低与各系专业建设水平、教学质量与就业服务质量高低有重要关系。

各届、各专业毕业生的就业率存在一定差异，但从表 5-9 方差检验的结果看，专业之间的就业率差异并没有达到显著程度，F 检验显著性参数 p 值均没有达到 0.05 的显著性水平，所以从样本总体判断，案例院校各专业毕业生就业率均较高，没有显著的专业差异。

(三) 毕业生就业率的性别差异

为考察性别对就业率的影响，对"是否就业"项目得分进行性别差异性 t 检验，2015 至 2019 届毕业生就业率性别差异性 t 检验结果如表 5-10 所示。

从表 5-10 数据可以看出，只有 2018 届毕业生男女就业率之间存在显著差异，t 检验显著性 p=0.025<0.05，在 0.05 水平上，男生就业率显著高于女生。

表 5-10　毕业生"是否就业"项目得分的性别差异 t 检验

性别	2015 届 "是否就业"平均值	t	2016 届 "是否就业"平均值	t	2017 届 "是否就业"平均值	t	2018 届 "是否就业"平均值	t	2019 届 "是否就业"平均值	t
男	0.91	−0.687	0.96	0.717	0.93	0.718	0.94	2.238*	0.94	1.862
女	0.93		0.95		0.92		0.91		0.92	

注：* 表示 $p<0.05$

其他届别的毕业生，男女生就业率没有显著差异。但从男女就业率均值上看，除 2015 届女生得分高于男生外，其他届别男生"是否就业"得分均高于女生。由此可见，在一定程度上可以推断高职男生比女生更容易得到就业机会。

二、案例院校的区域贡献

（一）毕业生服务山东的就业比例

高职院校人才培养定位，要坚持以行业、企业和区域经济社会发展需求为导向，突出办学特色，科学合理设置专业，动态优化调整专业结构与布局，找准服务面向定位、人才培养类型与规格定位、产教融合机制定位，提高区域贡献度。可以从毕业生工作单位所在地和所在城市，分析案例院校毕业生的流向与服务区域经济社会发展状态。

调研发现，案例院校 99% 以上的毕业生在国内发展，85% 以上的毕业生工作城市在山东，主要聚集在济南、泰安等地，说明案例院校人才培养的区域贡献度较高。具体分布见表 5-11、图 5-2。

表 5-11　案例院校毕业生服务山东人数百分比

届别	2015 届	2016 届	2017 届	2018 届	2019 届
在山东工作百分比	87.2	85.5	86.9	90.6	91.4

从表 5-11 中数据可见，2015 至 2019 届案例院校毕业生在山东省工作的比例分别为 87.2%、85.5%、86.9%、90.6%、91.4%，除 2016 年度较低外，其他年度呈逐年上升的趋势，越来越多的毕业生愿意为本省经济发展贡献力量，同时说明案例院校人才培养区域定位越来越合理，为山东经济发展输送了大

量人才。

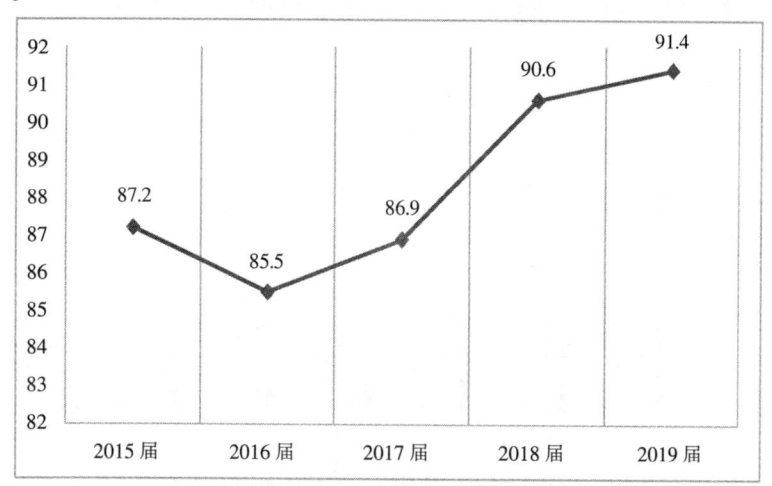

图 5-2 案例院校毕业生服务山东人数百分比变化趋势

进一步调研毕业生服务山东境内的具体城市分布，调研发现案例院校毕业生就业量较大的城市为泰安、济南、青岛、临沂，具体分布见表 5-12、图 5-3。

表 5-12 案例院校毕业生主要就业城市

城市名称	2015 届（%）	2016 届（%）	2017 届（%）	2018 届（%）	2019 届（%）
泰安	14.8	12.9	16.0	20.8	16.7
济南	8.3	5.4	8.4	8.5	7.9
青岛	5.7	5.2	5.1	4.1	4.1
临沂	4.6	5.5	5.0	4.7	6.9
潍坊	2.4	5.2	3.3	3.8	2.4
菏泽	2.0	3.9	2.8	2.3	2.2
济宁	1.7	2.3	2.7	1.9	3.2
淄博	1.1	2.9	2.5	1.8	2.4

从就业城市聚集来看，案例院校毕业生主要分布在泰安、济南、青岛和临沂四个城市，在泰安就业比例最高，2018 年达到 20.8%，2019 年有所下降；从变化趋势来看，近五届毕业生在青岛就业的比例逐年降低，在临沂就业的比例有所升高，2016、2018、2019 三届毕业生在临沂就业比例超过青岛，2019 年度在济宁、淄博就业的比例整体有所上升。

65

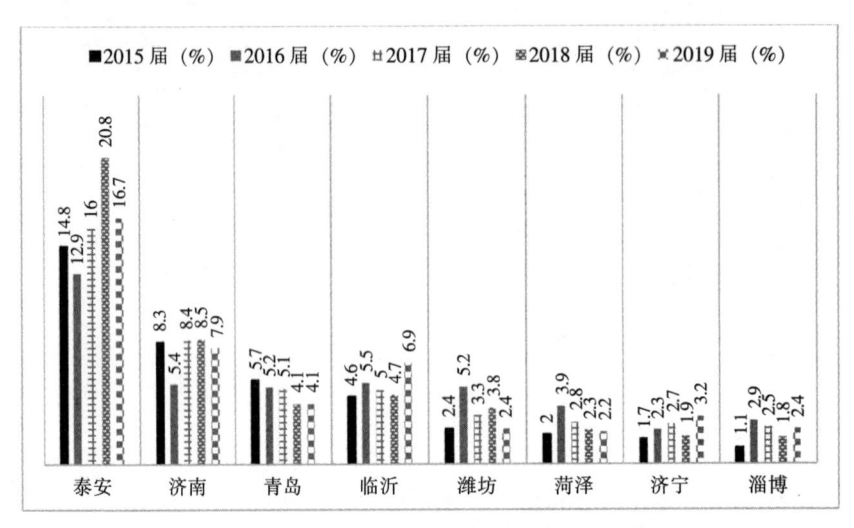

图 5-3 案例院校毕业生主要就业城市分布

为了解毕业生的就业城市与生源城市有无相关性，我们对案例院校2017届、2018届、2019届毕业生泰安、济南、青岛、临沂、潍坊、菏泽、济宁、淄博这八个城市的生源城市占比与就业城市占比进行相关分析，生源城市分布见表5-13，就业城市与生源城市相关分析结果见表5-14。

表 5-13 生源城市分布

城市名称	2017届（%）	2018届（%）	2019届（%）
泰安	26.6	35.3	25.0
济南	4.1	2.8	2.9
青岛	3.4	2.0	2.5
临沂	9.9	7.8	13.0
潍坊	3.7	4.0	3.4
菏泽	10.3	9.2	6.2
济宁	5.8	5.7	6.5
淄博	4.7	2.6	3.9

表 5-14 就业城市与生源城市相关分析结果

生源城市		生源城市	工作城市
	Pearson（相关性）	1	.863**
	N	8	8

**. 在 P=0.01 水平（双侧）上显著相关。

由表 5-14 可见，毕业生的就业城市与生源城市在 0.01 水平上显著相关，Pearson 相关系数 0.868，毕业生由于地缘、人脉和照顾家人等因素的影响，倾向于选择自己的家乡就业。同时，我们发现，泰安、淄博、菏泽、临沂、潍坊、济宁这六个城市的生源城市占比均高于就业城市占比，济南和青岛两个城市的就业城市占比远高于生源城市占比，所以毕业生有在发达城市就业的倾向。高职毕业生除一部分留在生源地或毕业城市外，大部分流向经济发达的青岛市和济南市就业。

(二) 服务行业情况

1. 服务行业类型分布

2015 至 2019 届毕业生就业的主要行业类型见表 5-15。

从表 5-15 数据可见，案例院校毕业生 2015 届和 2016 届毕业生服务行业集中在建筑业、金融（银行/保险/证券）业、零售商业、机械五金制造业、电子电气仪器设备及电脑制造业、交通工具制造业、其他服务业（除行政服务）类，建筑业与金融业类均保持第一和第二的位置，与这两年案例院校建筑类和金融类专业的毕业生大多有关；2017 届和 2018 届，建筑业仍然占第一位，教育业升至第二名，原因是案例院校的第一届学前教育专业就业，毕业生占总毕业生的 1/4，金融业由第二位降到第三位再降到第六位，电子电气仪器设备及电脑制造业与零售商业始终保持前五。媒体、信息及通信产业就业位次逐年上升，由 2015 届不到前十，升至 2016 届第八位到 2017 届第七位，再到 2018 届第四位。2019 届毕业生就业行业变化较大，销售业排第一位，教育业仍排第二位，前几届一直排在第一位的建筑业下降至第四位，一直排在前五位的电子电气仪器设备及电脑制造业下降至第十位，农/林/牧/渔类升至第七位，就业行业分布的巨大变化一方面是毕业生数量与专业分布引起的，另一个重要原因是受疫情影响，一些人员聚集的建筑业、企业不景气或不允许开工引起的。所以需要密切关注行业变化需求，对学生进行正确的就业引导。

2. 就业的主要行业及变化趋势

综合来看，案例院校毕业生就业的主要行业有住宅建筑施工业、中小学教育机构、幼儿学前教育、建筑基础结构楼房外观承建业、建筑装修业、其他个人服务业、汽车制造业、其他金融投资业、综合性餐饮、互联网运营与网络搜索引擎业。整体来看，建筑业装修、建筑基础结构、楼房外观承建业始终是主流，从事保险业、制造业的比例逐渐降低，从事互联网、教育服务业的比例逐渐上升。这与时代发展相适应，企业生产自动化水平越高，制造行业需要的技术工人就会越来越少，新兴服务业如金融投资、互联网、教育服务业越发展，需要的从业人员就会越多。毕业生就业人数前十行业见表 5-16。

表5-15 2015至2019届毕业生就业人数前十行业类型

就业行业排序	2015届 行业类	2015届 占比(%)	2016届 行业类	2016届 占比(%)	2017届 行业类	2017届 占比(%)	2018届 行业类	2018届 占比(%)	2019届 行业类	2019届 占比(%)
1	建筑业	17.0	建筑业	14.2	建筑业	16.1	建筑业	15.5	销售	10.7
2	金融（银行/保险/证券）业	8.0	金融（银行/证券/保险）业	9.2	教育业	8.6	教育业	7.3	幼儿与学前教育	10.5
3	零售商业	7.6	电子电气仪器设备及电脑制造业	7.6	金融（银行/保险/证券）业	7.6	电子电气仪器设备及电脑制造业	6.8	财务/审计/税务/统计	8.7
4	机械五金制造业	5.8	教育业	6.6	零售商业	6.0	媒体、信息及通信产业	6.2	建筑工程	8.1
5	电子电气仪器设备及电脑制造业	4.5	零售商业	5.7	电子电气仪器设备及电脑制造业	5.0	零售商业	6.0	行政后勤	5.2
6	交通工具制造业	4.5	机械五金制造业	5.4	其他服务业（除行政服务）	4.7	金融（银行/保险/证券）业	5.6	中小学教育	3.9
7	其他服务业（除行政服务）	4.5	其他服务业（除行政服务）	4.3	媒体、信息及通信产业	4.3	房地产开发销售及其他租赁业	4.7	农/林/牧/渔类	3.5
8	化学品、化工、塑胶业	4.0	媒体、信息及通信产业	4.0	住宿和饮食业	4.3	其他服务业（除行政服务）	4.3	职业教育培训	3.5
9	教育业	4.0	政府及公共管理	3.8	机械五金制造业	3.6	住宿和饮食业	4.1	住宿和饮食业	3.3
10	农业、林业、渔业和畜牧业	4	农业、林业、渔业和畜牧业	3.5	交通工具制造业	3.6	化学品、化工、塑胶业	3.9	电子电气仪器设备及电脑制造业	3.1

第五章 基于案例院校毕业生信息反馈的高职人才培养质量评价实证研究

表5-16 2015至2019届毕业生就业人数前十行业

就业行业排序	2015届 行业	占比(%)	2016届 行业	占比(%)	2017届 行业	占比(%)	2018届 行业	占比(%)	2019届 行业	占比(%)
1	住宅建筑施工业	7.1	住宅建筑施工业	2.9	住宅建筑施工业	4.8	住宅建筑施工业	4.8	幼儿园与学前教育机构	10.1
2	百货零售业	3.6	中小学教育机构	2.7	中小学教育机构	3.5	电气设备制造业	2.7	中小学教育机构	4.1
3	发电、输电业	3.1	建筑基础、结构、楼房外观承建业	2.5	建筑装修业	2.9	高速公路、街道及桥梁建筑业	2.7	住宅建筑施工业	3.5
4	汽车制造业	3.1	建筑装修业	2.1	建筑基础、结构、楼房外观承建业	2.7	建筑基础、结构、楼房外观承建业	2.6	其他个人服务业	2.9
5	保险代理、经销、其他保险相关业	2.7	其他金融投资业	2.1	其他金融投资业	2.5	其他个人服务业	2.5	教育辅助服务业	2.8
6	建筑基础、结构、楼房外观承建业	2.7	电气设备制造业	1.7	综合性餐饮业	2.4	中小学教育机构	2.4	建筑基础、结构、楼房外观承建业	2.3
7	建筑装修业	2.7	互联网运营与网络搜索引擎业	1.7	其他个人服务业	2.1	互联网运营与网络搜索引擎业	2.3	其他制造业	2.3
8	其他个人服务业	2.7	保险机构	1.5	百货零售业	2.0	地产代理和经纪人办事处	2.2	互联网运营与网络搜索引擎业	2.0
9	其他金融投资业	2.7	其他个人服务业	1.5	高速公路、街道及桥梁建筑业	2.0	建筑装修业	2.0	综合性餐饮业	2.0
10	物流仓储业	2.7	物流仓储业	1.5	教育辅助服务业	1.9	综合性餐饮业	2.0	药品和医药制造业	1.9

进一步分析主要专业毕业生实际就业的主要行业见表5-17所示。

表5-17 主要专业毕业生实际就业的主要行业

院系名称	专业名称	毕业生就业的主要行业
财经系	电子商务	互联网运营与网络搜索引擎业
	会计	会计、审计与税务服务业
	物流管理	物流仓储业
工艺美术系	学前教育	幼儿园与学前教育机构
机电技术工程系	机电一体化技术	电气设备制造业
建筑工程系	道路桥梁工程技术	高速公路、街道及桥梁建筑业
	工程造价	住宅建筑施工业
	建筑工程技术	住宅建筑施工业
旅游系	酒店管理	综合性餐饮业
汽车与电气工程系	电气自动化	发电站、变电站、中继站等的电子和电气修理技术人员
	汽车检测与维修技术	汽车保养与维修业
	应用电子技术	半导体和其他电子元件制造业
生物技术工程系	畜牧兽医	动物生产服务业
	食品营养与检测	食品检验人员
	园林技术	商业性园林种植业
	园艺技术	农作物种植服务业
信息技术工程系	计算机应用技术	互联网运营与网络搜索引擎业

从主要专业毕业的学生就业的主要行业来看，毕业生就业行业大部分与自己的专业相关。

（三）毕业生的主要职业及变化趋势

案例院校2015至2019届毕业生就业人数占比前十的职业见表5-18。

从表5-18数据可见，案例院校毕业生主要从事的职业为会计、文员、销售人员、建筑技术员、汽车修理技术员、电气工程技术人员、中小学教师、幼儿教师等。2016届以后，毕业生的就业领域不断向教育业扩散。小学教师与幼儿教师的比例逐步升高，会计、电子商务、建筑技术人员等有所下降。毕业生职业/行业特点变化与案例院校专业结构调整有关，相较2018届，2019届新增规模较大的学前教育专业，同时会计专业、建筑工程系等规模明显缩小。

表5-18 2015至2019届毕业生就业前十职业

职业位次	2015届 前十职业	2015届 有效百分比(%)	2016届 前十职业	2016届 有效百分比(%)	2017届 前十职业	2017届 有效百分比(%)	2018届 前十职业	2018届 有效百分比(%)	2019届 前十职业	2019届 有效百分比(%)
1	建筑技术员	4.2	会计	10	会计	7	会计	5.6	幼儿教师	8.5
2	个人理财顾问	2.5	文员	3.4	预算员	3.6	文员	4.2	会计	5.6
3	汽车机械技术员	2.5	销售经理	2.5	小学教师	3.2	建筑技术员	2.8	其他教育工作者	3
4	室内设计师	2.5	小学教师	2.3	文员	3.1	电子商务专员	2.7	文员	2.5
5	文员	2.5	建筑技术员	2.1	出纳员	2.6	出纳员	2.6	小学教师	2.4
6	电子商务专员	2.1	其他销售代表、服务商	1.8	建筑技术员	2.2	房地产经纪人	2.5	建筑技术人员	1.7
7	保险推销员	1.7	施工技术员	1.8	其他销售代表、服务商	2.2	预算员	2.3	客服专员	1.6
8	施工技术员	1.7	房地产经纪人	1.6	电子商务专员	2.1	小学教师	1.9	电子商务专员	1.4
9	会计	1.7	个人理财顾问	1.6	室内设计师	1.9	施工技术员	1.8	房地产经纪人	1.4
10	土木建筑工程技术员	1.7	电气工程技术员	1.4	车身修理技术员	1.7	客服专员	1.7	其他销售代表、服务商	1.4

(四) 用人单位的规模和性质

1. 用人单位规模

案例院校 2015 至 2019 届毕业生用人单位规模分布见表 5-19、图 5-4。

表 5-19　2015 至 2019 届毕业生用人单位规模

用人单位规模	2015 届（%）	2016 届（%）	2017 届（%）	2018 届（%）	2019 届（%）
50 人及以下	30.3	31.3	30.7	31.3	36.5
51~300 人	23.8	27.4	29.8	27.2	25.6
1000 人以上	30.0	25.2	25.4	28.0	24.5
301~1000 人	15.9	16.2	13.4	13.6	13.4

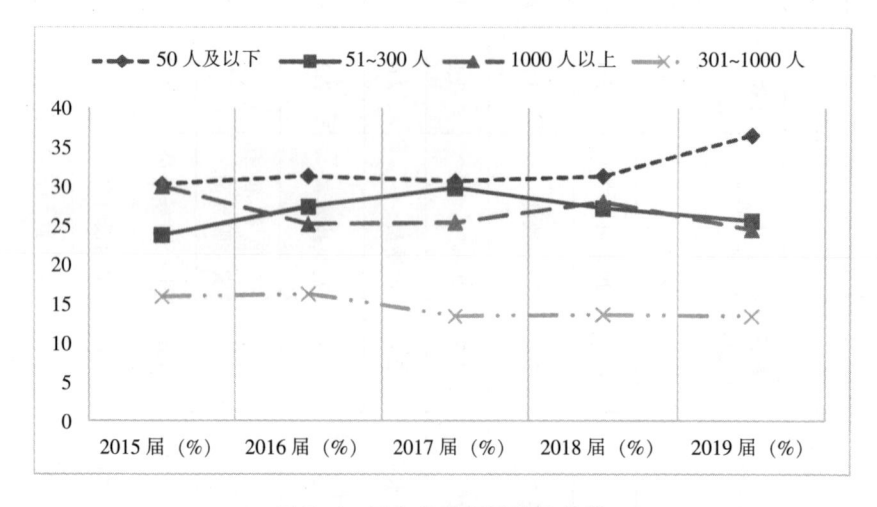

图 5-4　用人单位规模变化趋势

从表 5-19 中数据可见，各届毕业生就业单位的规模排在第一位的是规模在 50 人及以下，规模在 51~300 人和 1000 人以上的比例均在 20%到 30%之间，规模在 301~1000 人的比例最低。综合统计，用人单位规模在 1000 人以下的中小微企业占 70%以上，1000 人以上的大型企业在 30%以下，高职毕业生就业单位选择仍然以中小微企业为主。

从图 5-4 可见，2019 年度规模 50 人及以下的用人单位显著升高，规模在 1000 人以上的用人单位明显减少。很明显因为疫情的影响，一些大型企业人员密度集中，因疫情影响生产，招聘岗位减少，而一些小型的教育/培训/院校、互联网/电子商务、小型加工企业等,人员密度不大,工作方式灵活,招聘岗位反而会增加。

2. 用人单位性质

案例院校2015至2019届毕业生用人单位性质分布见表5-20、图5-5。

表5-20 案例院校2015至2019届毕业生用人单位性质分布

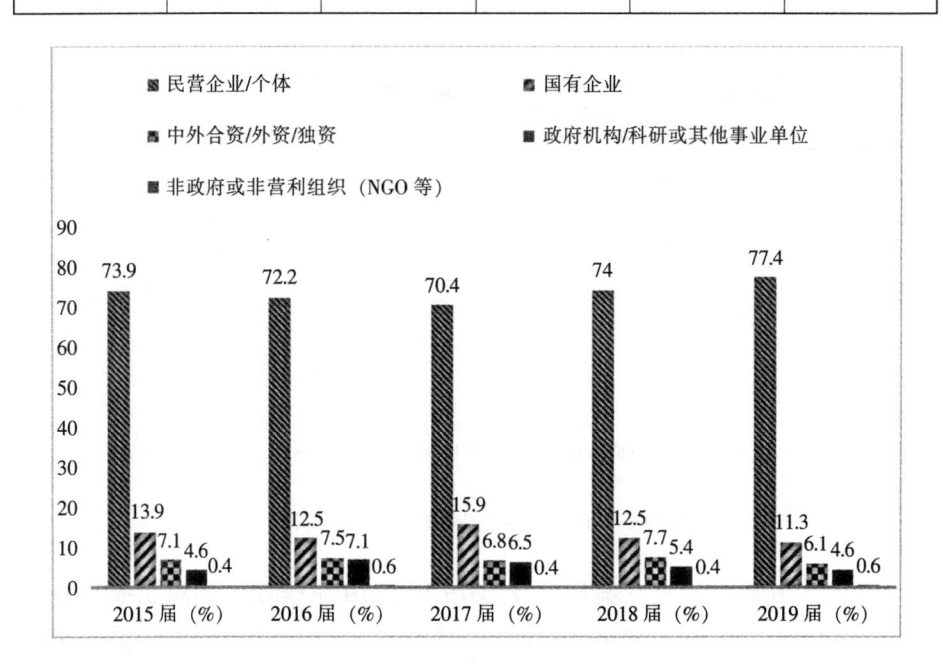

用人单位性质	2015届（%）	2016届（%）	2017届（%）	2018届（%）	2019届（%）
民营企业/个体	73.9	72.2	70.4	74.0	77.4
国有企业	13.9	12.5	15.9	12.5	11.3
中外合资/外资/独资	7.1	7.5	6.8	7.7	6.1
政府机构/科研或其他事业单位	4.6	7.1	6.5	5.4	4.6
非政府或非营利组织（NGO等）	0.4	0.6	0.4	0.4	0.6

图5-5 用人单位性质分布

从表5-20中数据可见，案例院校就业单位的性质按就业人数集中程度依次是民营企业/个体、国有企业、中外合资/外资/独资、政府机构/科研或其他事业单位、非政府或非营利组织（NGO等），绝大多数毕业生集中在民营企业或个体用人单位。

三、毕业生的离职状况

本研究中，离职率定义为毕业后大约一年的时间内有过工作经历的毕业生中发生过离职的百分比。在大家普遍关注高职毕业生就业率的同时，毕业生的离职率也应该予以重视，如果离职率较高，会影响到学校在用人单位的声誉，被动离职反映了毕业生没有满足用人单位的需求，主动离职则会使用人单位认为本校毕业生缺乏忠诚度。所以课题组对离职率设计了"是否有过离职""离职类型""离职原因"三个项目，通过三个项目的调研，了解案例院校毕业生离职的具体状况以及原因，以便更好地反馈于高职教育教学，提高教育教学的效率和人才培养质量。

（一）离职率

案例院校2015至2019届毕业生的离职率统计如图5-6所示。

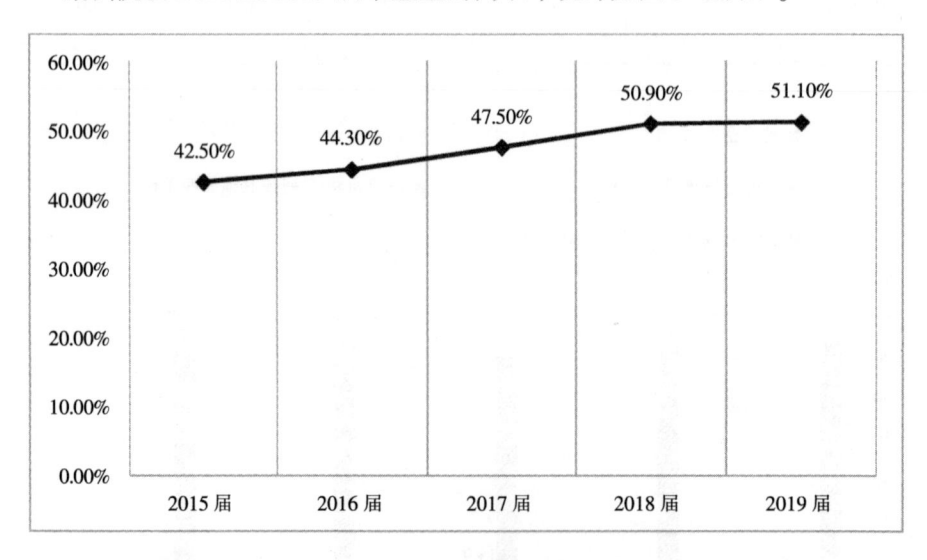

图5-6 2015至2019届毕业生的离职率

从图5-6数据可见，案例院校2015至2019届毕业生的离职率分别为42.5%、44.3%、47.5%、50.9%、51.1%。参照麦可思的抽样调研结果，2015至2019届全国高职毕业生的平均离职率分别为43%、43%、42%、42%、

42%，可见案例院校毕业生的离职率高于全国平均水平，并且呈逐年上升的趋势，这需要引起案例院校的高度重视。

(二) 毕业生离职的类型与原因

毕业生离职的类型见表5-21、图5-7所示。

表5-21 2015至2019届毕业生离职的类型

离职类型	2015届（%）	2016届（%）	2017届（%）	2018届（%）	2019届（%）
只有主动离职	94.9	93.7	95.2	94.0	94.6
只有被解雇	1.3	0.6	0.3	1.0	1.6
两者均有	3.8	5.7	4.5	5.0	3.8
合计	100.0	100.0	100.0	100.0	100.0

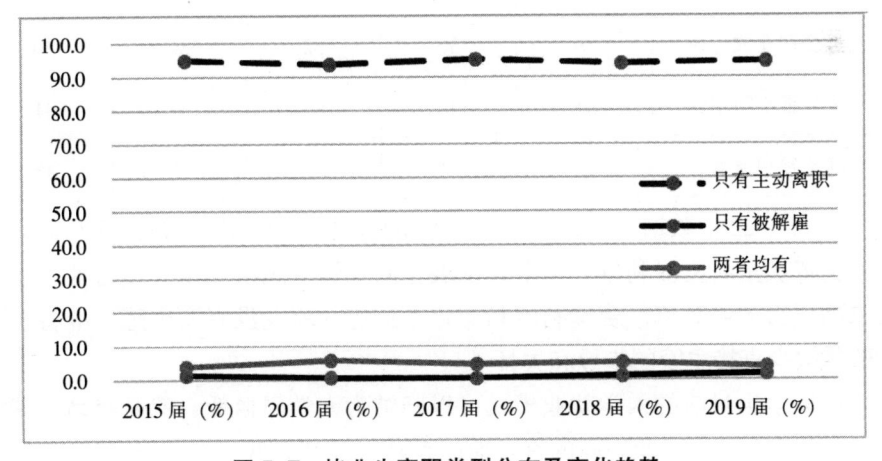

图5-7 毕业生离职类型分布及变化趋势

从图5-7数据可见，案例院校2015至2019届毕业生离职率虽然高，但离职类型主要是学生个人主动离职，分别占有过离职样本的94.9%、93.7%、95.2%、94.0%、94.6%，这也说明毕业生初次就业质量不理想，不能满足毕业生的就业需求，但同时会给用人单位留下案例院校毕业生忠诚度不高的印象，所以需要案例院校加强对学生的就业指导，树立相对成熟的择业观。

2015至2019届毕业生中，被动离职人数分别占离职样本的1.3%、0.6%、0.3%、1.0%、1.6%，被动离职的比例相对较低，但也有逐步升高的趋势，2019年度被动离职的毕业生比例达到1.6%。至于被动离职的原因，则需要案例院校进一步跟踪调研，找出症结。

毕业生离职的主要原因见表5-22、图5-8所示。

表 5-22　毕业生离职的主要原因

离职的原因	2015届(%)	2016届(%)	2017届(%)	2018届(%)	2019届(%)
缺少直接主管的指导和关怀	8	4	5	5	8
准备求学深造	9	6	6	9	9
就业没有安全感	12	13	14	14	12
对单位管理制度和文化不适应	20	19	19	20	20
工作要求高，压力大	27	19	18	26	27
想改变职业或行业	30	36	32	36	30
个人发展空间不够	41	40	43	44	41
薪资福利偏低	48	41	39	45	48

从表5-22中数据综合分析高职毕业生离职的主要原因，按占比从高到低排列，依次是薪资福利偏低、个人发展空间不够、想改变职业或行业、工作要求高压力大、对单位管理制度和文化不适应、就业没有安全感、准备求学深造、缺少直接主管的指导和关怀。

高职学生目前的入学就业模式可以归纳为入学门槛低、就业容易、就好业难、离职率高。离职率高的首要原因是薪资福利偏低，如案例院校2018届毕业生毕业一年后的月收入平均为3817元，比山东省当年本科生的月收入低近千元，造成这种现象的原因主要是我国当前的一些制度设置决定了受教育水平与工资收入间的关系。由于制度因素，人力资源市场被划分成若干模块，各个模块的工业化与市场化程度有很大的差异，受教育程度高的学生对接更高一级岗位的几率就大，这就让学历变成了收入高低的限制条件，人们普遍认为本科院校培养出来的学生比高职学生素质高、有能力，可以为单位带来更高收益。在没有看到毕业生实际能力的情况下，用人单位往往把本科及以上学历的毕业生定义为更有水平，给予更高的薪资水平。同时有研究者研究表明，高职学生文化课成绩普遍较低，被动选择高职院校就读，从心理上自认为比本科学生低一等而导致厌学，抱着混日子的心态去学习，自身的知识、技能、素养水平提升有限，就业竞争力不强，自然薪资水平就会比较低。

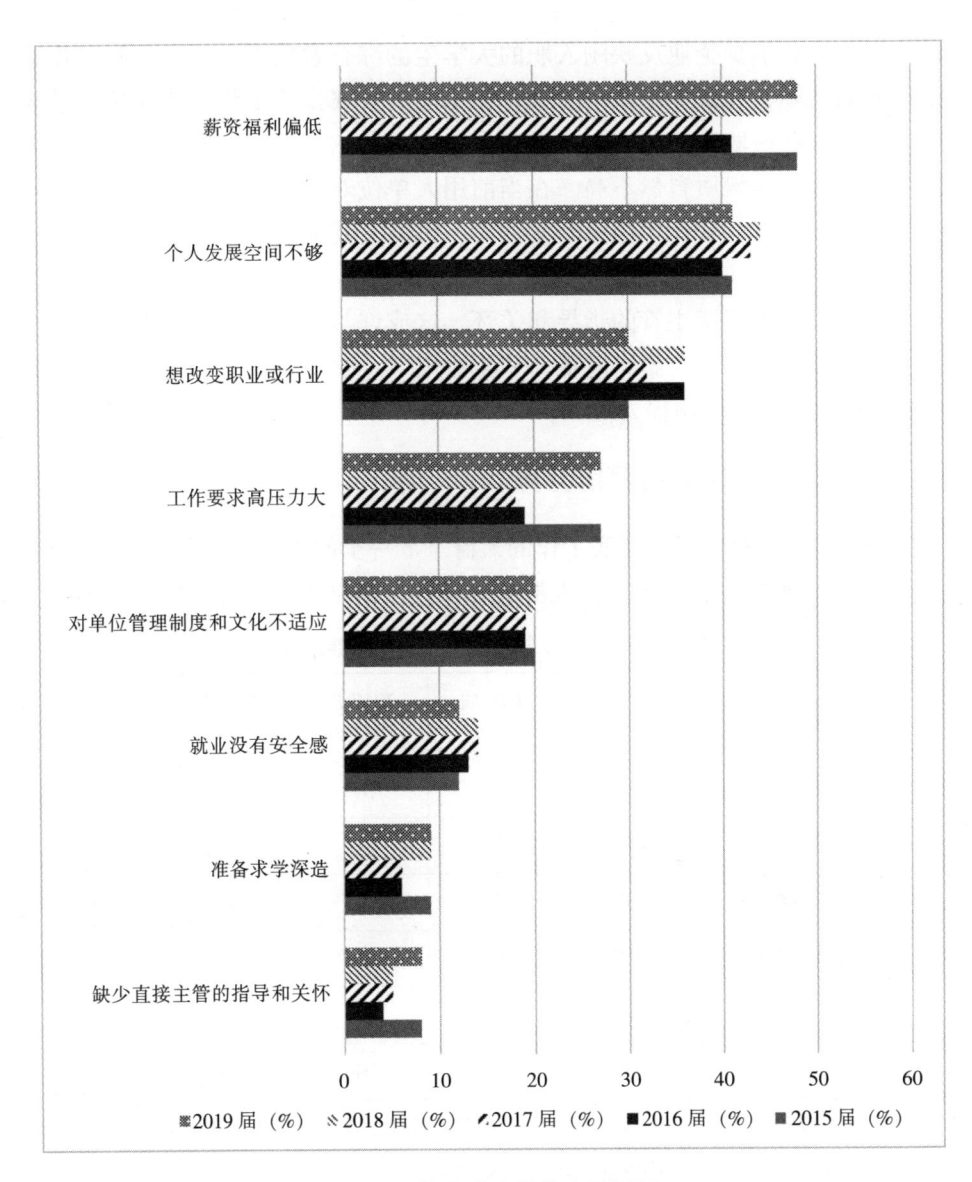

第五章 基于案例院校毕业生信息反馈的高职人才培养质量评价实证研究

图 5-8 毕业生离职的主要原因

其次是学生感觉自身发展空间不够、想改变职业或行业。这或许与毕业生在校期间母校的就业指导工作做得不够充分，职业生涯规划教育、就业心理引导等工作做得不到位有关。

再次是工作压力大和不适应。产业结构调整带来的新的经济发展模式，需要大量的一线技术技能型人才作为支撑，而学校的教学内容跟进速度滞后，使得毕业生在知识结构、技能及职业素养等方面不能完全满足用人单位的需

77

求。据调查，不少企业反映刚入职的大学生的综合素质不高，对实际工作缺少应有的认知，并缺少吃苦耐劳精神，不能胜任安排的工作。造成这一结果的原因是一些高职院校的专业及课程设置有较大的盲目性，缺乏特色，培养出来的学生技能素质自然不高。在当前用人单位对一线员工技术技能要求越来越高的形势下，毕业生会感到压力大，再加上其他消极因素影响，就会产生离职的想法。

最后是缺少直接主管的指导和关怀，这或许与企业用人机制不够完善有关，如毕业生入职前未做岗前培训和职业规划、缺少必要的人文关怀等，另外也说明该类学生的耐挫力偏低。

四、无工作人群的目前打算

进一步分析目前没有落实工作的人群"下一步的工作计划和想法"，2015至2019届毕业生中目前无工作人群的各种打算调研结果见表5-23、图5-9。

表5-23 2015至2019届毕业生无工作人群目前打算分布

无工作人群目前打算	2015届(%)	2016届(%)	2017届(%)	2018届(%)	2019届(%)
正在参加职业技能培训	20.0	0	3.7	25	11.5
准备创业	40.0	80.0	32.1	47.2	34.6
准备读本科	0	0	0	5.6	15.4
准备公务员考试	10.0	0	32.1	11.1	34.6
准备职业资格考试	30.0	20.0	32.1	11.1	3.9
合计	100	100	100	100	100

从表中数据可见，未落实去向且暂不求职的毕业生中，"准备创业"的人数最多，2015至2019届毕业生中未落实就业单位而准备创业的人数分别占40%、80%、32.1%、47.2%、34.6%，平均达到46.78%；其次是"准备职业资格考试"，2015至2019届毕业生中分别占30%、20%、32.1%、11.1%、3.9%，平均占19.42%；再次是"准备公务员考试"，2015至2019届毕业生中分别占10%、0、32.1%、11.1%、34.6%，平均占17.56%；最后是"正在参加职业技能培训"，2015至2019届毕业生中分别占20%、0、3.7%、25.0%、11.5%，平均占12.04%；随着专升本计划大幅提高，2018与2019届毕业生中有5.6%和15.4%的学生选择"准备读本科"，继续升学深造的人数呈明显上升趋势。

通过了解学生的毕业意向，为其提供差异化支持与服务，为毕业生充分就业提供参考。

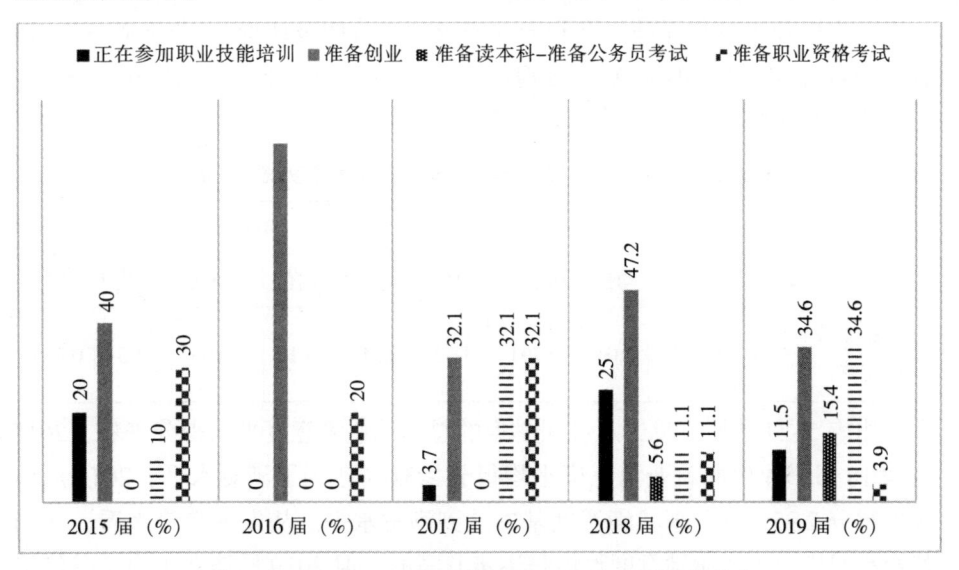

图 5-9　2015 至 2019 届毕业生无工作人群打算分布

第三节　高职毕业生就业质量

一、就业满意度

就业满意度是衡量高校毕业生对于所获得工作的一种主观感受，是大学生对自身就业状况的综合评价指标，同时也是衡量高校人才培养质量的重要指标。对高校毕业生的就业满意度进行调查，不仅可以反映出毕业生对于自身就业质量的真实评价情况，也有助于高校发现在人才培养、就业指导中存在的问题，从而改进教学服务和就业服务，提高服务水平。本研究中高职学生就业满意度主要指，高职学生在社会上经过半年到一年的就业工作后所感受到的实际效益与其就业前对于就业效益的预期的比值，是毕业生对所找工作满意程度的主观评价，该指标连接学校、用人单位、毕业生三大主体，是衡量就业质量的重要指标。

本研究中将就业满意度分为 1 个"总体满意度"指标和 6 个具体分项满意度指标，包括"工资福利满意度""工作地点满意度""工作稳定性满意度"

"个人发展空间满意度""社会地位满意度"和"独立自主性满意度"。

(一) 就业满意度的统计性描述

要求毕业生对总体满意度和分项满意度进行四级评价:"非常满意""满意""不太满意""很不满意",分别计4、3、2、1分。2015至2019届毕业生的总体就业满意度状况如表5–24所示。

表5–24　2015至2019届毕业生总体就业满意度统计性描述

	2015届		2016届		2017届		2018届		2019届	
	均值	标准差	均值	标准差	均值	标准差	均值	标准差	均值	标准差
总体就业满意度评价	3.00	0.765	3.01	0.791	3.12	0.644	3.17	0.809	2.95	0.755

由表5–24数据可见,从各届学生的总体就业满意度平均得分来看,2015至2018届毕业生的就业满意度平均得分≥3.0,达到了满意水平,2019届毕业生得分2.95,就业现状满意度基本达到满意水平。从发展趋势来看,案例院校高职毕业生就业满意度整体是逐步升高的,但2019届毕业生由于受经济大环境的影响,就业满意度总体有所下降。

进一步分析就业满意度的频数分布,结果见表5–25、图5–10。

表5–25　2015至2019届毕业生就业满意度(%)

	满意度	2015届	2016届	2017届	2018届	2019届
总体满意度	(1) 很不满意	3.2	3.4	2.1	2.3	3.9
	(2) 不满意	20.4	19.9	14.4	13.8	19.3
	(3) 满意	51.2	47.9	47.0	44.9	54.4
	(4) 非常满意	25.2	28.8	36.5	39.0	22.4
	(1) + (2)	23.6	23.3	16.5	16.1	23.2
	(3) + (4)	76.4	76.7	83.5	83.9	76.8
工资福利	(1) 很不满意	5.4	4.6	2.9	3.1	2.2
	(2) 不满意	24.8	26.1	20.3	19.3	20.8
	(3) 满意	41.8	43.2	47.9	46.5	46.1
	(4) 非常满意	28.0	26.1	28.9	31.1	30.9
	(1) + (2)	30.2	30.7	23.2	22.4	23.0
	(3) + (4)	69.8	69.3	76.8	77.6	77.0

续表

满意度		2015届	2016届	2017届	2018届	2019届
工作地点	(1) 很不满意	5.1	4.1	1.9	3.2	2.6
	(2) 不满意	24.0	23.3	16.8	18.3	24.6
	(3) 满意	42.5	43.1	50.9	46.6	37.7
	(4) 非常满意	28.4	29.5	30.4	31.8	35.1
	(1)+(2)	29.1	27.4	16.7	21.5	27.2
	(3)+(4)	70.9	72.6	81.3	78.4	72.8
工作稳定性	(1) 很不满意	4.1	6.3	3.5	4.6	5.5
	(2) 不满意	24.5	22.9	16.6	17.3	22.3
	(3) 满意	42.0	41.7	50.3	50.3	39.7
	(4) 非常满意	29.4	28.3	29.6	27.8	32.5
	(1)+(2)	28.6	29.2	20.1	21.9	27.8
	(3)+(4)	71.4	70.8	79.9	78.1	72.2
个人发展空间	(1) 很不满意	8.3	9.7	6.4	5.7	5.4
	(2) 不满意	27.6	21.7	18.7	19.2	24.8
	(3) 满意	34.4	38.3	40.2	45.5	36.4
	(4) 非常满意	29.8	30.3	34.7	29.6	33.3
	(1)+(2)	35.9	31.4	25.1	24.9	30.2
	(3)+(4)	64.2	68.6	74.9	75.1	69.7
社会地位	(1) 很不满意	9.3	9.9	2.8	8.9	5.1
	(2) 不满意	29.1	21.3	22.3	15.5	25.4
	(3) 满意	35.4	44.1	35.3	49.7	36.4
	(4) 非常满意	26.2	24.7	39.6	25.9	33.1
	(1)+(2)	38.4	31.2	25.1	24.4	30.5
	(3)+(4)	61.6	68.8	74.9	75.6	69.5

续表

满意度		2015届	2016届	2017届	2018届	2019届
独立自主性	(1) 很不满意	9.5	10.2	4.6	6.6	5.7
	(2) 不满意	24.0	21.8	20.7	22.6	27.0
	(3) 满意	38.8	39.5	42.1	39.3	32.2
	(4) 非常满意	27.7	28.4	32.6	31.5	35.1
	(1) + (2)	33.5	32.1	25.3	29.2	32.7
	(3) + (4)	66.5	67.9	74.7	70.8	67.3

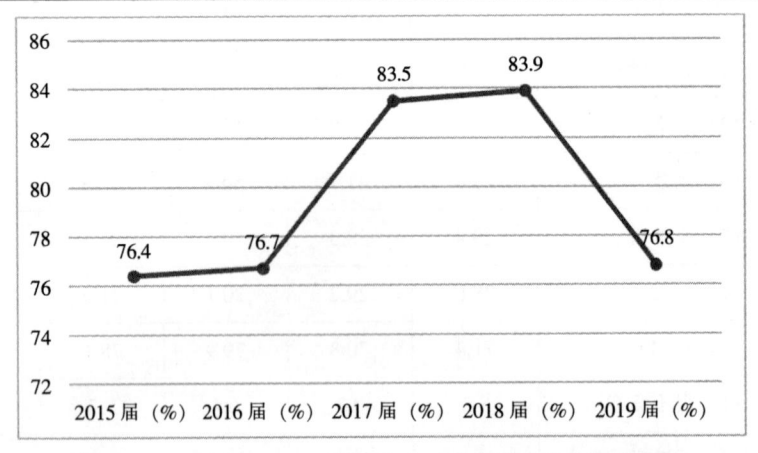

图5-10 2015至2019届毕业生对就业满意比例变化趋势

从表5-25可见，2015至2019届毕业生工作一年后对就业现状的满意状态"非常满意"和"满意"的比例合计分别为76.4%、76.7%、83.5%、83.9%、76.8%，"不太满意"和"很不满意"的合计比例分别为23.6%、23.3%、16.5%、16.1%、23.2%。从图5-10可见，除2019届毕业生外，2015至2018届毕业生对就业状况感到满意的比例是逐步升高的，2020年度由于受新冠肺炎疫情的影响，国内外经济受创严重，尤其是高职毕业生就业密集的中小微企业停产、关闭了很多，直接影响的就是正在找工作和工作不稳定的2019届高职毕业生，多方面原因导致2019届毕业生就业满意度下降幅度较大。

从具体分项满意度指标来看，每一届毕业生反馈的分项满意度也不平衡，如2015届毕业生对工作稳定性满意度比例最高，达到71.4%，对社会地位满意度比例最低，只有61.6%；2019届毕业生对工作福利满意度比例最高，达到77%，对工作独立自主性满意度比例最低，比例为67.3%；五届学生各分项满意度满意比例平均来看，从高到低依次为工作地点75.2%、工作稳定性74.5%、工资福利74.1%、个人发展空间70.5%、社会地位70.1%、独立自主性69.4%。从五届毕业生各分项满意度指标的满意比例平均值来看，各分项满意比例从高到低依次是工作地点、工作稳定性、工资福利、个人发展空间、社会地位、独立自主性，具体分布见图5-11。

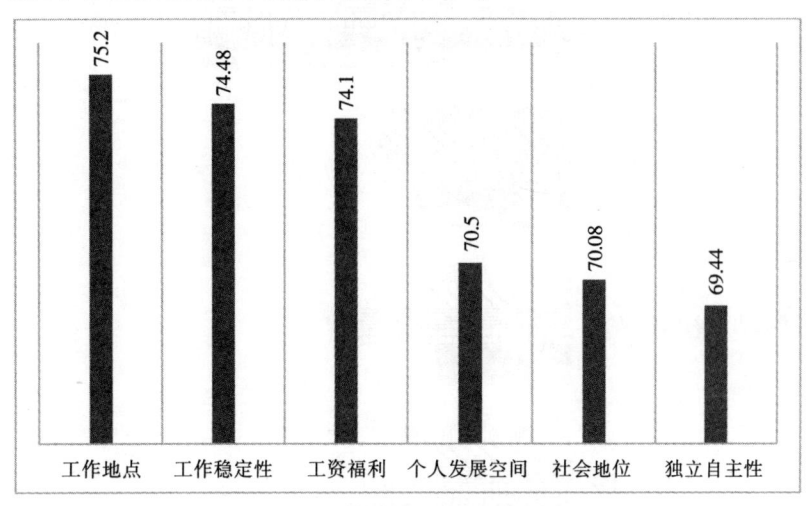

图5-11 五届毕业生综合评价各分项满意度满意比例分布

进一步分析毕业生对就业现状不满意的原因，调研结果见表5-26、图5-12。

表5-26 五届毕业生就业不满意的主要原因分布情况

对就业现状不满意的原因	2015届	2016届	2017届	2018届	2019届	五届平均
收入低	70%	55%	60%	62%	59%	61%
发展空间不够	54%	55%	53%	54%	60%	55%
工作能力不够造成压力大	24%	20%	31%	31%	23%	26%
工作氛围不好	24%	23%	27%	27%	28%	26%
加班太多	20%	33%	29%	20%	23%	25%
工作环境条件不好	26%	24%	28%	23%	21%	24%
其他	8%	19%	16%	19%	17%	16%
工作不被领导认可	12%	9%	11%	10%	9%	10%

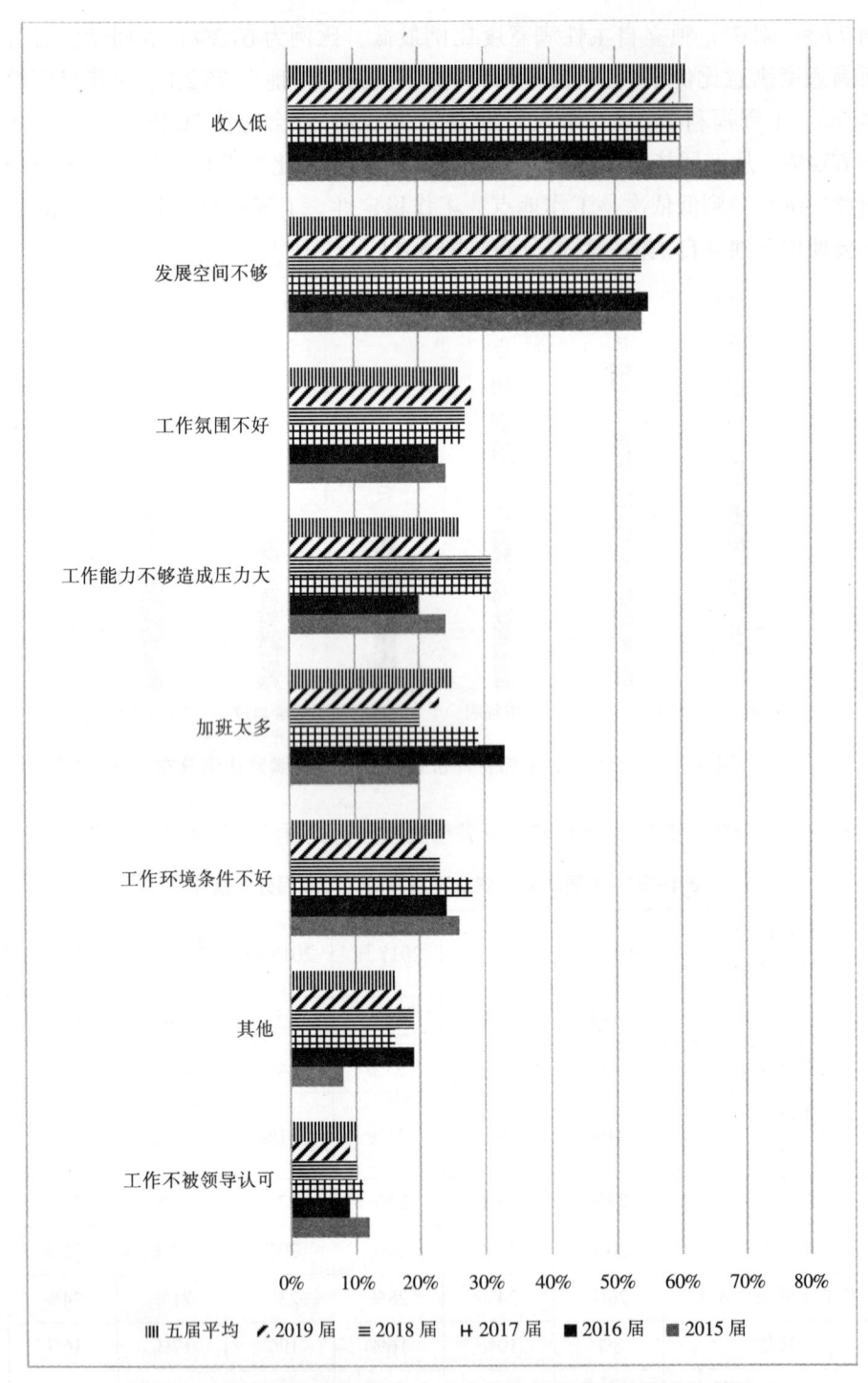

高职人才培养质量评价实证研究
——基于案例院校毕业生和用人单位的信息反馈

图 5-12 2015 至 2019 届毕业生就业现状不满的原因分布情况

从表 5-26 和图 5-12 数据发现，毕业生对就业现状不满意的原因主要集中在两个方面：一是收入低，二是发展空间不够。五届平均约 61%的毕业生认为"收入低"是就业不满意的主要原因，约 55%的毕业生认为"发展空间不够"是就业不满意的主要原因，其他原因的占比差不多，"工作能力不够造成压力大"和"用人单位的工作氛围不好"各占 26%，"加班太多"的占25%，"工作环境条件不好"占 24%，"工作不被领导认可"占 10%，"其他"占 8%。由此可见，学生在工作中最关心的是工资福利即月收入的高低，月收入高不一定是毕业生就业满意的原因，但月收入低是大多数人就业不满意的原因。另外"个人发展空间是否足够"也是影响毕业生就业满意度的主要原因，大部分学生对自己的职业均有较长远的规划，当就业单位不符合毕业生的职业规划时，会产生不满情绪，也可能导致离职。由此可见，工资待遇足够高、发展空间充足的单位或职业应该是高职毕业生的理想型单位或理想职业，是否加班、工作环境好坏、是否被领导认可并不是毕业生就业不满意的主要原因。可见案例院校的高职毕业生择业观相对成熟，既注重客观的物质条件，同时又要兼顾长远利益，并不在意加班、讲究工作环境，或是领导是否认可。

（二）就业满意度的性别差异

为了检测高职毕业生的就业现状满意度有无性别差异，对各届毕业生的总体就业满意度进行性别差异性 t 检验，检验结果见表 5-27，男女总体就业满意度得分比较见图 5-13。

表 5-27　2015 至 2019 届毕业生就业满意度性别差异性 t 检验

性别	2015 届 就业满意度均值	t	2016 届 就业满意度均值	t	2017 届 就业满意度均值	t	2018 届 就业满意度均值	t	2019 届 就业满意度均值	t
男	3.03	0.571	3.04	−0.368	3.16	0.289	3.18	1.56	3.01	2.319*
女	2.97		3.02		3.12		3.11		2.89	

注：*$p<0.05$

从表 5-27 和图 5-13 数据可见，案例院校 2015 至 2019 届毕业生中男生平均得分均高于女生，但 2015 至 2018 届毕业生男女差异不显著，到 2019 届男生的就业现状满意度在 $p<0.05$ 水平上显著高于女生。从统计得分来看，

2015至2019届毕业生男生总体就业满意度得分均大于3.00分，可以说男生的总体就业满意度达到"满意"水平，2016、2017、2018届毕业生女生的总体就业满意度也达到"满意"水平，而2015届和2019届女生的总体满意度得分小于3.00分，没有达到"满意"水平。

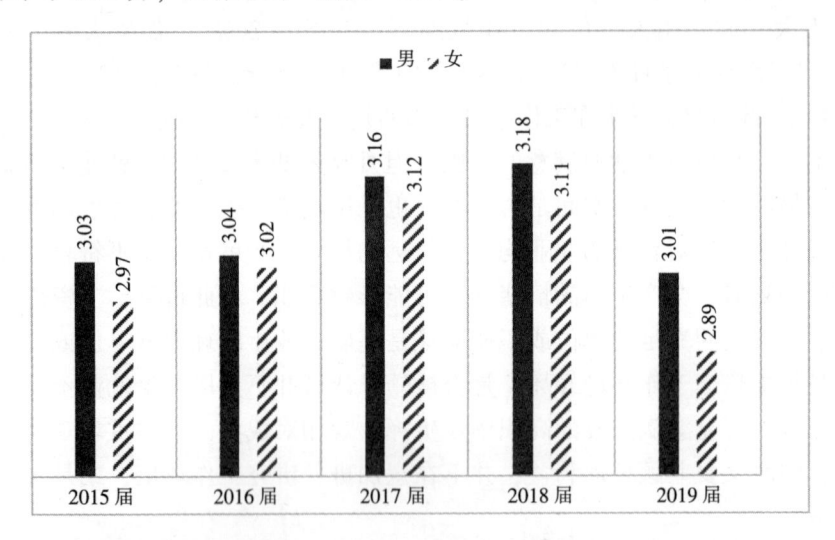

图5-13　2015至2019届毕业生男女总体就业满意度得分比较图

进一步从分项满意度得分情况进行分析，发现男生对工资福利、工作地点、个人发展空间、社会地位、独立自主性方面感到满意的比例均高于女生。

（三）就业满意度的专业差异

为考察不同系部各专业之间毕业生就业满意度有无显著差异，对2015至2019届各系主要专业的毕业生就业现状满意度进行描述性统计，不同专业毕业生的就业满意度平均得分与标准差见表5-28、图5-14所示。

表5-28　2015至2019届主要专业毕业生的就业满意度描述性统计

主要专业	2015届 均值	2015届 标准差	2016届 均值	2016届 标准差	2017届 均值	2017届 标准差	2018届 均值	2018届 标准差	2019届 均值	2019届 标准差
工程造价	3.00	0.80	2.88	0.96	3.22	0.68	3.12	0.82	3.12	.634
建筑工程技术	2.74	0.73	2.93	0.84	3.25	0.71	3.16	0.79	3.00	.951
电气自动化技术	3.33	0.71	3.04	0.89	3.36	0.75	3.29	0.90	3.00	.679
汽车电子技术	3.06	1.00	2.91	0.94	3.00	0.60	3.28	0.80	2.85	.899

续表

主要专业	2015届 均值	2015届 标准差	2016届 均值	2016届 标准差	2017届 均值	2017届 标准差	2018届 均值	2018届 标准差	2019届 均值	2019届 标准差
机电一体化技术	2.92	0.72	2.91	0.83	3.33	0.59	3.28	0.74	3.01	.839
数控技术	3.30	0.68	3.09	0.70	3.29	0.74	3.30	0.68	3.11	.832
计算机应用技术	2.92	1.04	3.08	0.69	3.33	0.68	3.08	0.80	3.08	.794
会计电算化	3.00	0.67	3.01	0.68	3.28	0.59	3.09	0.86	2.92	.666
食品营养与检测	2.50	0.71	3.32	0.75	3.19	0.74	3.09	0.86	2.87	.578
汽车检测与维修技术	——	——	——	——	3.29	0.52	3.09	0.86	2.81	.736
电子商务	——	——	——	——	3.13	0.79	3.19	0.78	2.96	.690
物流管理	——	——	——	——	3.43	0.57	3.05	0.97	2.95	.740
装饰艺术设计	——	——	——	——	3.31	0.60	2.94	0.77	2.50	1.000
旅游管理	——	——	——	——	3.33	0.48	3.11	0.76	3.23	.725
应用电子技术	——	——	——	——	——	——	3.17	0.90	2.61	.850
园艺技术	——	——	——	——	——	——	2.95	0.84	2.88	.927
园林技术	——	——	——	——	——	——	3.28	0.73	2.93	.789
酒店管理	——	——	——	——	——	——	3.17	0.96	3.12	.600
航空服务	——	——	——	——	——	——	3.25	0.78	3.33	.816
服装设计	——	——	——	——	——	——	3.00	0.74	2.60	.894
学前教育	——	——	——	——	——	——	——	——	2.95	.655
软件技术	——	——	——	——	——	——	——	——	3.11	.832
动漫设计与制作	——	——	——	——	——	——	——	——	2.58	.838
畜牧兽医	——	——	——	——	——	——	——	——	2.84	.602
平均分	2.98	0.78	2.99	0.80	3.27	0.64	3.16	0.81	2.96	.755

注：——表示该专业有效样本太少，不进行统计

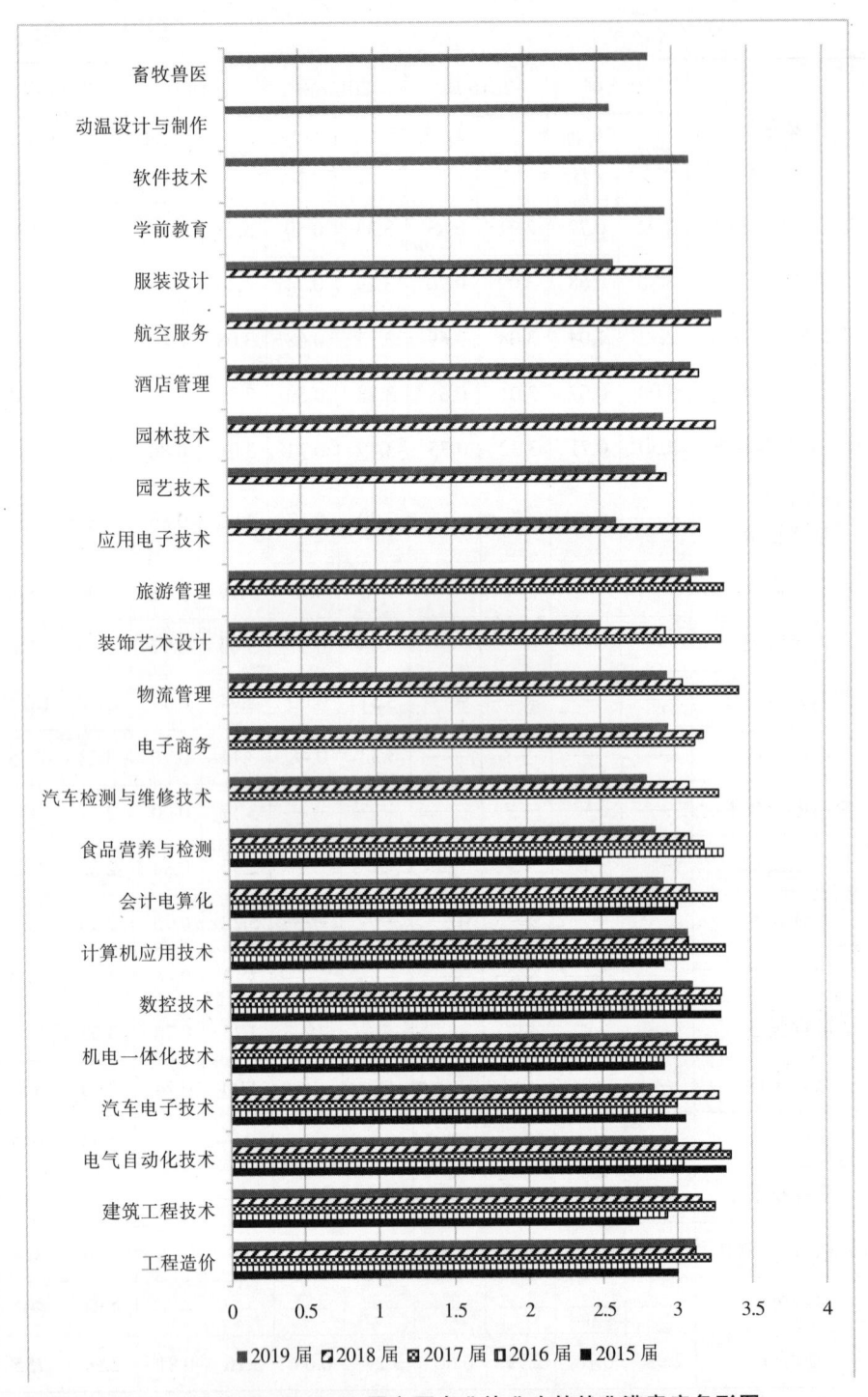

高职人才培养质量评价实证研究
——基于案例院校毕业生和用人单位的信息反馈

图 5-14 2015 至 2019 届主要专业毕业生的就业满意度条形图

从表 5-28、图 5-14 数据可见，各专业毕业生总体就业满意度之间有一定的差异，数控技术专业和电气自动化技术专业就业满意度最高，五届毕业生的就业满意度平均得分≥3.0，均达到"满意"水平；其次是旅游管理专业，2015 届与 2016 届毕业生有效样本较少而没有进行统计，但 2017、2018、2019 届毕业生的就业现状满意度均达到"满意"水平；再次是酒店管理和航空服务两个专业，2015 至 2017 届毕业生样本较少没有统计，但两个专业 2018 届和 2019 届的毕业生就业满意度得分均≥3.0，达到"满意"水平。

装饰艺术设计专业 2018、2019 届毕业生就业满意度全院最低，平均得分分别只有 2.94 和 2.50，均没有达到"满意"水平；再是园艺技术专业，2015 至 2017 届毕业生样本较少没有统计，但 2018、2019 两届毕业生就业满意度分别为 2.95 和 2.88，均没有达到"满意"水平；2019 届的动漫设计与制作、服装设计、应用电子技术专业毕业生就业满意度得分均较低，分别为 2.58、2.60 和 2.61 分，均低于全院平均得分。

表 5-29　2015 至 2019 届毕业生专业影响就业满意度的显著性方差检验

参数	2015 届	2016 届	2017 届	2018 届	2019 届
F	0.664	0.726	0.667	1.040	1.025
p	>0.05	>0.05	>0.05	>0.05	>0.05

从表 5-29 方差检验的结果可见，专业对毕业生就业现状的满意度有一定的影响，但并没有达到显著水平。

（四）就业满意度的单位差异

1. 不同单位性质的就业满意度

为了考察用人单位性质对高职毕业生就业满意度的影响，分别对不同单位性质毕业生的就业满意度进行统计分析和方差检验，结果见表 5-30、图 5-15。

从表 5-30、图 5-15 数据可见，高职毕业生就业单位的性质不同，就业满意度存在一定的差异，从五届毕业生的就业满意度平均值可见，在"中外合资/外资/独资企业"就业满意度最高，其次是"国有企业"，然后是"政府机构/科研或其他事业单位"，在"民营企业/个体"单位工作的就业满意度最低。但不同届别的毕业生在不同单位性质就业的满意度的感受也不尽相同，如 2017 届毕业生在"国有企业"就业的满意度超过了"中外合资/外资/独资企业"，在"民营企业/个体"就业的毕业生就业满意度超过了"政府机构/科研或其他事业单位"，可见就业满意度并不是由就业单位性质决定的。

表 5-30　2015 至 2019 届毕业生在不同性质单位的就业满意度及方差检验

用人单位性质	2015 届	2016 届	2017 届	2018 届	2019 届	五届平均
中外合资/外资/独资	3.19	3.30	3.20	3.23	3.08	3.20
国有企业	3.17	3.10	3.36	3.02	3.06	3.142
政府机构/科研或其他事业单位	3.11	3.15	3.19	3.14	3.07	3.13
民营企业/个体	2.98	2.96	3.28	3.07	2.94	3.05
F	0.927	2.374	1.280	1.293	1.337	1.043

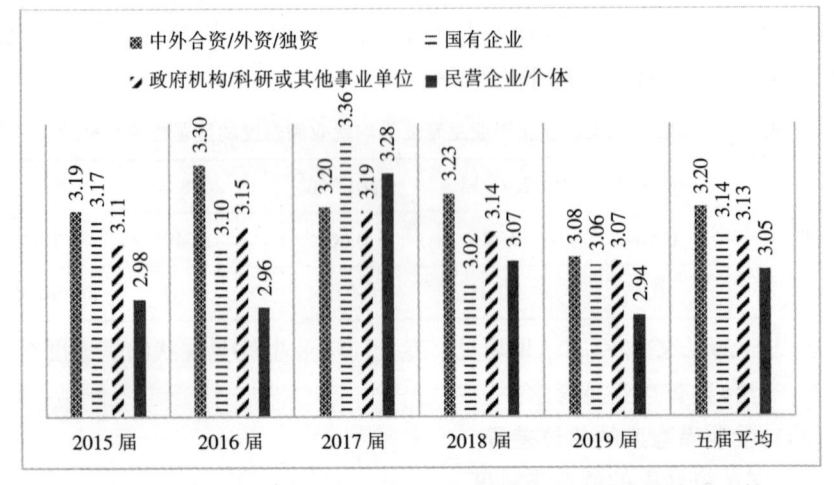

图 5-15　2015 至 2019 届不同单位性质毕业生的就业满意度比较

由表 5-30 方差检验结果表明，就业满意度的单位差异没有达到显著性水平，也可以说用人单位的性质对学生的就业满意度影响不显著。

"民营企业/个体"单位是高职毕业生就业的主体，五届平均来看，高职毕业生在这些单位的就业满意度反而是最低的，进一步分析毕业生就业不满的原因，以 2019 届毕业生为样本，调研发现，61%的毕业生反馈是因为"发展空间不够""收入低"；58%的毕业生反馈是因为"收入低"；32%的毕业生是因为"工作氛围不好"；23%的毕业生是因为"工作环境条件不好"；23%的毕业生是因为"加班太多"；23%的毕业生是因为"工作能力不够造成压力大"；10%的毕业生是因为"工作不被领导认可"，另有 18%是因为"其他"原因。进一步考察学生不满意的原因，提高在"民营企业/个体"就职的毕业生的就业满意度，或是应该从哪些方面对高职学生进行培养，是高职院校和民营企业双方都要关注的问题。

2. 不同城市工作的就业满意度

为了考察用人单位所在地（城市）对高职毕业生就业满意度的影响，根据案例院校毕业生的集中城市，我们把城市分为一线城市（北京、上海、深圳、广州、天津等），二线城市（青岛、济南），三线或四线城市（泰安、临沂、淄博等城市），分别对不同工作城市类型的毕业生的满意度进行统计分析和方差检验，结果见表5–31、表5–32。

表5–31　2015至2019届毕业工作城市不同类别的就业满意度

用人单位性质	2015届	2016届	2017届	2018届	2019届	五届平均
一线城市	3.18	2.89	3.20	3.25	2.90	3.08
二线城市	3.12	3.00	3.27	3.05	2.92	3.07
三线城市	2.96	3.01	3.29	3.17	2.97	3.08
总体平均	3.00	3.00	3.28	3.17	2.95	3.08

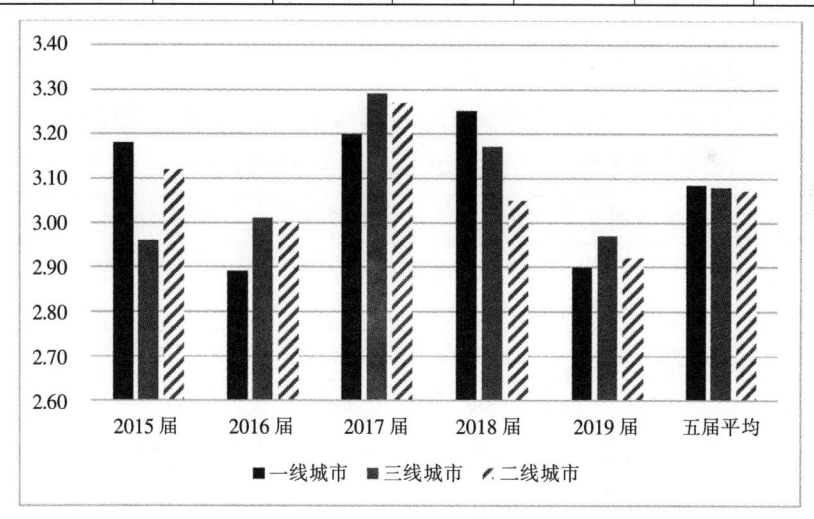

图5–16　2015至2019届不同工作城市毕业生的就业满意度比较

表5–32　工作城市类别影响就业满意度的显著性方差检验

参数	2015届	2016届	2017届	2018届	2019届
F	1.342	0.277	0.452	1.422	0.364
p	>0.05	>0.05	>0.05	>0.05	>0.05

由表 5-31、图 5-16 数据可见，不同届别的毕业生在不同类别城市工作的就业满意度有所不同，同样在三线城市工作，2015 届毕业生就业满意度最低，而 2019 届毕业生就业满意度达到最高；相反同样在一线城市工作，2015 届毕业生就业满意度最高，而到 2019 届毕业生就业满意度降到最低；在二线城市工作的毕业生就业满意度大多数时候处于中间水平；五届平均来看，工作在一线、二线、三线城市的毕业生就业满意度基本持平。由表 5-32 方差检验的结果来看，高职毕业生就业满意度没有显著的城市差异，即工作城市类别对高职毕业生的就业满意度没有显著影响。

二、月收入

月收入是指工资、奖金、业绩提成、现金福利补贴等所有的月度现金收入。毕业一年后的月收入，是指大学生毕业一年后实际每月工作收入的平均值。本研究中的月收入调查的是案例院校毕业生毕业一年后的月收入。

月收入的高低，是毕业生质量的市场价值的体现，是反映高职院校人才培养质量的客观指标。我们分别从案例院校的月收入统计描述、月收入的性别差异、专业差异、职业差异、行业差异等角度进行分析。

（一）月收入的统计描述

案例院校 2015 至 2019 届毕业生的月收入统计结果见表 5-33、图 5-17。

表 5-33　2015 至 2019 届毕业生的月收入统计

参数	2015 届（元）	2016 届（元）	2017 届（元）	2018 届（元）	2019 届（元）
均值	3022	3281	3568	3817	3976
中位数	2800.00	3000.00	3000.00	3500.00	3500.00
众数	2000	3000	3000	3000	3000
标准差	1571.177	1412.312	1482.953	1593.282	1746.517
极小值	800	800	1000	1000	1000
极大值	10000	10000	10000	10000	10000

从表 5-33 数据可以看出，案例院校毕业生的平均月收入较高，其中 2015 届、2017 届、2019 届毕业生的平均月收入分别为 3022 元、3568 元、3976 元，对照全国高校毕业生就业调查报告的数据，全国高职高专 2015 届、2017 届、2019 届毕业生入的平均月收入分别为 2597 元、3152 元、3528 元，案例院校毕业生比全国同等资历的毕业生平均月收入分别高 425 元、416 元、448 元。

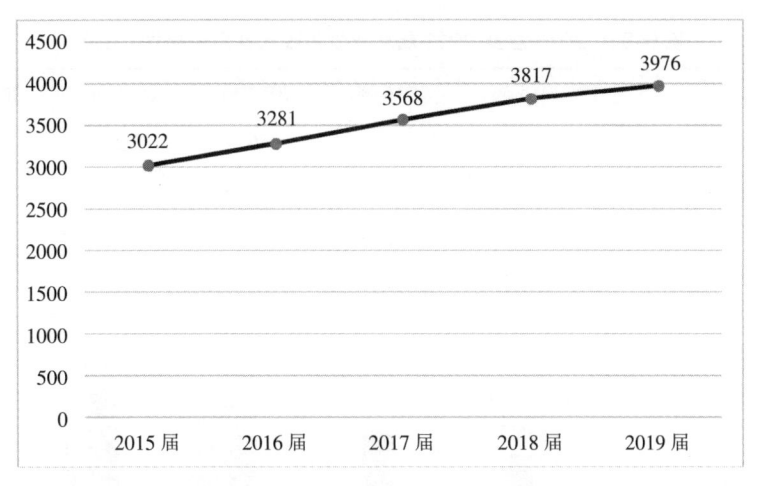

图 5-17　高职毕业生月收入变化趋势

从图 5-17 可见，2015 至 2019 届毕业生毕业一年后的月收入逐届升高，涨幅分别为 259 元、287 元、249 元、159 元，很明显 2019 届毕业生的月收入比 2018 届的月收入涨幅明显下降。

各届毕业生月收入的区间分配大致相同，从月收入最小值看，2015 届和 2016 届毕业生的月收入最小值相同，均为 800 元，2017 届、2018 届、2019 届毕业生的月收入最小值均为 1000 元，五届毕业生最小值差别不大，且人数均低于有效样本的 0.5%；从月收入最大值看，五届毕业生月收入最高值均为 10000 元，且分别占有效样本的 1.9%、0.6%、1.3%、2%、3%，2015 届毕业生表现出色，高薪学生的比例较高，2016 届毕业生高薪比例有所下降，2017 届以后逐年升高。月收入的最大值与最小值相差悬殊，学生月收入分布区间较宽；从月收入中位数和众数看，2016 届与 2017 届毕业生月收入中位数是 3000 元，比 2015 届提高 200 元，2018 届与 2019 届均为 3500 元，比 2017 届提高 500 元；众数变化不大，2016 届至 2019 届众数相同，均为 3000 元，比 2015 届毕业生提高 1000 元。学生的月收入集中在 2000~4000 元之间。

(二) 月收入的性别差异

对 2015 至 2019 届毕业生的月收入进行差异性 t 检验，结果见表 5-34 所示。

从表 5-34 数据可见，高职毕业生月收入男生高于女生，特别是 2016 届、2017 届、2019 届毕业生，男生月收入在 0.001 水平上显著高于女生，2015 届毕业生在 0.01 水平上男生显著高于女生，2018 届毕业生月收入性别差异虽然没有达到显著水平，但是男生平均月收入仍然比女生高 109 元。2015 至 2019 届毕业生的平均月收入比较见图 5-18。

表 5-34 2015 届至 2019 届毕业生月收入性别差异性 t 检验

参数	2015 届	2016 届	2017 届	2018 届	2019 届
男生月收入（元）	3274	3637	3956.70	3878	4494
女生月收入（元）	2666	2834	3126.18	3769	3412
t	3.155	6.304	0.667	1.136	9.619
p	<0.01	<0.001	<0.001	>0.05	<0.001

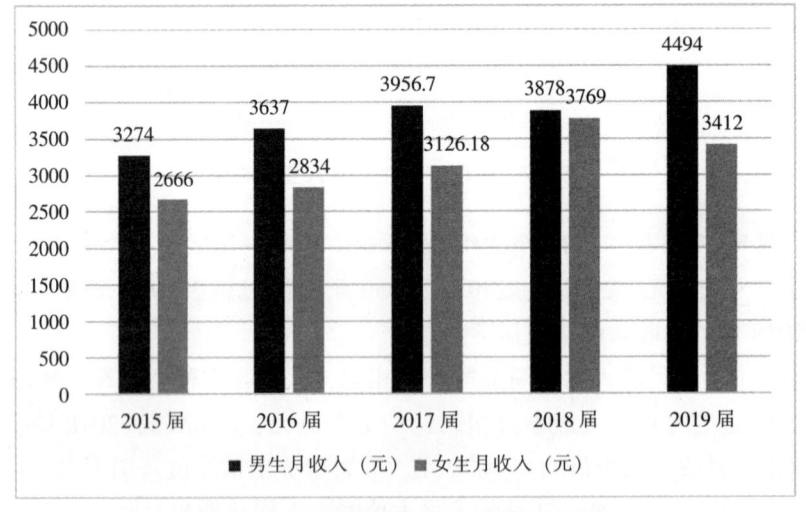

图 5-18 不同性别毕业生的平均月收入

（三）月收入的专业差异

为了考察专业对高职毕业生月收入有无影响，分专业进行月收入描述性统计，并且对专业影响月收入的显著性进行总体方差检验，描述性统计结果见表 5-35、图 5-19，方差检验结果见表 5-36。

从表 5-35 中数据可见，不同专业毕业生工作后平均月收入存在一定的差异。从表 5-36 方差检验结果可见，除 2018 届毕业生外，2015 届、2016 届、2017 届、2019 届毕业生的平均月收入在 0.001 水平上专业差异显著，或者说所学专业对学生就业后的收入影响显著。

从图 5-19 各专业五届毕业生的平均月收入来看，收入较高的专业有软件技术、酒店管理、园林技术、汽车电子技术、航空服务专业，五届平均月收入在 4000 元以上，收入较低的专业有畜牧兽医、动漫设计与制作、食品营养与检测、会计电算化、学前教育专业，五届平均月收入在 3300 元以下，其中学前教育专业的平均月收入最低，不到 3000 元。

第五章 基于案例院校毕业生信息反馈的高职人才培养质量评价实证研究

表 5-35 2015 届、2016 届主要专业毕业生的月收入均值

主要专业	2015 届 均值 (元)	2015 届 标准差	2016 届 均值 (元)	2016 届 标准差	2017 届 均值 (元)	2017 届 标准差	2018 届 均值 (元)	2018 届 标准差	2019 届 均值 (元)	2019 届 标准差
工程造价	2989	1643	2998	1332	3211	1294	3449	1402	4195	1491
建筑工程技术	2783	1318	3612	1430	3843	1607	3944	1751	4767	1638
电气自动化技术	3367	1930	3432	1227	3193	763	3765	1457	5058	2163
汽车电子技术	4495	2632	3654	2182	3000	982	4058	1957	5188	2251
机电一体化技术	2992	887	3724	1569	4241	1589	3882	1533	4454	2056
数控技术	4058	2401	3380	847	3948	1043	3692	1433	3782	1899
计算机应用技术	2858	1343	3155	1377	3689	1384	4065	1905	4070	1912
会计电算化	2536	1004	2663	934	3001	1043	3663	1449	3700	1538
食品营养与检测	2375	250	2952	1141	3288	1157	3706	1626	3387	1070
汽车检测与维修技术	—	—	—	—	3289	1149	3855	1409	4000	1981
电子商务	—	—	—	—	3697	2005	3722	1230	3545	886
物流管理	—	—	—	—	3717	1473	3823	1476	4094	1352

95

续表

主要专业	2015届 均值	2015届 标准差	2016届 均值	2016届 标准差	2017届 均值	2017届 标准差	2018届 均值	2018届 标准差	2019届 均值	2019届 标准差
装饰艺术设计	—	—	—	—	3614	1779	3451	1043	4240	2798
旅游管理	—	—	—	—	3755	1864	3532	1247	4400	2260
应用电子技术	—	—	—	—	—	—	3810	1710	3920	1149
园艺技术	—	—	—	—	—	—	4127	1990	3833	1466
园林技术	—	—	—	—	—	—	4023	1875	4271	1699
酒店管理	—	—	—	—	—	—	3814	1938	4576	1220
航空服务	—	—	—	—	—	—	3423	983	4629	1489
服装设计	—	—	—	—	—	—	4291	2337	3433	909
学前教育	—	—	—	—	—	—	—	—	2614	683
软件技术	—	—	—	—	—	—	—	—	4864	1518
动漫设计与制作	—	—	—	—	—	—	—	—	3253	1058
畜牧兽医	—	—	—	—	—	—	—	—	3271	786
平均	3078	1583	3233	1388	3519	1439	3804	1593	3923	1716

注：—表示该专业有效样本太少，不进行统计

第五章 基于案例院校毕业生信息反馈的高职人才培养质量评价实证研究

专业	月收入均值
软件技术	4864
酒店管理	4195
园林技术	4147
汽车电子技术	4079
航空服务	4026
园艺技术	3980
旅游管理	3896
物流管理	3878
应用电子技术	3865
服装设计	3862
机电一体化技术	3859
建筑工程技术	3790
数控技术	3772
装饰艺术设计	3768
电气自动化技术	3763
汽车检测与维修技术	3714
电子商务	3654
计算机应用技术	3568
工程造价	3368
畜牧兽医	3271
动漫设计与制作	3253
食品营养与检测	3142
会计电算化	3113
学前教育	2614

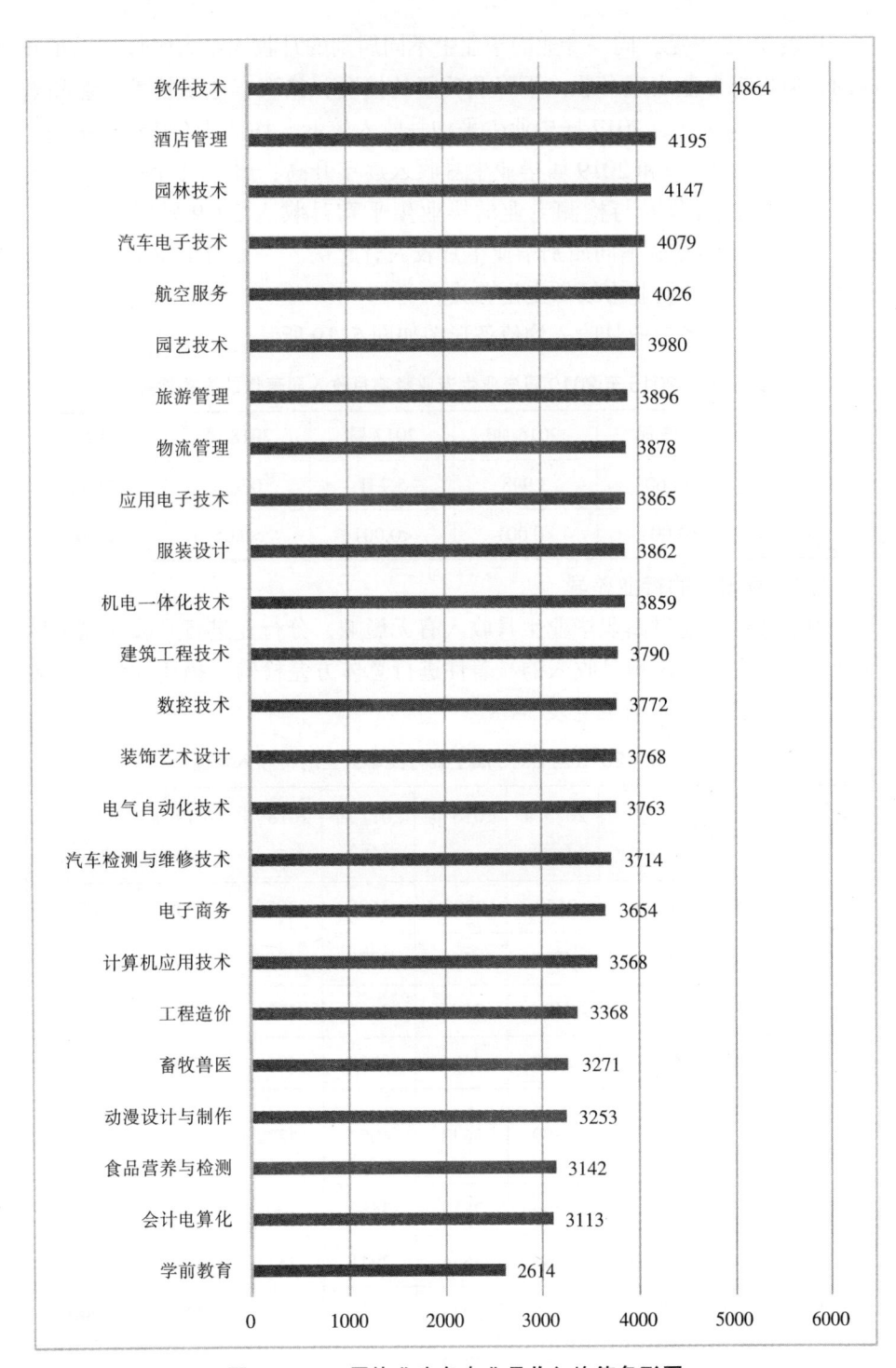

图 5-19　五届毕业生各专业月收入均值条形图

97

从表 5-35 可见，同一专业的毕业生不同届别的月收入绝大多数是逐年升高的，但也有专业出现月收入下降和反复的情况，如汽车电子技术专业和电气自动化技术专业的 2017 届毕业生平均月收入较低，均低于 2015 届和 2016 届，该专业 2018 届和 2019 届毕业生月收入逐年升高；服装设计专业、园艺技术专业、食品营养与检测专业的毕业生平均月收入 2019 届毕业生低于 2018 届的。相同专业不同届别毕业生月收入有起伏，一是与毕业生本身能力息息相关，二是与就业市场的变化有关。

五届毕业生各专业月收入均值条形图如图 5-19 所示。

表 5-36　2015 至 2019 届毕业生专业影响月收入显著性的方差检验

参数	2015 届	2016 届	2017 届	2018 届	2019 届
F	3.860	3.998	5.731	0.923	5.940
p	<0.001	<0.001	<0.001	>0.05	<0.001

（四）月收入的行业差异

为了考察行业对高职毕业生月收入有无影响，分行业进行月收入描述性统计，并且对行业影响月收入的显著性进行总体方差检验，描述性统计结果见表 5-37，方差检验结果见表 5-38。

表 5-37　2015 至 2019 届主要行业毕业生的月收入均值

主要行业类别	2015 届（元）	2016 届（元）	2017 届（元）	2018 届（元）	2019 届（元）	五届平均值（元）
建筑业	2656	3085	3505	3920	4513	3536
金融（银行/保险/证券）业	4019	4165	3770	4200	4598	4150
零售商业	3129	2795	3460	3721	3813	3384
机械五金制造业	2442	3135	3450	4058	3704	3358
电子电气仪器设备及电脑制造业	3309	3643	4052	4222	4428	3931
交通工具制造业	4060	2875	3457	4000	4400	3758
其他服务业（除行政服务）	3288	2544	2941	3373	3982	3226
化学品、化工、塑胶业	3356	2943	3685	4431	4925	3868
教育业	2856	2702	3121	3193	2837	2942

续表

主要行业类别	2015届（元）	2016届（元）	2017届（元）	2018届（元）	2019届（元）	五届平均值（元）
农业、林业、渔业和畜牧业	3000	3640	3698	3204	3845	3477
住宿和饮食业	2643	3316	3123	3400	4052	3307
媒体、信息及通信产业	3313	3860	4403	4007	4245	3966
水电煤气公用事业	3920	3100	3571	3538	4433	3713
邮递、物流及仓储业	2357	3606	3688	4429	4338	3684
各类专业设计与咨询服务业	2583	3208	3217	3294	3396	3140
家具、医疗设备及其他制成品业	2883	3394	3730	3632	6553	4039
政府及公共管理	2267	2911	3010	3468	3305	2992
纺织皮革及成品加工业	2750	2522	3450	2917	3511	3030
房地产开发及租赁业	——	——	——	4421	4592	4506
食品、烟草、加工业	——	——	——	3722	2985	3353
文化体育及娱乐业	——	——	——	——	4016	4016
行政、商业和环境保护辅助业	——	——	——	——	3363	3363
运输业	——	——	——	——	5108	5108

注：——表示该行业类有效样本太少，不进行统计

表5-38 2015至2019届毕业生行业类别影响月收入方差检验

参数	2015届	2016届	2017届	2018届	2019届
F	2.081	2.158	2.184	2.980	7.546
p	>0.05	=0.005	<0.05	0.000	0.000

从表5-37、表5-38数据可见，在不同类别的行业就业，月收入存在一定的差异，案例样本除2015届毕业生外，2016至2019届毕业生月收入的行业类别差异明显，2016届与2017届毕业生的差异在0.05水平上差异显著，2018届与2019届毕业生的月收入行业类别差异显著性在0.001水平。

高职人才培养质量评价实证研究
——基于案例院校毕业生和用人单位的信息反馈

行业	平均月收入
运输业	5108
房地产开发及租赁业	4506
金融（银行/保险/证券）业	4150
家具、医疗设备及其他制成品业	4039
文化体育及娱乐业	4016
媒体、信息及通信产业	3966
电子电气仪器设备及电脑制造业	3931
化学品、化工、塑胶业	3868
交通工具制造业	3758
水电煤气公用事业	3713
邮递、物流及仓储业	3684
建筑业	3536
农业、林业、渔业和畜牧业	3477
零售商业	3384
行政、商业和环境保护辅助业	3363
机械五金制造业	3358
食品、烟草、加工业	3353
住宿和饮食业	3307
其他服务业（除行政服务）	3226
各类专业设计与咨询服务业	3140
纺织皮革及成品加工业	3030
政府及公共管理	2992
教育业	2942

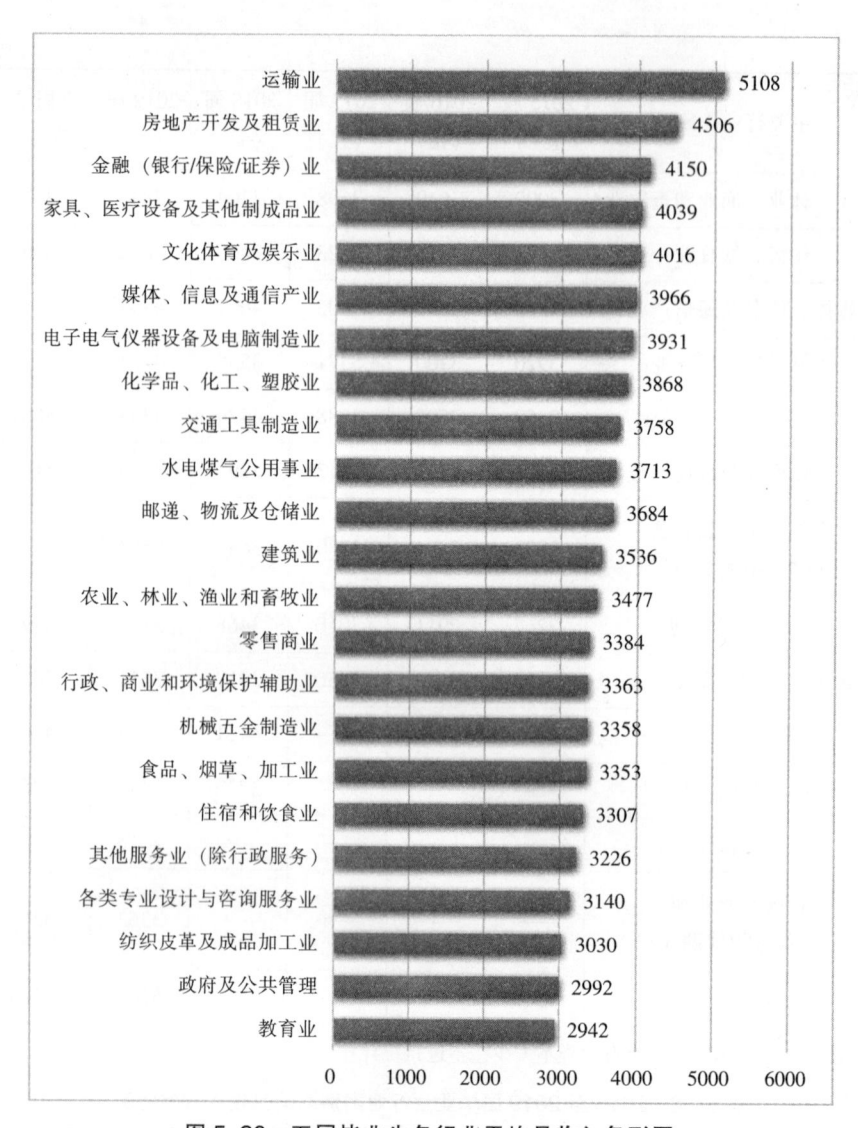

图 5-20 五届毕业生各行业平均月收入条形图

从各行业五届毕业生的平均月收入来看，平均月收入排前五位的行业类别分别为运输业、房地产开发及租赁业、金融（银行/保险/证券）业、家具医疗设备及其他制成品业、文化体育及娱乐业。2015 至 2019 届毕业生的平均月收入均在 4000 元以上，运输业的平均月收入最高，高达 5000 元以上；平均月收入排在后五位的行业类别分别为其他服务业（除行政服务）、各类专业设计与咨询服务业、纺织皮革及成品加工业、政府及公共管理、教育业，其中教育业的平均月收入最低，只有 2941 元，与教育业差不多的是政府及公共管理业，平均月收入也只有2992元。这两个行业看似事业单位，但进一步了解会发现，从事教育行业的毕业生主要行业是幼儿园与学前教育机构，公办幼儿园中没有正式编制的幼儿老师或私立幼儿园的教师工资均较低；从事政府及公共管理的人员也主要是临时聘任制，工资偏低。五届毕业生各行业总的平均值为3517元。

从2019年的数据可以发现，"家具、医疗设备及其他制成品业"在2019届毕业生中的月收入尤其突出，平均为6553元，这或许与2020年的疫情形势有直接关系，医疗产品相关产业优势明显。

五届毕业生各行业类别平均月收入条形图见图5-20。

（五）月收入的职业差异

为了考察职业类别对高职毕业生月收入有无影响，分职业类别进行月收入描述性统计，并且对职业类别影响月收入的显著性进行总体方差检验，描述性统计结果见表5-39所示，方差检验结果见表5-40所示。

表5-39 2015至2019届高职毕业生主要职业类别的平均月收入

主要职业类别	2015届(元)	2016届(元)	2017届(元)	2018届(元)	2019届(元)	五届平均(元)
金融（银行/基金/证券/期货/理财）	4520	4965	3303	3763	4926	4295
销售	3695	3714	3947	4078	4524	3992
互联网开发及应用	3375	3783	4103	4120	4479	3972
电力/能源	3671	3145	4264	3888	4608	3916
餐饮/娱乐/旅游	4100	3537	3424	3560	4416	3807
机械/电气/电子	3224	3440	3634	4039	4004	3668
美术/设计/创意	2589	3260	3474	4157	4688	3634
建筑工程	2508	3050	3649	4032	4686	3585
物流/采购	2367	3309	3559	4209	4233	3535
农/林/牧/渔类	2100	3563	3906	3229	3392	3238
财务/审计/税务/统计	2248	2648	2992	3484	3587	2992
行政/后勤	2772	2465	3046	3183	3340	2961
中小学教育	1833	2621	2977	3163	2973	2714
幼儿与学前教育	——	2725	2309	2714	2541	2572

注：——表示该职业类别有效样本太少，不进行统计

表 5-40 对 2015 至 2019 届毕业生职业类别影响月收入显著性的方差检验

参数	2015 届	2016 届	2017 届	2018 届	2019 届
F	2.717	5.767	3.761	3.550	10.742
p	<0.05	0.000	0.000	0.000	0.000

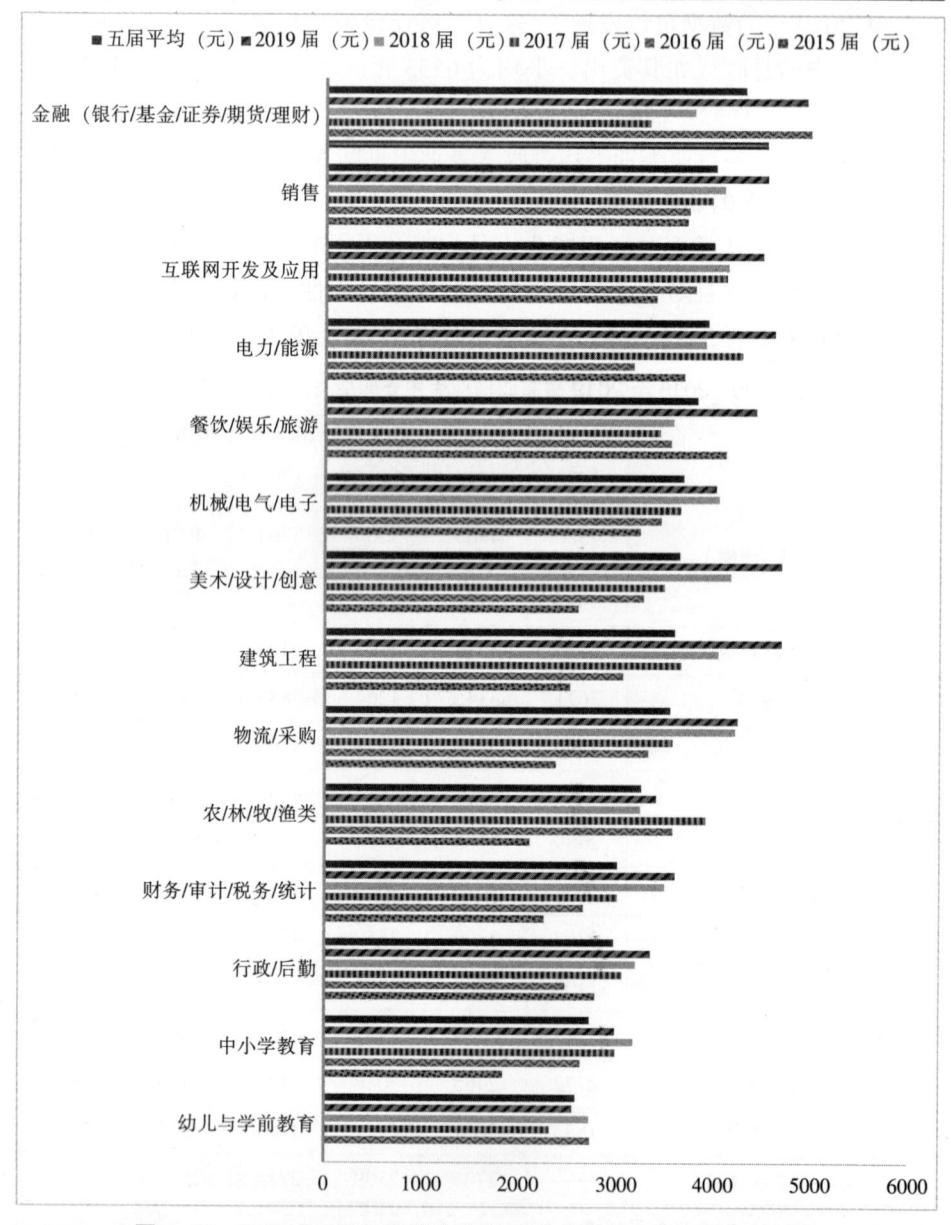

图 5-21 2015 至 2019 届毕业生各职业类别的平均月收入条形图

从表 5-39、表 5-40 中数据可见，高职毕业生的月收入在不同职业类别之间差异显著，2015 届毕业生在 0.05 水平上差异显著，2016 至 2019 届毕业生在 0.001 水平上存在非常显著的差异，即职业类别的选择对月收入存在显著的影响。

从各职业类别五届毕业生的平均月收入来看，月收入排在前五位的职业类别分别是金融（银行/基金/证券/期货/理财）、销售、互联网开发及应用、电力/能源、餐饮/娱乐/旅游；排在后五位的职业类别分别为农/林/牧/渔类、财务/审计/税务/统计、行政/后勤、中小学教育、幼儿与学前教育。其中幼儿与学前教育的月收入最低，平均 2572 元；其次是中小学教育，只有 2713 元。

（六）月收入的单位差异

1. 月收入的单位类型差异

根据调研发现，高职毕业生的就业单位以"民营企业/个体"为主，其次是"国有企业"，还有部分在"中外合资/外资/独资"或"政府机构/科研或其他事业单位"。

进一步调研不同性质用人单位的毕业生的月收入情况和单位性质对月收入的影响，结果见表 5-41 和表 5-42。

表 5-41 在不同单位性质就业的 2015 至 2019 届毕业生的平均月收入

用人单位性质	2015 届（元）	2016 届（元）	2017 届（元）	2018 届（元）	2019 届（元）	五届平均（元）
民营企业/个体	2981	3238	3512	3797	3931	3492
国有企业	3378	3330	3777	4109	4477	3814
中外合资/外资/独资	3628	4097	4051	4034	4710	4104
政府机构/科研或其他事业单位	1831	2757	3111	3465	3202	2873
总体平均	3026	3286	3567	3836	3979	3539

表 5-42 2015 至 2019 届毕业生单位性质影响月收入显著性的方差检验

参数	2015 届	2016 届	2017 届	2018 届	2019 届
F	4.200	5.899	5.038	2.784	9.416
p	<0.01	0.001	0.000	<0.05	0.000

从表5-41、表5-42数据可见，高职毕业生在不同性质的单位就业，其月收入差异明显，2018届毕业生的月收入单位差异在0.05水平上显著，2015届毕业生单位之间月收入差异显著性水平为0.01，而2016、2017、2019届毕业生的月收入单位性质差异特别显著，小于0.001。平均来看，月收入从高到低的单位类型依次是中外合资/外资、独资国有企业，民营企业/个体、政府机构/科研或其他事业单位。该结论与2019年度全国高校毕业生就业现状实证研究结论相吻合。岳昌君、夏洁、邱文琪的研究结论是相较于国有企业，三资企业的起薪显著更高，而高等学校、其他事业单位和党政机关毕业生的起薪显著更低。

由此可见，"政府机构/科研或其他事业单位"对高职生而言好像是一个不错的单位，但是这些单位的主力军是本科或硕士以上学历，高职生毕业一年左右在这些单位就职，大多是编外人员，虽然工作环境和工作强度比企业好一些，但工资福利会比正式编制人员低很多。高职生若想在"政府机构/科研或其他事业单位"站稳脚跟、提高工资待遇，就需要不断学习和提升，进修学历学位。在中外合资或独资企业就业，工作强度大，工资福利相对其他企业或单位较高。

案例院校2015至2019届毕业生不同性质单位就业的月收入如图5-22。

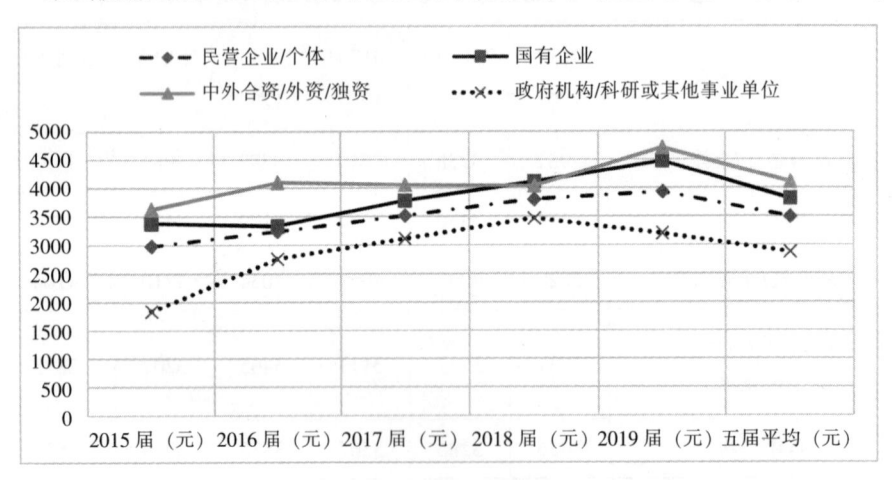

图5-22 2015至2019届毕业生不同性质单位就业的高职毕业生月收入

2. 月收入的工作城市差异

为了考察用人单位所在地（城市）对高职毕业生月收入的影响，分别对不同工作城市类型的毕业生月收入进行统计分析和方差检验，结果见表5-43、图5-23所示。

表 5-43 2015 至 2019 届毕业生工作在不同类别城市的月收入

工作城市类别	2015 届（元）	2016 届（元）	2017 届（元）	2018 届（元）	2019 届（元）	五届平均（元）
一线城市	4159	4619	4854	5125	5286	4808
二线城市	3399	3306	3812	4049	4119	3737
三线城市	2808	3174	3392	3800	3840	3403
F	8.299***	13.875***	26.663***	6.110***	16.959***	15.246***

注：* 表示 $p<0.05$ ** 表示 $p<0.01$ *** 表示 $p<0.001$

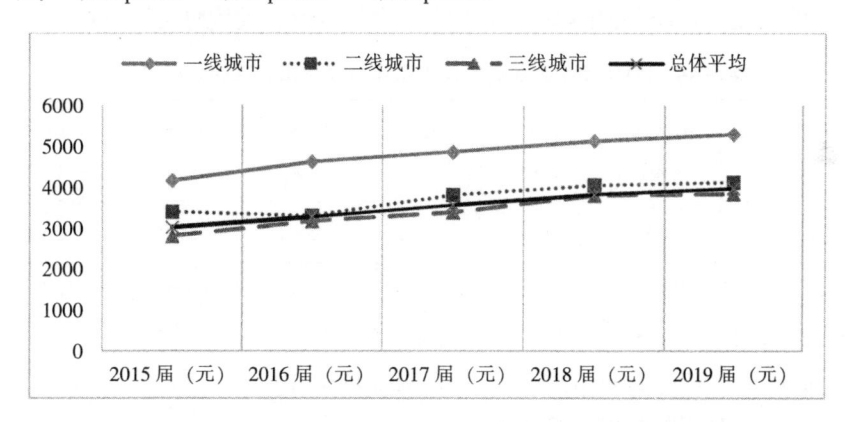

图 5-23 高职毕业生工作在一、二、三线城市的月收入

从表 5-43、图 5-23 中数据可见，工作在不同级别的城市，月收入差异特别显著，一线城市的月收入显著高于二线城市，二线城市显著高于三线城市。由此可见，就业地点是影响毕业生月收入的影响因素。但满意度方差分析结果表明工作在不同城市类别的高职生就业满意度并没有显著差异。可见，工作在北上广、省会、直辖市等大城市，就业环境好，就业机会多，工资福利高，但同时消费高，房价更高，所以工作在大城市的压力也会更大。而工作在中小城市、三四线城市，工资虽然不高，但同时消费水平也低，房价也不会太高，工作压力和生活压力也不大，这也许是工作在不同类别城市的毕业生月收入虽然存在显著差异，但就业满意度差异不明显的原因。

三、工作与专业相关度

毕业生是知识的使用者，他们能够判断自己的工作是否用到了所学的专业知识。工作与专业相关度计算公式的分子是受雇全职工作并且与专业相关的毕业生人数，分母是受雇全职工作（包括与专业相关及无关）的毕业生人数。工作与专业相关度在有的文献中也称为"专业对口率"。

学生就业后，专业对口、学以致用是教育效用最大化的体现，职业教育尤其如此。对学生而言，专业对口也是实现工作岗位稳定、升职加薪及实现个人价值的重要条件。毕业生就业时的"工作与专业相关度"可视为评价学校各项教育资源的配置是否合理、学校教育投入是否产生价值的重要参考标准，在直观上可成为衡量学校毕业生就业质量的一项重要指标，该指标从深层次上反映了高校人才的培养质量，工作与专业相关度的高低是反映高职院校人才培养质量的重要指标。

案例院校 2015 至 2019 届毕业生的工作与专业相关度见表 5–44。

表 5–44　2015 至 2019 届毕业生工作与专业相关度的分布情况

	2015 届(%)	2016 届(%)	2017 届(%)	2018 届(%)	2019 届(%)	五届平均(%)
专业相关度	56.9	54.5	57.2	59.2	54.9	56.5

从表 5–44 数据可见，案例院校 2015 至 2019 届毕业生的工作与专业相关度分别为 56.9%、54.5%、57.2%、59.2%、54.9%，五届平均约为 56.5%，与 Mycos 提供全国参考数据 62% 比较，案例院校毕业生的工作与专业相关度偏低，低于全国高职院校的平均水平。

进一步分析各专业毕业生的专业相关度，结果见表 5–45、表 5–46。

各专业五届毕业生工作与专业相关度的平均值分布如图 5–24 所示。

从表 5–45、表 5–46 中数据可见，案例院校 2015 至 2019 届各专业毕业生就业现状的工作与专业相关度存在一定的差异，除 2018 届毕业生工作与专业相关度的专业差异没有达到显著水平外，其他各届毕业生工作与专业相关度的专业差异特别显著，2016 届的显著水平是 0.01，2015、2017、2019 届专业差异显著水平为 0.000。

从图 5–24 可见，"学前教育"专业的毕业生工作与专业相关度最高，2018 届与 2019 届两届毕业生的专业相关度均达到 89%，其次是"建筑工程技术"和"工程造价"专业，工作与专业相关度分别是 63% 与 61%；工作与专业相关度最低的专业是"软件技术"，只有 30%，其次是"数控技术"，只有 35%。进一步分析发现，有些专业不同届别的毕业生，工作与专业相关度差异明显，如"汽车电子技术"专业，2015 届毕业生的专业相关度为 88%，2019 届则降到 27%，"装饰艺术设计"专业 2017 届与 2019 届毕业生的工作与专业相关度分别为 69% 和 75%，而 2018 届毕业生则为 23%。由此可见，毕业生的专业相关度是随市场需求不断变化的。

表 5–45 2015 至 2019 届各专业毕业生工作与专业相关度

主要专业	2015 届 (%)	2016 届 (%)	2017 届 (%)	2018 届 (%)	2019 届 (%)	五届平均 (%)
工程造价	67	56	63	45	76	61
建筑工程技术	69	59	67	51	70	63
电气自动化技术	36	43	35	60	45	44
汽车电子技术	88	33	38	47	27	47
机电一体化技术	59	39	40	45	38	44
数控技术	33	42	34	41	25	35
计算机应用技术	31	41	49	40	45	41
会计电算化	46	60	55	44	52	51
食品营养与检测	11	30	32	44	55	34
汽车检测与维修技术	——	——	63	51	40	51
电子商务	——	——	39	38	46	41
物流管理	——	——	46	36	38	40
装饰艺术设计	——	——	69	23	75	56
旅游管理	——	——	47	47	45	46
应用电子技术	——	——	——	49	25	37
园艺技术	——	——	——	33	46	40
园林技术	——	——	——	43	48	46
酒店管理	——	——	——	45	43	44
航空服务	——	——	——	48	29	39
服装设计	——	——	——	31	50	41
学前教育	——	——	——	——	89	89
软件技术	——	——	——	——	30	30
动漫设计与制作	——	——	——	——	40	40
畜牧兽医	——	——	——	——	47	47
总体平均	49	56	51	44	52	50

注：——表示该职业类别有效样本太少，不进行统计

表 5-46 专业影响毕业生工作与专业相关度的显著性方差检验

参数	2015 届	2016 届	2017 届	2018 届	2019 届
F	4.445	2.787	3.999	0.989	7.015
p	<0.001	<0.01	<0.001	>0.05	<0.001

各专业五届毕业生工作与专业相关度的平均值分布如图 5-24 所示。

专业	相关度(%)
学前教育	89
建筑工程技术	63
工程造价	61
装饰艺术设计	56
汽车检测与维修技术	51
会计电算化	51
畜牧兽医	47
汽车电子技术	47
园林技术	46
旅游管理	46
酒店管理	44
机电一体化技术	44
电气自动化技术	44
服装设计	41
电子商务	41
计算机应用技术	41
动漫设计与制作	40
园艺技术	40
物流管理	40
航空服务	39
应用电子技术	37
数控技术	35
食品营养与检测	34
软件技术	30

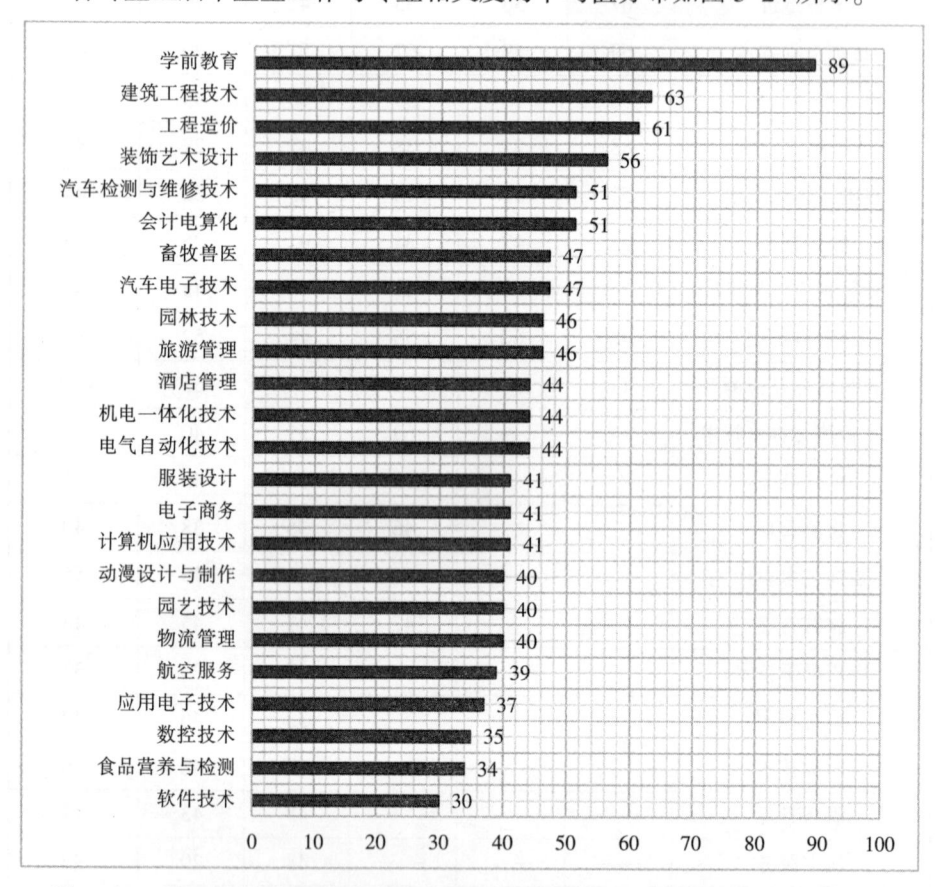

图 5-24 2015 至 2019 届毕业生各专业工作与专业相关度五届平均相关度（%）

进一步分析高职毕业生选择与专业无关工作的主要原因，调研结果见表 5-47、图 5-25。

从表 5-47 和图 5-25 数据可见，五届学生综合来看，高职毕业生选择与自己所学专业无关工作的主要原因有六个，其中排在第一位的是"专业工作不符合自己的职业期待"，比例占 28%；其次是"迫于现实先就业再择业"，占 26.18%；再次是"达不到专业相关工作的要求"，占 14.92%；第四位原因是"专业无关工作收入更高",占 13.74%;第五位原因是"专业工作岗位招聘少",占 11.2%;最后是因为"专业工作的环境不好",占 6.06%。从毕业生报告的原因来看,大多数毕业生对自己的职业规划是比较清晰的,有 60.86%的学生是因为专业不符合自己的职业期待、薪资要求、环境要求等主动选择专业无关工作,只有 37.38%的学生是迫于岗位或工作要求选择的专业无关工作。

表 5-47　高职毕业生选择与专业无关工作的原因

选择专业无关工作的原因	2015 届(%)	2016 届(%)	2017 届(%)	2018 届(%)	2019 届(%)	五届平均(%)
专业工作不符合自己的职业期待	22.1	23.3	30.2	32.6	31.8	28
迫于现实先就业再择业	25.7	32.4	24.6	24.9	23.3	26.18
达不到专业相关工作的要求	19.9	11.3	14.2	14.6	14.6	14.92
专业无关工作收入更高	14.7	13.5	12.3	13	15.2	13.74
专业工作岗位招聘少	14	11.3	12.1	10.3	8.3	11.2
专业工作的环境不好	3.7	8.4	6.7	4.6	6.9	6.06

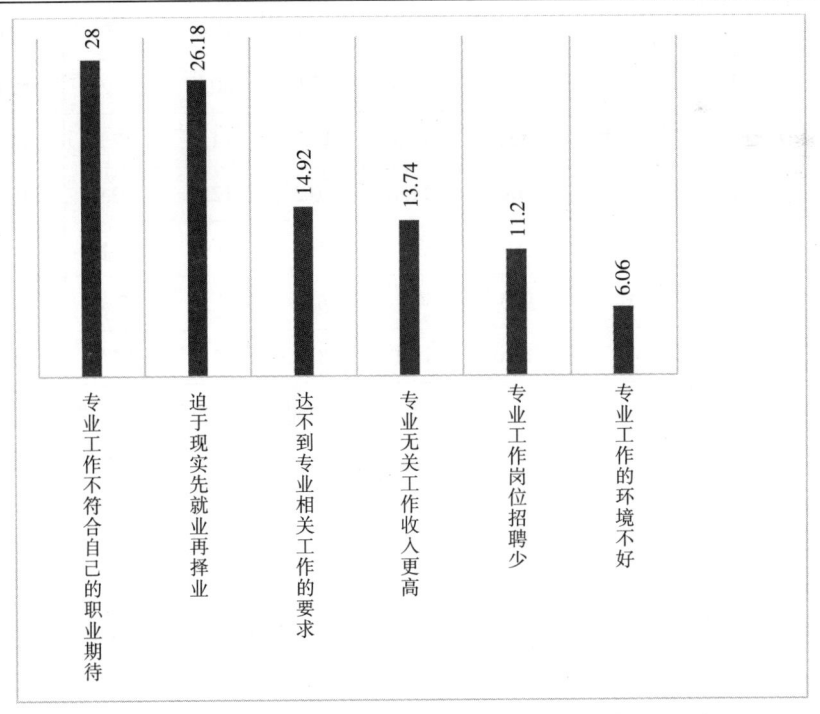

图 5-25　高职毕业生选择与专业无关工作的主要原因分布

四、职业期待吻合度

职业期待吻合度是学生毕业后，所从事的职业及其工作岗位和工作内容与职业期望的吻合程度，是由在工作的毕业生评价目前从事的工作是否符合自身职业期待。职业期待吻合度计算公式的分子是认为目前从事的工作符合自身职业期待的人数，分母是认为目前从事的工作符合和不符合自身职业期待的总人数。

当一个人所从事的职业的职业期待吻合度高的时候，就不会频繁地跳槽，会在本职岗位兢兢业业地工作，精益求精地完成工作任务，这才有可能成为"能工巧匠""大国工匠"。所以，高校高度重视学生的教学满意度和职业期待吻合度是非常必要的，具有重要的现实意义。职业期待吻合度也是衡量高职毕业生就业质量的一个重要指标。

案例院校2015至2019届毕业生就业现状符合职业期待的分布情况如表5-48所示。

表5-48 2015至2019届毕业生职业期待吻合度

职业期待吻合度	2015届(%)	2016届(%)	2017届(%)	2018届(%)	2019届(%)	五届平均(%)
符合	52.9	50.3	57.0	50.0	52.9	52.62
不符合我的职业发展规划	20.3	17.5	13.7	14.1	12.8	15.68
不符合我的兴趣爱好	7.6	11.4	10.2	12.5	10.9	10.52
不符合我的性格	4.7	5.0	4.3	3.9	5.4	4.66
不符合我的生活方式	3.5	4.7	6.0	7.1	5.3	5.32
不符合，其他	11.0	11.1	8.8	12.4	12.8	11.22

从表5-48数据可见，五届毕业生符合职业期待的比例分别为52.9%、50.3%、57.0%、50.0%、52.9%，平均为52.62%。根据第三方机构Mycos全国高职院校调研，2015至2019届全国高职院校毕业生的职业期待吻合度平均水平分别为44%、45%、46%、46%、47%，可见案例院校毕业生的职业期待吻合度高于全国平均水平。

五届毕业生符合职业期待的比例分布及与全国均值的比较见图5-26所示。

五届毕业生就业现状不符合职业期待的原因分布比例见图5-27所示。

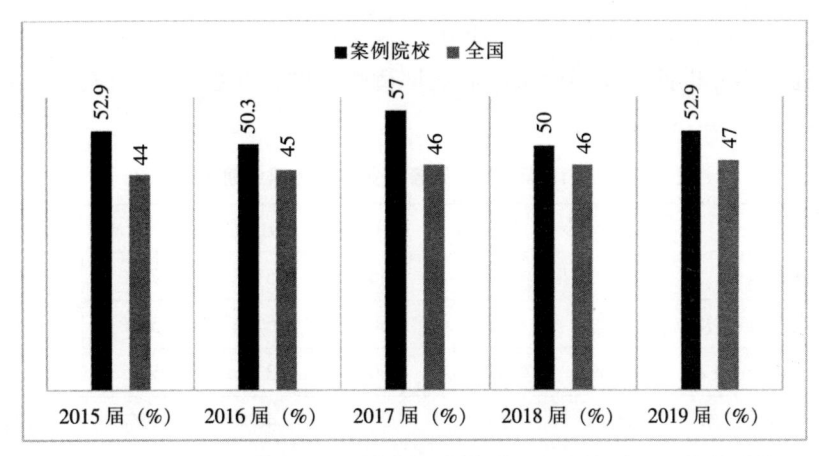

图 5-26 2015 至 2019 届毕业生符合职业期待的比例及与全国均值的比较（%）

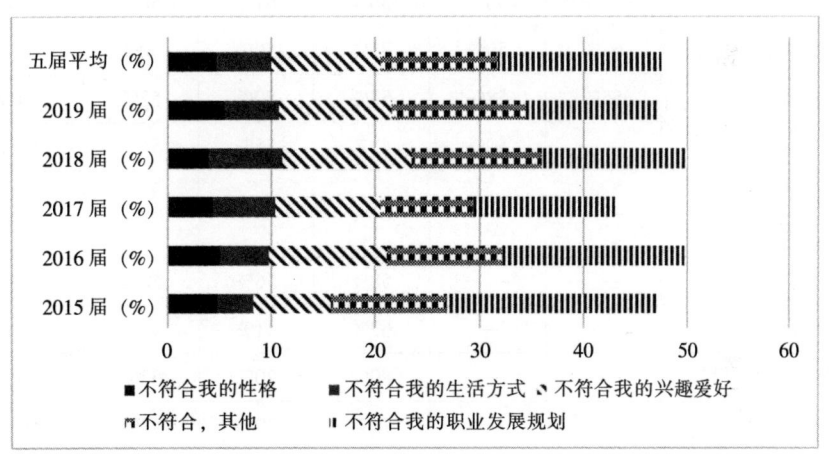

图 5-27 2015 至 2019 届毕业生就业现状不符合职业期待的原因分布比例

从图 5-27 可见，高职毕业生就业现状不符合职业期待的原因，主要是"不符合职业发展规划"，其次是"不符合兴趣爱好"，再次是"不符合生活方式"，最后是"与性格不符"，选择"其他"原因的占 11.22%。综合来看，45%以上的毕业生工作现状不符合自己原本的职业期待，很大一部分学生是大学录取的专业不符合自己的职业规划，这部分学生在高职院校学习期间，学习不到适合自身职业倾向的专业和符合自己特点兴趣爱好的专业课程，毕业后就不愿意在与专业相关的岗位就业，因此很难有高的职业期待吻合度。本来就不想学、不会学，那他怎么会好好学习现在的专业和课程？我们按照他现在学习的专业去培养和训练他的职业技能和职业素养，意义何在？我们又从何谈起能够在校培育他的工匠精神？所以提高学生的职业期待吻合度是

111

学校、家长、学生和社会共同的任务。

进一步分析各专业毕业生的职业期待吻合度，并进行方差检验，结果见表 5-49、图 5-28、表 5-50。

表 5-49　2015 至 2019 届各专业毕业生职业期待吻合度

主要专业	2015 届	2016 届	2017 届	2018 届	2019 届	五届平均
工程造价	52%	46%	58%	51%	72%	56%
建筑工程技术	38%	31%	50%	52%	53%	45%
电气自动化技术	80%	41%	60%	33%	50%	53%
汽车电子技术	60%	57%	25%	48%	43%	47%
机电一体化技术	39%	47%	53%	52%	49%	48%
数控技术	33%	50%	36%	61%	50%	46%
计算机应用技术	67%	50%	71%	50%	50%	58%
会计电算化	55%	58%	57%	50%	52%	54%
食品营养与检测	——	50%	43%	55%	54%	51%
汽车检测与维修技术	——	——	61%	36%	52%	50%
电子商务	——	——	58%	56%	56%	57%
物流管理	——	——	62%	41%	45%	49%
装饰艺术设计	——	——	89%	70%	67%	75%
旅游管理	——	——	71%	39%	57%	56%
应用电子技术	——	——	——	38%	22%	30%
园艺技术	——	——	——	67%	55%	61%
园林技术	——	——	——	50%	44%	47%
酒店管理	——	——	——	31%	62%	47%
航空服务	——	——	——	38%	80%	59%
服装设计	——	——	——	45%	33%	39%
学前教育	——	——	——	——	65%	65%
软件技术	——	——	——	——	43%	43%
动漫设计与制作	——	——	——	——	33%	33%
畜牧兽医	——	——	——	——	31%	31%

注：——表示该职业类别有效样本太少，不进行统计

第五章 基于案例院校毕业生信息反馈的高职人才培养质量评价实证研究

专业	比例
装饰艺术设计	75%
学前教育	65%
园艺技术	61%
航空服务	59%
计算机应用技术	58%
电子商务	57%
旅游管理	56%
工程造价	56%
会计电算化	54%
电气自动化技术	53%
食品营养与检测	51%
汽车检测与维修技术	50%
物流管理	49%
机电一体化技术	48%
酒店管理	47%
园林技术	47%
汽车电子技术	47%
数控技术	46%
建筑工程技术	45%
软件技术	43%
服装设计	39%
动漫设计与制作	33%
畜牧兽医	31%
应用电子技术	30%

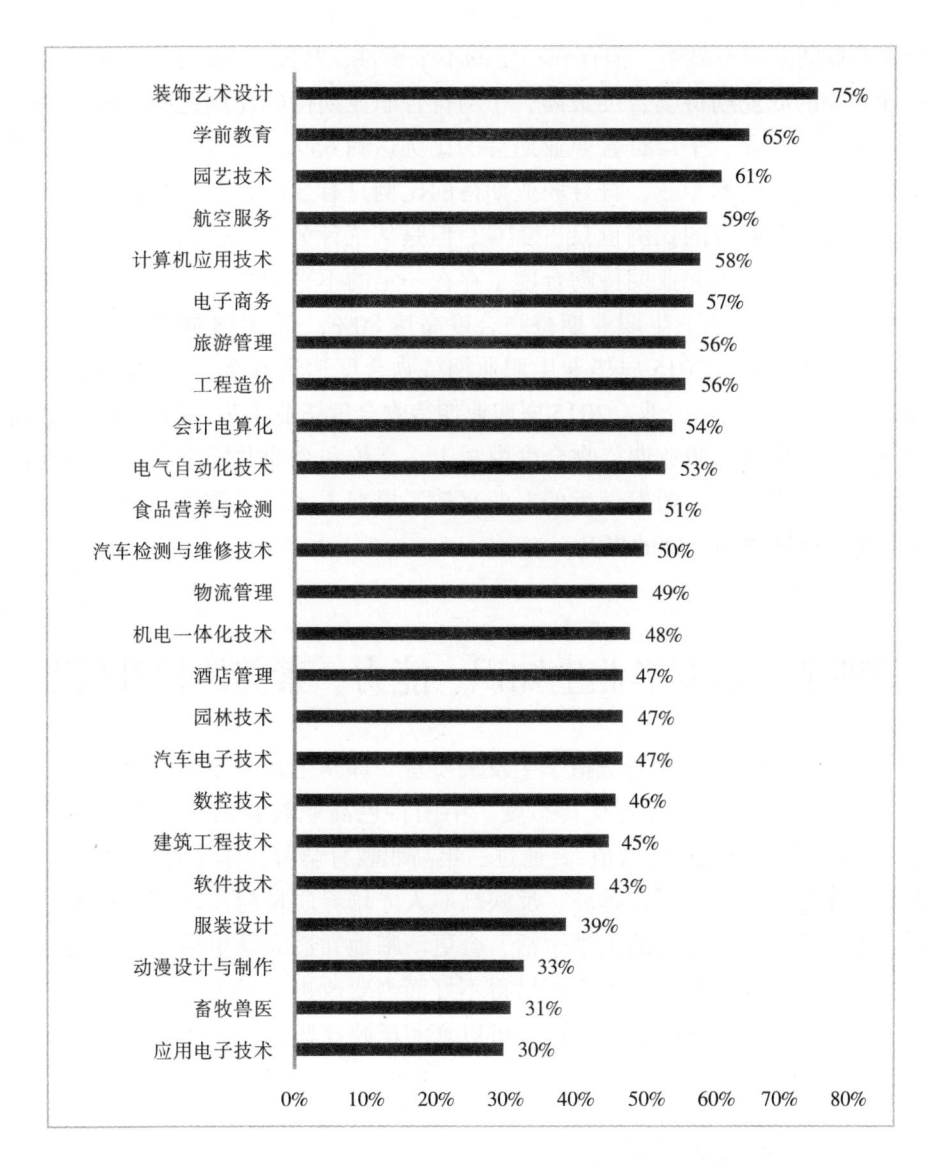

图 5-28 各专业五届学生平均职业期待吻合度分布条形图

表 5-50 专业影响毕业生职业期待吻合度的显著性方差检验

参数	2015 届	2016 届	2017 届	2018 届	2019 届
F	0.852	0.748	1.716	0.985	1.123
p	>0.05	>0.05	>0.05	>0.05	>0.05

从表 5-49、表 5-50 的数据可见，各届不同专业的毕业生，职业期待吻

113

合度专业间差异不显著，但存在一定的不平衡性，从图5-28可见，装饰艺术设计专业的职业期待吻合度最高，平均符合职业期待的比例达到75%，其次是学前教育专业，平均符合职业期待的比例达到65%。职业期待吻合度最低的是应用电子技术专业，符合职业期待的比例只有30%，其次是畜牧兽医专业，符合职业期待的比例也只占31%。但是从统计分来看，同一专业、不同届别的毕业生，其职业期待吻合度也存在一定的不平衡性，如电气自动化技术专业，2015届毕业生职业期待吻合度高达80%，而2018届降至33%；汽车电子技术专业，2015届毕业生职业期待吻合度达到60%，而2018届降至25%；建筑工程技术专业，2015届职业期待吻合度毕业生为38%，而2018届升至52%。所以，职业期待吻合度由学生、高校和企业共同来决定。但高校教学改进教学模式，激发学生的专业兴趣，提高人才培养质量，则会有利于毕业生职业期待吻合度的提升。

第四节　高职毕业生知识、能力、素养的提升情况

高等教育的质量首先是指学生发展质量，即学生在大学学习过程中所学的东西，包括所知、所能及其态度。中国特色高职教育的质量是一个"增量"，即实现"学生发展增值"。通过三年高职教育学习，学生在知识、能力、素养方面有所提升，提升越高，反映高职人才培养质量越高。学生经过一年的工作实践，反思自己的大学生活，会更清晰地知道大学生活让自己在哪些方面得到成长和提升，哪些方面做得不好而需要改进。通过学生关于自己知识、能力、素养方面的信息反馈，可以真实反映高职教育人才培养质量和效益。

一、知识提升情况

核心知识是指毕业生在工作中认为较重要的知识。参考美国SCANS标准，对核心知识进行划分，不仅包括毕业生从事对应岗位所需要的专业知识，同时也包括毕业生职业迁移所需要的通识，如管理知识、文化基础知识（如中文、数学、外语等）、方法知识等。

根据案例院校的专业分布，我们把核心知识分成专业知识与通识知识两大类。专业知识包括教育与培训知识、计算机与电子学知识、消费者服务与个人服务知识、设计知识、经济学与会计知识、工程与技术知识、机械知识、

生产与加工知识毕业时掌握的水平、营销与沟通知识等9个方面；通识知识包括行政与管理知识、人事与人力资源知识、法律与政府知识、心理学知识、文秘知识、传播与媒体知识、中文语言知识、数学知识、美术知识、外国语知识等10个方面。

核心知识的重要度：用于定义正在工作的大学毕业生所理解的各项知识在其岗位工作中的重要程度，分为"极其重要""非常重要""重要""有些重要""不重要"5个层次，数据处理时把重要性量化赋分为百分比，100%代表"极其重要"、75%代表"非常重要"、50%代表"重要"、25%代表"有些重要"、0代表"不重要"。

核心知识的工作要求水平：用于定义正在工作的大学毕业生所理解的工作对各项知识的要求级别，从低到高分为一级到七级，一级代表该知识的最低水平取值1/7，七级代表该知识的最高水平取值1，最高水平是初级和中级职业人员达不到的。为了帮助答题人自评级别，问卷在一到七级中分别举了三个例子，以帮助答题人理解知识水平差别，这些举例是国外研究知识级别时积累多年经验而设计的。其中数值处于 [0，42%] 为低等水平，处于 (42%，71%] 为中等水平，处于 (71%，100%] 为高等水平。

核心知识在毕业时掌握水平：用于定义正在工作的大学毕业生所理解的各项知识在刚毕业时实际掌握的级别，从低到高分为一级到七级。取值同上面的工作要求的水平。

核心知识的满足度：用于定义毕业时毕业生掌握的核心知识水平满足实际岗位对核心知识的工作要求水平的百分比，100%为完全满足。满足度计算公式的分子是毕业时掌握的核心知识水平，分母是工作要求的知识水平。

下文主要从核心知识的重要度、毕业时核心知识的满足度两个方面进行考察。

(一) **核心知识的重要度**

通过毕业生信息反馈，2016至2019届毕业生各种核心知识的重要度见表5-51（2015届毕业生没有考察该项内容）。

从表5-51中数据可见，高职毕业生结合自己的工作经验，认为在工作中，专业知识是重要的，学生总体对各自专业知识的重要度判断均在50%以上，达到"重要"水平，专业知识与工作联系紧密，直接决定了工作的开展，所以，对高职学生来说，学好专业知识是对每个学生的基本要求。从表中数据还发现，除专业知识外，高职学生普遍认为，在工作中美学、人文、社会、法律、管理、心理学等方面的通识是重要的，这些知识的掌握利于人们进行社会交往，利于工作开展。由此可见，高职生在校期间适当选修美术、心理学、营销、法律等课程也是必要的，人文知识学习有利于提高人的基本素养。相反，基础教育中大家普遍重视的生物、地理、数理化基础学科知识在工作中并不重要，或许这些基础学科知识是学习专业课的基础，对继续教育是重要的，但在工作与生活中并没有多少直接的关系。

表5-51 2016至2019届毕业生反馈核心知识的重要度

核心知识分类	分项核心知识	2016届	2017届	2018届	2019届	四届平均值
通识知识	行政与管理知识	0.6055	.5236	.5600	.5350	0.5560
	人事与人力资源知识	0.6346	.5722	.5808	.5602	0.5869
	法律与政府知识	0.6563	.5571	.6532	.6548	0.6304
	心理学知识	0.7174	.6297	.5997	.5880	0.6337
	文秘知识	0.5565	.5069	.5364	.5216	0.5304
	传播与媒体知识	0.7692	.4826	.5070	.4808	0.5599
	中文语言知识	0.6089	.5393	.5521	.5473	0.5619
	数学知识	0.4655	.4792	.4689	.4536	0.4668
	美术知识	0.7083	.5865	.7016	.6036	0.6500
	外国语知识	0.625	.4950	.4753	.5342	0.5324
专业知识	教育与培训知识	0.5	.5343	.5372	.5548	0.5316
	计算机与电子学知识	0.5585	.5149	.5171	.5157	0.5266
	消费者服务与个人服务知识	0.6189	.5488	.5656	.5521	0.5713
	设计知识	0.5592	.5449	.6169	.5142	0.5588
	经济学与会计知识	0.5313	.5202	.4773	.5521	0.5202
	工程与技术知识	0.5938	.5315	.5520	.4956	0.5432
	机械知识	0.5547	.5268	.5399	.4757	0.5243
	生产与加工知识	0.5972	.4722	.5481	.4662	0.5209
	营销与沟通知识	0.7512	.6283	.6289	.5781	0.6463

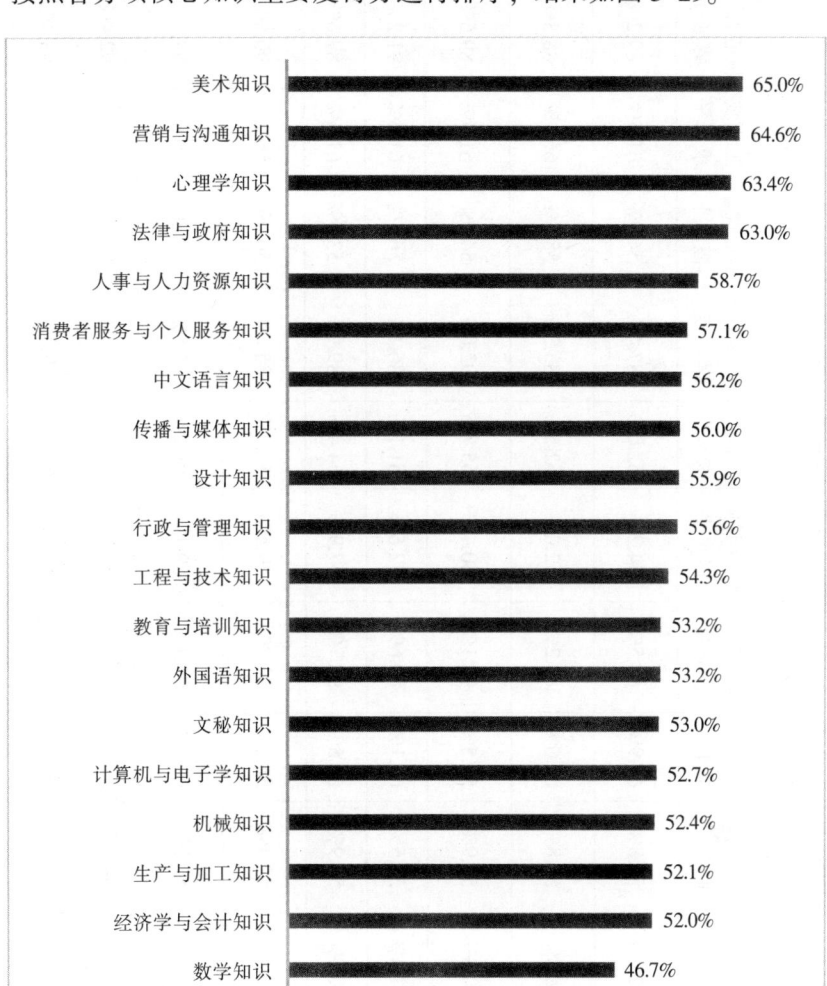

按照各分项核心知识重要度得分进行排序，结果如图 5-29。

核心知识	重要度
美术知识	65.0%
营销与沟通知识	64.6%
心理学知识	63.4%
法律与政府知识	63.0%
人事与人力资源知识	58.7%
消费者服务与个人服务知识	57.1%
中文语言知识	56.2%
传播与媒体知识	56.0%
设计知识	55.9%
行政与管理知识	55.6%
工程与技术知识	54.3%
教育与培训知识	53.2%
外国语知识	53.2%
文秘知识	53.0%
计算机与电子学知识	52.7%
机械知识	52.4%
生产与加工知识	52.1%
经济学与会计知识	52.0%
数学知识	46.7%

图 5-29 核心知识的重要度

(二) 核心知识的满足度

四届毕业生核心知识的满足度结果见表 5-52、图 5-30 所示。

从表 5-52 数据可见，案例院校 2016 至 2019 届毕业生经过高职阶段的在校学习，其核心知识得到较大提升，毕业时专业知识与通用知识的掌握水平均在中等水平以上，各专业知识与通用知识的平均工作满足度均≥76.8%，2016 至 2019 届毕业生"人事与人力资源知识"满足度分别为 76.8%、83.3%、83.27%、88.3%；中文语言与数学知识的满足度较高，均在 90%以上。

表5-52 2016至2019届毕业生核心知识提升水平

核心知识大类	分项核心知识	2016届 毕业时掌握水平	2016届 工作要求水平	2016届 核心知识满足度	2017届 毕业时掌握水平	2017届 工作要求水平	2017届 核心知识满足度	2018届 毕业时掌握水平	2018届 工作要求水平	2018届 核心知识满足度	2019届 毕业时掌握水平	2019届 工作要求水平	2019届 核心知识满足度
	行政与管理知识	53.3%	64.8%	82.2%	54.8%	61.9%	88.5%	54.2%	62.0%	87.4%	54.9%	61.5%	89.2%
	人事与人力资源知识	51.2%	66.7%	76.8%	55.8%	67.0%	83.2%	52.0%	62.5%	83.3%	58.3%	66.1%	88.3%
	法律与政府知识	55.1%	60.7%	90.8%	53.9%	58.5%	92.1%	60.4%	65.7%	92.0%	54.9%	61.3%	89.6%
	心理学知识	52.0%	63.6%	81.6%	56.5%	63.1%	89.6%	52.6%	61.1%	86.1%	56.1%	61.6%	91.2%
	文秘知识	51.7%	64.6%	80.0%	57.9%	62.5%	92.7%	57.9%	64.4%	89.9%	53.9%	61.6%	87.6%
通用核心知识	传播与媒体知识	65.9%	68.1%	96.8%	52.4%	56.4%	93.0%	49.5%	57.9%	85.6%	50.9%	56.2%	90.6%
	中文语言知识	58.9%	62.7%	94.0%	57.7%	60.5%	95.4%	59.1%	61.9%	95.5%	58.8%	60.6%	97.0%
	数学知识	58.4%	62.1%	94.0%	54.8%	57.9%	94.5%	56.8%	59.4%	95.6%	58.2%	63.0%	92.4%
	美术知识	54.8%	66.7%	82.1%	58.4%	62.3%	93.7%	51.0%	64.3%	79.3%	59.2%	63.5%	93.4%
	外国语知识	46.4%	58.9%	78.8%	51.7%	54.6%	94.5%	55.4%	57.4%	96.5%	52.6%	57.1%	92.1%

续表

核心知识大类	分项核心知识	2016届 毕业时掌握水平	2016届 工作要求水平	2016届 核心知识满足度	2017届 毕业时掌握水平	2017届 工作要求水平	2017届 核心知识满足度	2018届 毕业时掌握水平	2018届 工作要求水平	2018届 核心知识满足度	2019届 毕业时掌握水平	2019届 工作要求水平	2019届 核心知识满足度
专业核心知识	教育与培训知识	52.5%	59.9%	87.7%	55.7%	63.0%	88.4%	57.0%	63.2%	90.1%	57.7%	61.6%	93.6%
	计算机与电子学知识	60.4%	68.1%	88.7%	59.0%	63.8%	92.4%	57.7%	62.1%	92.9%	59.6%	63.3%	94.1%
	消费者服务与个人服务知识	58.3%	66.4%	87.8%	58.0%	67.0%	86.6%	56.4%	64.9%	86.9%	58.9%	66.8%	88.2%
	设计知识	52.0%	66.7%	77.9%	53.5%	62.4%	85.6%	55.0%	64.0%	85.9%	53.8%	63.0%	85.4%
	经济学与会计知识	44.9%	53.9%	83.3%	53.3%	58.3%	91.4%	54.6%	58.0%	94.1%	56.7%	60.9%	93.1%
	工程与技术知识	51.7%	62.6%	82.5%	54.2%	60.6%	89.4%	55.3%	61.7%	89.6%	57.3%	62.4%	91.8%
	机械知识	55.2%	68.5%	80.6%	55.3%	65.9%	84.0%	53.7%	61.0%	88.0%	54.7%	57.6%	94.9%
	生产与加工知识	57.1%	63.8%	89.5%	57.4%	59.5%	96.5%	51.4%	61.6%	83.4%	59.9%	63.4%	94.3%
	营销与沟通知识	52.4%	65.7%	79.7%	55.5%	66.7%	83.1%	53.5%	64.2%	83.4%	56.7%	67.0%	84.7%
整体评价	毕业时知识提升	53.2%	64.3%	82.7%	55.0%	62.6%	87.9%	55.0%	62.7%	87.8%	55.8%	62.7%	89.0%

119

从图 5-30 可见，不同届别的毕业生各项专业知识和通用知识的满足度稍有差异，但从整体核心知识满足度来看，除 2017 与 2018 届毕业生的满足度基本持平外，2016 届至 2019 届毕业生毕业时掌握核心知识的满足度基本上是逐年升高的，分别为 82.7%、87.9%、87.8%、89.0%。

核心知识	满足度
美术知识	65.0%
营销与沟通知识	64.6%
心理学知识	63.4%
法律与政府知识	63.0%
人事与人力资源知识	58.7%
消费者服务与个人服务知识	57.1%
中文语言知识	56.2%
传播与媒体知识	56.0%
设计知识	55.9%
行政与管理知识	55.6%
工程与技术知识	54.3%
教育与培训知识	53.2%
外国语知识	53.2%
文秘知识	53.0%
计算机与电子学知识	52.7%
机械知识	52.4%
生产与加工知识	52.1%
经济学与会计知识	52.0%
数学知识	46.7%

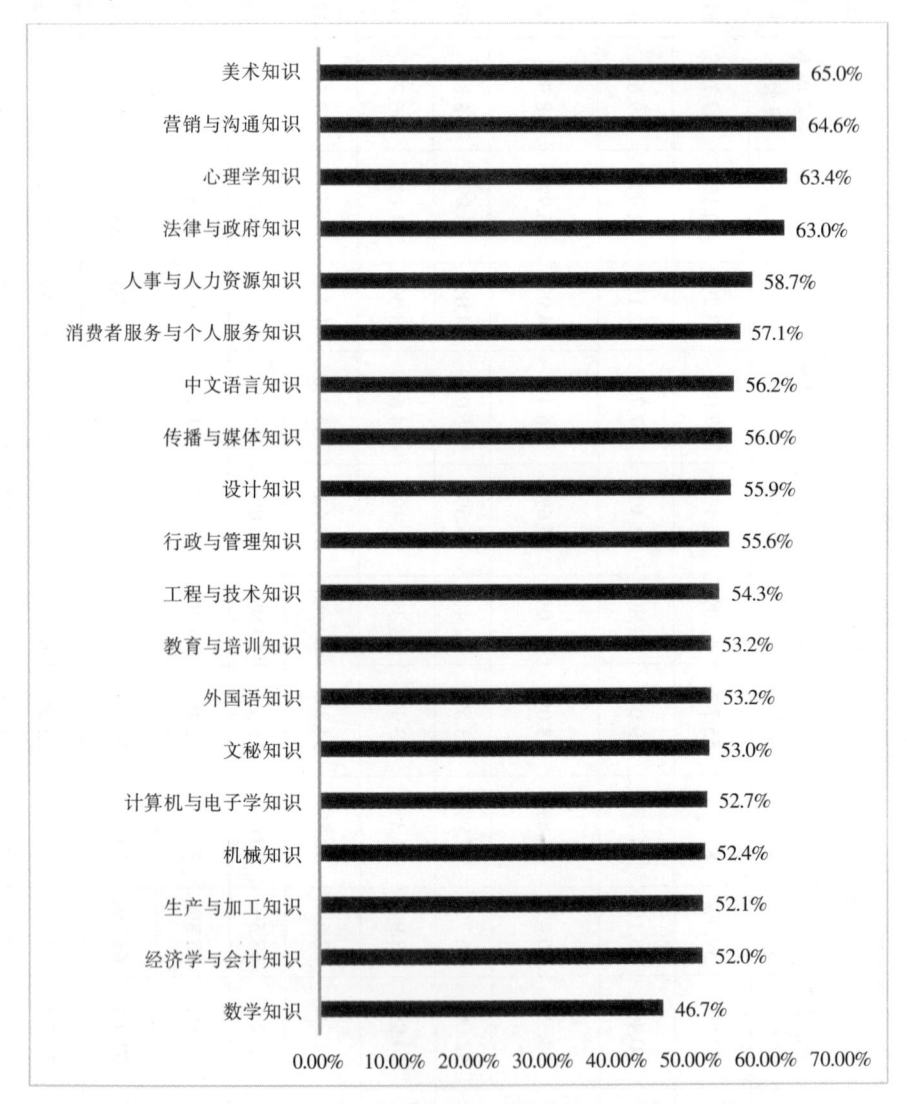

图 5-30　2016 至 2019 届毕业生核心知识满足程度具体分布情况

（三）核心知识提升的专业差异

进一步分析各专业大类的核心知识提升情况，研究发现，绝大部分专业的毕业生均认为"教育与培训知识"是重要的，其次是"计算机与电子学"

和"营销与沟通"。主要专业大类的毕业生最重要的前三项核心知识与培养效果见表 5-53 所示。

表 5-53 主要专业类毕业生最重要的前三项核心知识及培养效果（四届合并）

专业类名称	前三位	该专业类最重要的前三项核心知识	该项知识的满足度（%）
财务会计类	1	营销与沟通	87
	2	教育与培训	96
	3	计算机与电子学	95
工程管理类	1	计算机与电子学	85
	2	设计	86
	3	教育与培训	88
计算机类	1	教育与培训	100
	2	心理学	100
	3	计算机与电子学	90
汽车类	1	营销与沟通	93
	2	消费者服务与个人服务	85
	3	机械	89
土建施工类	1	工程与技术	98
	2	设计	97
	3	中文语言	100
艺术设计类	1	美术	93
	2	设计	77
	3	教育与培训	88
自动化类	1	营销与沟通	87
	2	行政与管理	86
	3	中文语言	100

从表5-53数据可见,"教育与培训"对毕业生而言是非常重要的。科技发展日新月异,工作环境与工作内容也会随着发生变化,不断接受教育培训与自我教育是重要的,准确评估教育与培训的重要性与把握培训效果也是重要的。

二、能力提升情况

本研究主要考察毕业生的基本工作能力提升情况,包括毕业生从事对应岗位所需要的专业技术能力,以及毕业生职业迁移所需要的通识能力。我们基于SCANS标准,建立中国用人单位对大学毕业生基本工作能力需求模型。基本工作能力划分为八大类能力,即人际沟通能力、团队协作能力、计划管理能力、科学性思维能力、分析解决问题的能力、持续学习能力、创新能力、专业应用能力。从基本工作能力重要度、基本工作能力的工作要求水平、基本工作能力的毕业时掌握水平、基本能力满足度等角度考察毕业生的能力提升状况。

基本工作能力的重要度:用于定义正在工作的大学毕业生所理解的基本工作能力在其岗位工作中的重要程度,分为"极其重要""非常重要""重要""有些重要""不重要"5个层次,数据处理时把重要性量化为百分比,100%代表"极其重要"、75%代表"非常重要"、50%代表"重要"、25%代表"有些重要"、0代表"不重要"。

基本工作能力的满足度:毕业时掌握的基本工作能力水平满足社会初始岗位的工作要求水平的百分比,100%为完全满足。满足度计算公式的分子是毕业时掌握的基本工作能力水平,分母是工作要求的水平。

基本工作能力的工作要求水平:用于定义正在工作的大学毕业生所理解的工作对基本工作能力的要求级别,从低到高分为一级到七级,一级代表该能力的最低水平取值1/7,七级代表该能力的最高水平取值1。其中数值处于[0,42%]为低等水平,处于(42%,71%]为中等水平,处于(71%,100%]为高等水平。

基本工作能力的毕业时掌握水平:用于定义正在工作的大学毕业生所理解的工作能力在其刚毕业时实际掌握的级别,从低到高分为一级到七级。取值同上面的工作要求水平。

(一)基本工作能力重要度描述性统计

根据2016至2019届毕业生的信息反馈,对各项基本工作能力重要度的反馈得分平均值由高到低进行排列,结果如表5-54所示。

表 5-54　各项基本工作能力重要度

分项基本能力	2016 届	2017 届	2018 届	2019 届	四届平均
谈判技能能力	77.2%	74.0%	70.1%	72.1%	73.4%
说服他人能力	86.3%	70.2%	68.7%	65.8%	72.7%
判断和决策能力	73.3%	72.0%	66.5%	63.5%	68.8%
时间管理能力	72.1%	66.9%	66.1%	68.1%	68.3%
有效的口头沟通能力	73.1%	64.7%	66.8%	66.5%	67.7%
解决复杂的问题能力	72.1%	66.1%	62.2%	67.4%	66.9%
理解他人能力	69.9%	64.7%	66.0%	65.9%	66.6%
积极聆听能力	69.1%	65.0%	65.2%	64.4%	65.9%
积极学习能力	68.8%	63.3%	65.6%	64.3%	65.5%
批判性思维能力	75.0%	55.3%	60.7%	67.6%	64.6%
服务他人能力	67.6%	61.7%	63.2%	65.4%	64.5%
协调安排能力	72.0%	58.8%	62.4%	59.4%	63.2%
学习方法能力	67.0%	60.5%	60.4%	62.5%	62.6%
安装能力	63.6%	52.2%	70.2%	62.5%	62.1%
疑难排解能力	59.6%	66.2%	62.6%	59.6%	62.0%
技术设计能力	52.5%	65.5%	69.6%	56.9%	61.1%
理解性阅读能力	70.0%	56.9%	54.8%	59.3%	60.2%
维修机器和系统能力	68.2%	60.9%	54.4%	56.7%	60.0%
质量控制分析能力	65.8%	54.1%	58.2%	52.1%	57.5%
财务管理能力	58.3%	55.3%	60.6%	54.2%	57.1%
操作和控制能力	52.5%	57.8%	57.7%	51.7%	54.9%
科学分析能力	41.7%	63.1%	58.3%	48.8%	53.0%
针对性写作能力	41.7%	36.4%	48.4%	64.3%	47.7%

从表 5-54 可见，毕业生经过一年的工作实践，从自身的工作经历、经验反思这些基本能力的重要性，从整体平均来看，这 23 项分项基本能力除针对性写作能力外，其他 22 项基本能力重要度得分均在 0.50 以上，达到"重要"水平。其中重要度排在前五位的分项基本能力分别是谈判技能能力、说服他人能力、判断和决策能力、时间管理能力、有效的口头沟通能力，而这五种基本能力均属于通用能力，其中谈判、说服、口头表达均与一个人的语言交际能力息息相关，判断和决策能力反映一个人的魄力，时间管理能力则反映了个人的自律能力和自我管理能力。排在后五位的分项基本能力分别是质量控制分析能力、财务管理能力、操作和控制能力、科学分析能力、针对性写作能力，这五种能力基本属于工科类、商科类、文科类的专业能力。由此可见，在工作中专业能力不是最重要的，最重要的是可以迁移的通用能力。

进一步把各项基本能力分为八类关键能力，2016 至 2019 届毕业生对这八类关键能力的重要度反馈结果如表 5-55 所示。

从表 5-55 数据可见，案例院校 2016 至 2019 届毕业生的信息反馈中，这八类关键能力按重要度排序，从高到低依次是人际沟通能力、分析解决问题的能力、团队协作能力、持续学习能力、计划管理的能力、专业能力、创新能力、科学思维的能力。人际沟通能力排在首位，这与高职毕业生的职业性质息息相关，从表 5-18 的调研结果可知，案例院校高职毕业生从事的主要职业是销售、会计、文员、电子商务专员、房地产经纪人等一线劳动者，这些工作都要直接与客户打交道，需要协调各种关系，这就需要较强的人际沟通能力，所以总体来看，交际沟通能力在各类工作中均具有普遍重要性。

另外分析解决问题的能力是决定工作能力的关键；团队协作能力则是企业看重的关键能力，现代企业竞争力不是靠少数人的单打独斗，团队协作协同攻关才能走向辉煌；持续学习能力则是决定个人自主发展的重要因素，只有具备持续的学习能力，才能跟上时代的步伐，才能有更好的发展机会。

对高职毕业生而言，创新能力和科学思维的能力的重要度较弱，约有 38% 的毕业生认为"创新能力"不重要，约 40% 的毕业生认为"科学思维的能力"不重要，这或许与高职毕业生的职业性质相关。高职学生普遍认为创新能力与科学思维的能力主要与研究性工作高度相关，与他们日常从事的生产、销售、服务领域的工作关系不大。另外，对工作一年的高职毕业生而言，能适应工作环境做好本职工作就很不错了，再有更突出、更创新性的工作是很难的，所以站在高职毕业生的角度，创新能力和科学思维的能力在平时的工作中历练的机会较少，其反馈信息也表现为这两项能力重要度不高。

表 5–55 八类关键能力的重要度

八类关键能力	2016 届	2017 届	2018 届	2019 届	总体均值
人际沟通能力	86.1%	83.6%	86.9%	86.0%	85.6%
分析解决问题的能力	79.0%	79.0%	80.1%	78.0%	79.0%
团队协作能力	79.0%	77.9%	80.2%	75.5%	78.2%
持续学习能力	72.0%	74.7%	77.1%	77.5%	75.4%
计划管理的能力	70.2%	68.0%	72.1%	71.1%	70.4%
专业能力	65.1%	67.1%	70.7%	74.2%	69.3%
创新能力	62.1%	60.9%	65.5%	61.8%	62.6%
科学思维的能力	59.1%	59.3%	62.1%	60.4%	60.2%

八类关键能力的重要度柱形图见图 5–31 所示。

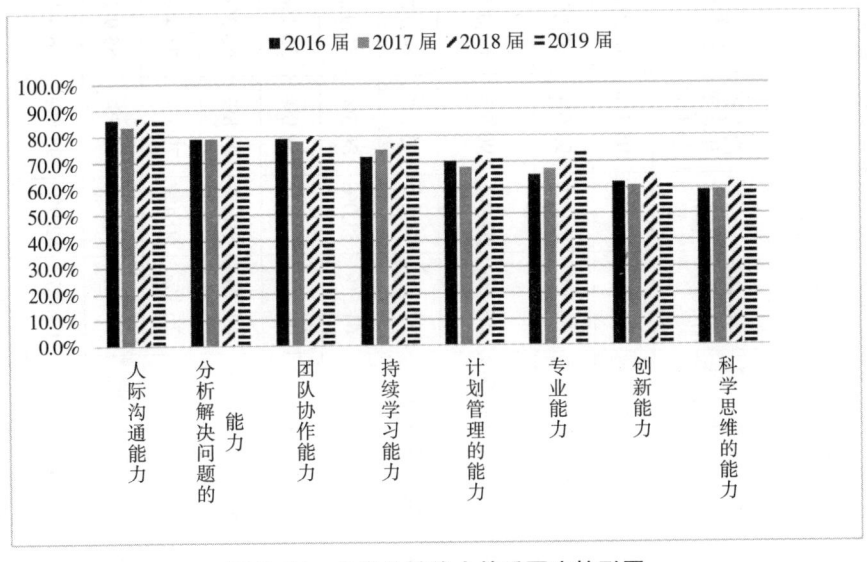

图 5–31 八类关键能力的重要度柱形图

从图 5–31 可见，"持续学习能力"的重要度与"专业能力"的重要度在各届毕业生的认知中是逐渐上升的，即新形势下，"持续学习能力"与"专业能力"越来越重要。

（二）基本能力提升满足度

从毕业生的视角进一步分析高职学生毕业时能力提升情况，信息反馈结果见表 5–56 所示。

表 5-56 2016 至 2019 届毕业生基本能力提升水平

能力大类	分项基本能力	2016届 工作要求水平	2016届 毕业时掌握水平	2016届 能力提升满足度	2017届 工作要求水平	2017届 毕业时掌握水平	2017届 能力提升满足度	2018届 工作要求水平	2018届 毕业时掌握水平	2018届 能力提升满足度	2019届 工作要求水平	2019届 毕业时掌握水平	2019届 能力提升满足度	四届平均满足度
	理解性阅读能力	78.6%	78.6%	100.0%	64.4%	61.3%	95.1%	65.4%	63.6%	97.3%	62.7%	58.5%	93.3%	96.4%
	积极聆听能力	71.4%	67.0%	93.8%	63.4%	59.0%	93.0%	67.0%	61.5%	91.9%	64.5%	58.0%	90.0%	92.2%
交际沟通能力	有效的口头沟通能力	65.2%	55.0%	84.4%	63.4%	57.4%	90.5%	64.0%	57.1%	89.3%	63.6%	57.6%	90.6%	88.7%
	服务他人能力	67.6%	56.1%	83.0%	57.3%	54.6%	95.3%	64.7%	60.2%	93.0%	66.1%	59.4%	89.9%	90.3%
	说服他人能力	66.9%	54.9%	82.0%	61.5%	53.0%	86.3%	58.9%	48.5%	82.4%	63.8%	54.0%	84.7%	83.9%
	谈判技能能力	51.5%	48.9%	95.0%	60.4%	53.8%	89.0%	55.1%	50.2%	91.1%	58.7%	54.7%	93.1%	92.1%
	理解他人能力	66.6%	59.7%	89.6%	64.7%	61.3%	94.8%	66.3%	59.8%	90.2%	66.1%	61.2%	92.7%	91.8%
计划管理能力	时间管理能力	72.3%	69.7%	96.5%	76.1%	60.4%	79.3%	71.4%	62.3%	87.3%	64.8%	59.4%	91.7%	88.7%
	财务管理能力	53.6%	51.3%	95.7%	57.5%	48.1%	83.7%	65.9%	59.2%	89.9%	61.8%	58.5%	94.8%	91.0%
科学思维能力	批判性思维能力	57.1%	48.3%	84.6%	63.8%	62.9%	98.5%	66.3%	64.9%	97.9%	63.7%	59.2%	92.9%	93.5%
	科学分析能力	57.1%	42.9%	75.0%	63.3%	61.2%	96.8%	62.9%	54.8%	87.1%	66.7%	55.6%	83.3%	85.6%

126

续表

能力大类	分项基本能力	2016届 工作要求水平	2016届 毕业时掌握水平	2016届 能力提升满足度	2017届 工作要求水平	2017届 毕业时掌握水平	2017届 能力提升满足度	2018届 工作要求水平	2018届 毕业时掌握水平	2018届 能力提升满足度	2019届 工作要求水平	2019届 毕业时掌握水平	2019届 能力提升满足度	四届平均满足度
分析和解决问题的能力	解决复杂的问题能力	63.8%	52.4%	82.1%	60.3%	54.2%	89.8%	64.0%	57.5%	89.8%	65.6%	57.1%	87.1%	87.2%
	疑难排解能力	66.9%	53.4%	79.8%	67.4%	57.1%	84.8%	66.6%	57.5%	86.3%	66.6%	59.2%	88.9%	85.0%
	判断和决策能力	60.2%	59.2%	98.3%	63.5%	53.4%	84.0%	66.0%	55.4%	84.0%	60.2%	53.5%	88.9%	88.8%
持续学习能力	积极学习能力	69.4%	60.4%	87.1%	65.4%	58.1%	88.8%	66.6%	58.7%	88.1%	63.9%	58.0%	90.8%	88.7%
	学习方法能力	70.5%	60.0%	85.0%	67.0%	59.5%	88.7%	67.7%	60.8%	89.7%	65.7%	58.8%	89.4%	88.2%
团队协作能力	指导他人的能力	47.6%	38.1%	80.0%	62.1%	54.9%	88.5%	62.6%	58.8%	93.9%	62.4%	57.4%	92.1%	88.6%
	协调安排能力	69.0%	58.4%	84.6%	64.1%	57.8%	90.2%	65.8%	61.5%	93.5%	63.9%	58.5%	91.6%	90.0%
专业能力	技术设计能力	64.3%	53.1%	82.5%	65.0%	58.6%	90.1%	69.6%	50.7%	72.8%	61.6%	42.0%	68.1%	78.4%
	安装能力	68.8%	67.5%	98.1%	60.7%	56.4%	92.9%	65.7%	56.0%	85.2%	76.6%	71.4%	93.2%	92.4%
	质量控制分析能力	66.7%	56.3%	84.5%	64.1%	60.2%	93.9%	62.4%	55.7%	89.3%	61.5%	55.8%	90.8%	89.6%
	操作和控制能力	58.9%	51.8%	87.9%	54.1%	50.3%	92.9%	64.3%	54.0%	84.0%	61.3%	56.0%	91.3%	89.0%
	维修机器和系统能力	71.4%	57.1%	80.0%	69.1%	62.2%	90.0%	57.9%	48.6%	83.9%	70.2%	61.9%	88.1%	85.5%
	针对性写作能力	64.3%	64.3%	100.0%	62.5%	53.6%	85.7%	65.5%	58.3%	89.1%	65.9%	57.1%	86.7%	90.4%
毕业时能力提升综合评价		66.2%	57.6%	87.1%	64.0%	56.5%	88.3%	65.1%	58.0%	89.1%	64.7%	58.3%	90.1%	88.7%

从表 5-56 数据可见，案例院校 2016 至 2019 届毕业生经过高职阶段的在校学习，其基本能力得到较大提升，毕业时各类基本能力的掌握水平均在中等水平以上，各项基本工作能力满足度均≥72.8%。从各项基本工作能力的四届学生平均值来看，通用能力中"理解性阅读能力"的满足度最高，分别为100%、95.1%、97.3%、93.3%，平均达到96.4%，由此反映案例院校高职学生的理解阅读能力提升较高。另一方面从工作要求的角度看，毕业生所从事的工作岗位对"理解性阅读能力"要求不高，在62.7%~78.6%之间；专业能力中"安装能力"满足度较高，分别为98.1%、92.9%、85.2%、93.2%，平均达到92.4%，反映案例院校高职毕业生的动手能力提升较大，基本满足工作岗位需要。通用能力中"说服他人的能力"满足度较低，四届毕业生的满足度分别为82.0%、86.3%、82.4%、84.7%，平均达到83.9%；专业能力中"技术设计能力"满足度较低，四届毕业生的满足度分别为82.5%、90.1%、72.8%、68.1%，平均达到78.4%，并且不同届别的毕业生在"技术设计能力"满足度上存在明显差异，由此可见，高职毕业生在专业的技术设计方面需要加强培养。各项基本能力满足度四届毕业生平均值分布见图 5-32。2016 至 2019 届毕业生各项基本能力提升满足度条形图见图 5-33。

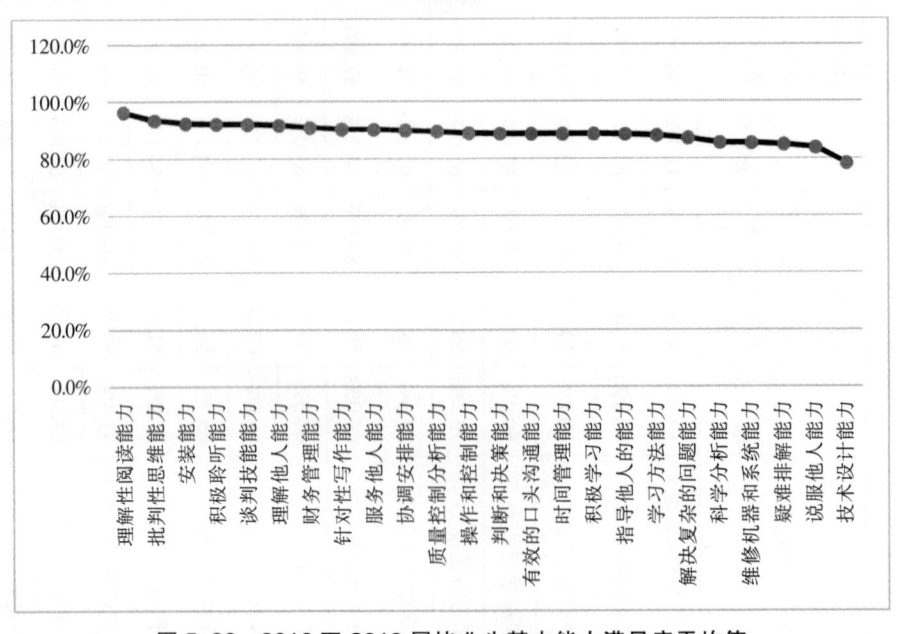

图 5-32 2016 至 2019 届毕业生基本能力满足度平均值

图 5-33 2016 至 2019 届毕业生各项基本能力提升满足度条形图

2016 至 2019 届毕业生对自身能力提升情况进行综合评价，其基本能力综合提升满足度是逐年升高的，分别为 87.1%、88.3%、89.1%、90.1%。分布趋势见图 5-34 所示。

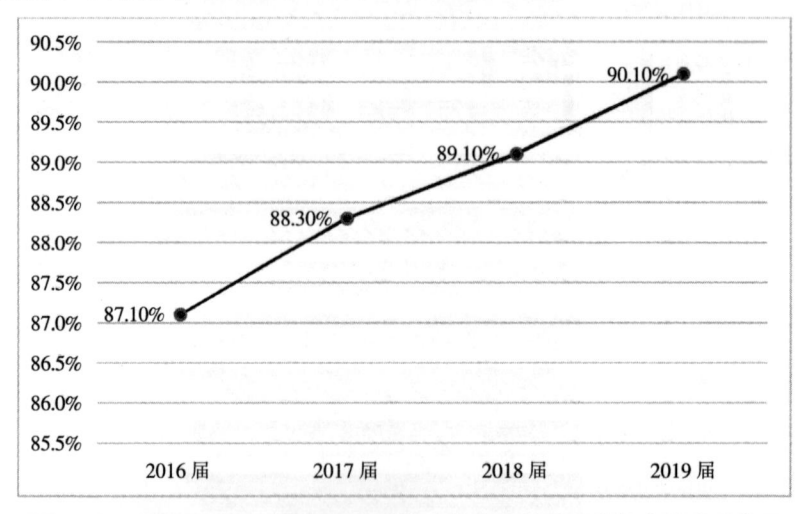

图 5-34　2016 至 2019 届毕业生对基本能力提升满足度综合评价趋势图

（三）不同院系间基本能力提升满足度方差分析

为检验不同院系间毕业生的基本能力提升满足度是否存在显著差异，对各院系毕业生的总体能力提升满足度信息反馈数据进行描述性统计和方差分析，描述性统计结果见表 5-57 和图 5-35。

表 5-57　各系 2016 至 2019 届毕业生基本能力提升满足度

系别	2016 届	2017 届	2018 届	2019 届	四届平均
机电工程系	82.3%	90.5%	86.4%	87.4%	86.6%
财经系	87.9%	92.0%	93.1%	93.3%	91.6%
建筑工程系	88.9%	89.0%	92.5%	89.7%	90.0%
汽车与电气工程系	94.8%	93.0%	81.7%	91.5%	90.3%
信息技术工程系	96.9%	97.5%	90.1%	88.4%	93.2%
生物技术工程系	87.4%	94.0%	92.6%	91.0%	91.2%
工艺美术系	85.7%	84.1%	82.1%	93.5%	86.4%
旅游系	87.2%	91.6%	97.0%	93.7%	92.4%
全校平均	88.9%	91.4%	89.4%	91.1%	90.2%

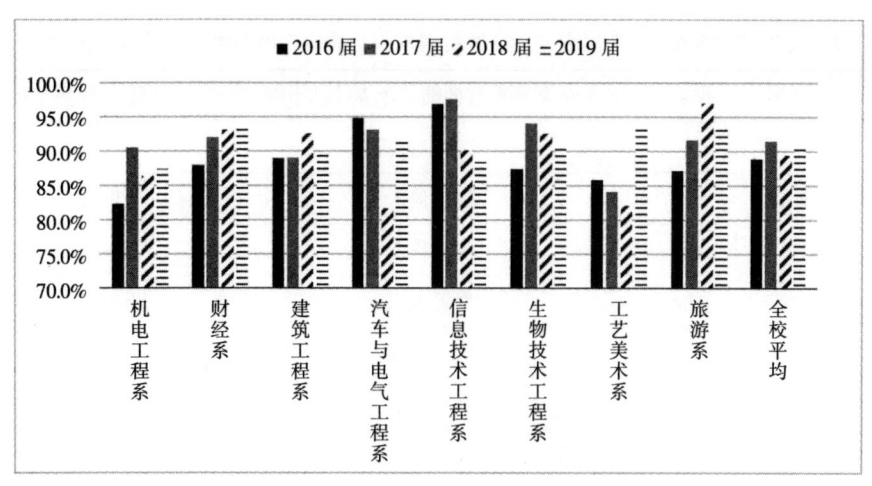

图 5-35　各系基本能力提升满足度柱状图

从表 5-57 数据和图 5-35 可见，同届毕业生不同系别间的基本能力提升满足度存在一定差异，2016 届毕业生整体能力提升满足度最高的是信息技术工程系，高达 96.9%，最差的是机电工程系，为 82.3%；2017 届毕业生整体能力提升满足度最高的仍然是信息技术工程系，高达 97.5%，最差的是工艺美术系，为 84.1%；2018 届毕业生整体能力提升满足度最高的是旅游系，高达 97.0%，最差的是汽车与电气工程系，为 81.7%；2019 届毕业生整体能力提升满足度最高的是工艺美术系，高达 93.5%，最差的是机电工程系，为 87.4%。

判断各届不同系别间毕业生的基本能力提升满足度差异是否达到显著水平，进行显著性方差检验，结果见表 5-58 所示。

表 5-58　不同系别基本能力提升满足度的显著性方差检验

参数	2016 届	2017 届	2018 届	2019 届
F	0.910	0.923	3.050	1.208
p	>0.05	>0.05	<0.05	>0.05

表 5-58 方差检验结果表明，2018 届不同系别的毕业生基本能力提升满足度在 0.05 水平上差异显著，2016 届、2017 届、2019 届毕业生系别差异不显著。

(四) 主要专业类别毕业生最重要的前三项基本工作能力

通过毕业生信息反馈，进一步分析主要专业类别的毕业生最重要的前三项基本能力及其培养效果，结果见表 5-59 和表 5-60。

表 5-59　2016 至 2017 届合并后主要类别毕业生的前三项基本能力及其满足度

专业类名称	排名	该专业类最重要的前三项基本工作能力	该项能力的满足度
财务会计类	1	有效的口头沟通	90%
	2	理解他人	96%
	3	积极学习	90%
工程管理类	1	理解他人	94%
	2	谈判技能	85%
	3	疑难排解	88%
汽车类	1	谈判技能	95%
	2	有效的口头沟通	93%
	3	维修机器和系统	88%
土建施工类	1	协调安排	91%
	2	谈判技能	89%
	3	疑难排解	85%
自动化类	1	谈判技能	89%
	2	积极聆听	92%
	3	理解他人	88%

表 5-60　2018 与 2019 届合并后主要类别毕业生的前三项基本能力及其满足度

专业类名称	排名	该专业类最重要的前三项基本工作能力	该项能力的满足度
财务会计类	1	积极聆听	91%
	2	积极学习	94%
	3	理解他人	93%
计算机类	1	积极聆听	82%
	2	有效的口头沟通	89%
	3	理解他人	90%
建设工程管理类	1	谈判技能	94%
	2	理解他人	97%
	3	有效的口头沟通	92%

续表

专业类名称	排名	该专业类最重要的前三项基本工作能力	该项能力的满足度
汽车制造类	1	谈判技能	96%
	2	积极学习	79%
	3	说服他人	83%
食品工业类	1	理解他人	90%
	2	有效的口头沟通	91%
	3	积极学习	94%
自动化类	1	谈判技能	88%
	2	说服他人	83%
	3	有效的口头沟通	88%

由表 5-59、表 5-60 数据可见，不同专业的毕业生均反馈最重要的基本能力集中在理解他人、积极学习、有效的口头表达、谈判技能上，由此可见，通用能力在工作中的重要度尤其重要。

三、核心素养提升情况

核心素养的概念起源于职业教育，扩充至高等教育，盛行于基础教育。目前在国内基础教育领域，核心素养的研究与实践方兴未艾，而高等教育界关于大学生核心素养的讨论相对较少。毫无疑问，核心素养的培养应该贯穿于基础教育、高等教育各个学段，乃至继续教育阶段，而其中大学应该是核心素养培养的重要时期。本研究借助毕业生的信息反馈，考察学生在高职学习阶段其核心素养的提升状况。

2020 届我国高校毕业生人数达到 874 万人，大学生毕业数量逐年增加的同时，社会对专业人才的需求也有了更高的标准。高校要提高毕业生的就业竞争力，在人才培养中不但关注学生的学业成绩和专业能力，更应注重学生的核心素养的提升，进而提升学生的竞争力。

2016 年 9 月，教育部委托北京师范大学联合国内高校近百位专家成立了课题组，历时 3 年完成的《中国学生发展核心素养》研究成果在京发布，指出核心素养是学生应具备的、能够适应终身发展，是在知识、技能、情感、态度、价值观等多方面要求的综合表现。核心素养以培养"全面发展的人"为核心，综合表现为人文底蕴、科学精神、学会学习、健康生活、责任担当、实践创新6大素养,具体细化为国家认同等18个基本要点。

综合核心素养已有的研究成果,针对高职教育的实际情况,本研究提出高职学生核心素养的四维框架结构,即个人品质、社会责任、基础素养、职业发展4个方面,框架结构如图5-36所示。

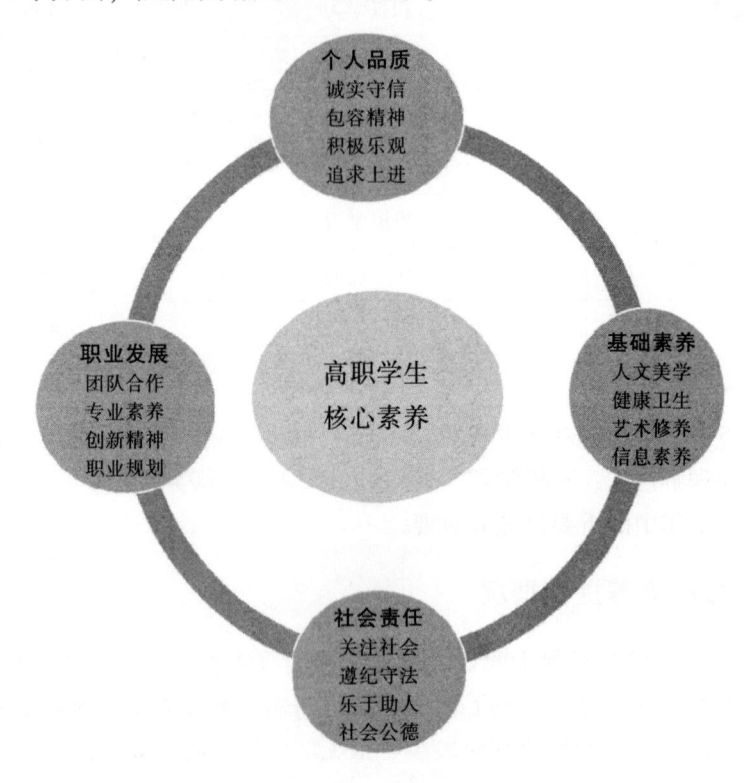

图5-36 高职学生核心素养四维结构框架图

(一)核心素养提升描述性统计

根据框架结构图,设计素养提升问卷,收集案例院校2015至2019届毕业生的反馈信息,关于高职毕业生素养提升描述性统计结果如表5-61所示。各届毕业生各项核心素养提升状况分布条形图见图5-37所示。

从表5-61数据可见,案例院校高职毕业生毕业时核心素养提升程度不高,合并各项各维度的核心素养项目,总体来看,五届毕业生中约有54.5%的学生反馈高职阶段的学习生活使其本身的核心素养有较大的提升,其中2015届占50.1%、2016届占53.76%、2017届占53.79%、2018届占56.20%、2019届占58.82%,总体发展趋势是逐渐升高的,五届毕业生核心素养整体提升变化趋势见图5-38。

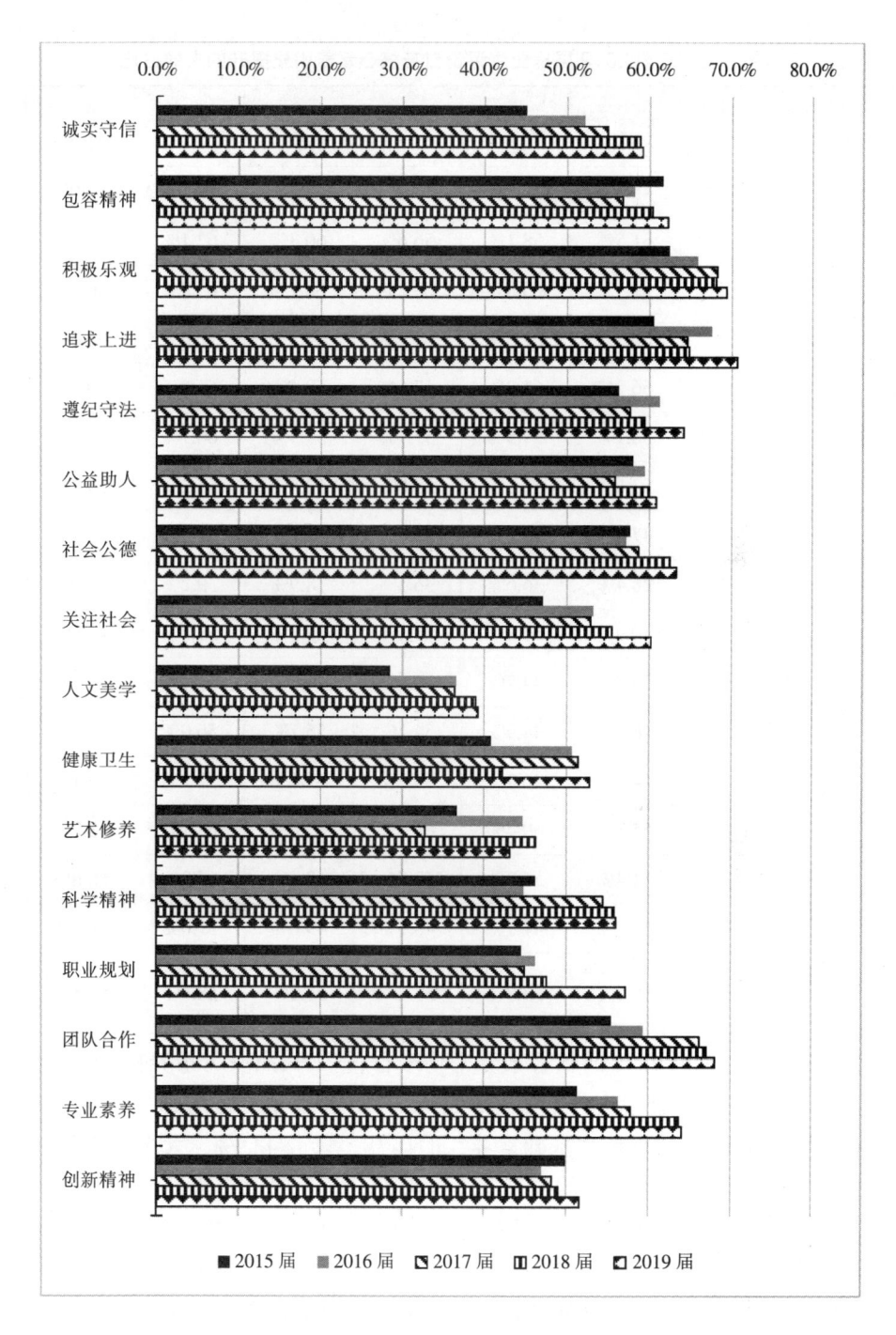

第五章 基于案例院校毕业生信息反馈的高职人才培养质量评价实证研究

图 5-37 2015 至 2019 届毕业生各项核心素养提升状况分布条形图

表 5-61 2015 至 2019 届毕业生评价自身核心素养明显提升的人数占比

核心素养四维度	核心素养项目	2015 届	2016 届	2017 届	2018 届	2019 届	五届平均提升
个人品质（平均提升比例61.5%）	诚实守信	45.1%	52.1%	54.8%	58.8%	59.1%	54.0%
	包容精神	61.5%	58.1%	56.6%	60.3%	62.1%	59.7%
	积极乐观	62.4%	65.8%	68.2%	68.1%	69.3%	66.8%
	追求上进	60.5%	67.5%	64.5%	64.7%	70.6%	65.6%
社会责任（平均提升比例58.0%）	遵纪守法	56.2%	61.2%	57.6%	59.4%	64.0%	59.7%
	公益助人	58.1%	59.5%	55.7%	59.9%	60.7%	58.8%
	社会公德	57.6%	57.2%	58.6%	62.4%	63.2%	59.8%
	关注社会	47.1%	53.2%	52.8%	55.4%	60.1%	53.7%
基础素养（平均提升比例43.9%）	人文美学	28.4%	36.6%	36.4%	38.9%	39.2%	35.9%
	健康卫生	40.9%	50.6%	51.4%	42.2%	52.8%	47.6%
	艺术修养	36.7%	44.7%	32.8%	46.3%	43.1%	40.7%
	科学精神	46.2%	44.9%	54.4%	55.7%	56.0%	51.4%
职业发展（平均提升比例54.8%）	职业规划	44.6%	46.2%	44.9%	47.6%	57.1%	48.1%
	团队合作	55.4%	59.4%	66.1%	67.0%	68.1%	63.2%
	专业素养	51.4%	56.3%	57.7%	63.7%	64.0%	58.6%
	创新精神	50.0%	47.1%	48.3%	49.0%	51.6%	49.2%
全校毕业生核心素养整体提升		50.1%	53.8%	53.8%	56.2%	58.8%	54.5%

从五届学生四个维度的核心素养平均来看，"个人品质"素养提升最高，占61.5%，其次是"社会责任"素养，占58.0%，排在第三位的是"职业发展素养"，占54.8%，最后是"基础素养"的提升，只占43.9%，大多数学生认为高职学习对本人基础素养的提升不大。大部分学生对"个人品质"和"社会责任"这两个维度的素养比较满意，这或许与近几年社会、政府、学校、教师均比较重视学生品格培养、公民素质和责任感的培养有关，与学校加强思政课程和课程思政教学改革有关。学校推进思政课程实践教学改革，强化在实践活动中提升学生的品格和思想修养，增强学生的社会责任感，效果显著。大部分毕业生认为"职业发展"素养得到了提升，反映出学校在教育教

学中突出岗位能力培养、强化职业规划教育和专业发展教育，但该维度的素养提升有待于进一步提高。大部分毕业生对"基础素养"提升持否定态度，认为没有明显提升，这或许与职业教育课程设置有关，高职院校一般只在一年级开设人文素质、英语、数学、信息技术等文化课程，并且课时较少，学生对文化课的学习也没有足够重视，所以"基础素养"提升不明显。案例院校五届毕业生自我评价四维度核心素养有较大提升的占比柱状图见图5-39所示。

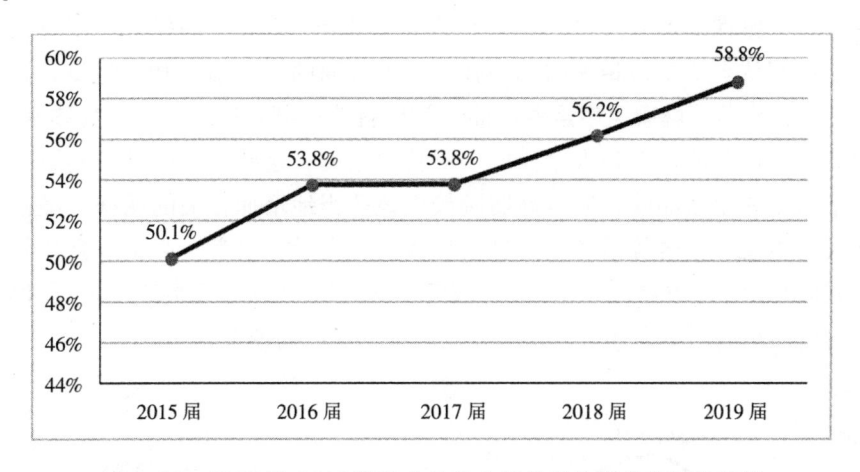

图5-38 2015至2019届毕业生核心素养整体提升变化趋势图

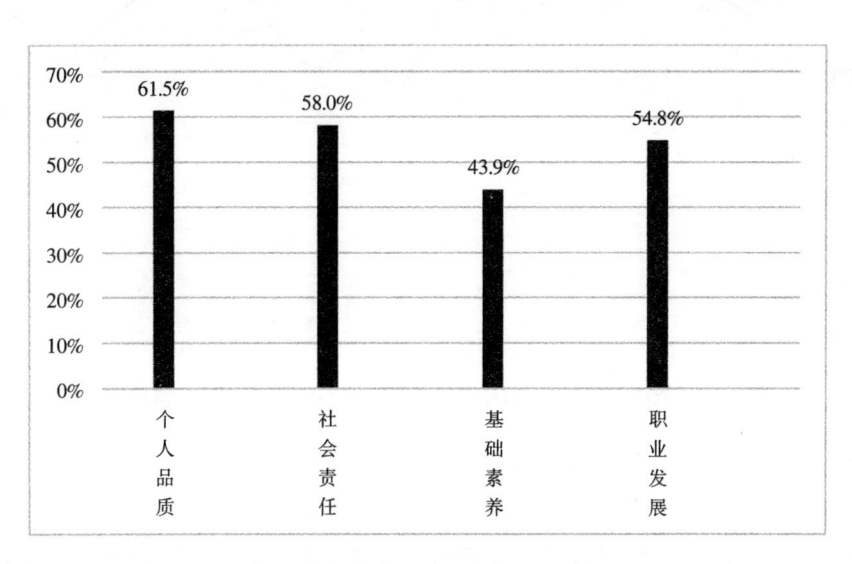

图5-39 核心素养四维度五届毕业生平均提升比例柱状图

2015至2019届毕业生16项核心素养平均提升情况如图5-40所示。从

137

表 5–61 和图 5–40 可见，核心素养的各具体项目中，排在前三位的是积极乐观、追求上进、团队合作，这三个方面的素养提升反馈较好，认为提升较高的比例分别是 66.8%、65.6%、63.2%，这也是用人单位所看重的学生应该具备的素养；排在后三位的是人文美学、艺术修养、健康卫生，分别占 35.9%、40.7%、47.6%。这三方面的素养大部分学生反馈提升不明显，与高职教育的重点有很大关系。高职教育强调对学生进行思政教育、专业教育，导致培养文化修养的价值理性极易被忽视，人文美学、艺术修养、健康卫生等通识课程往往以选修课的形式开设，有兴趣的学生可能会有较大的提升，不感兴趣的学生没有认真地学习相关的知识技能，该方面的素养则提升不明显。人文美学、艺术修养、健康卫生素养可能与学生就业没有直接关系，但身体素质、艺术和文化修养的培育是人全面发展的首要基础，这些素养的高低会影响人的生活质量或生活品味，所以高职院校应该适当地增加相关的课程，经常开展相关的讲座、报告等活动，促进学生体质、文学、美学、艺术等素养的提升。如何帮助学生在社会生活中定位自我价值以寻求人生发展之"道"，促进学生自由而全面的生命成长，是高校及教师的初心与使命。

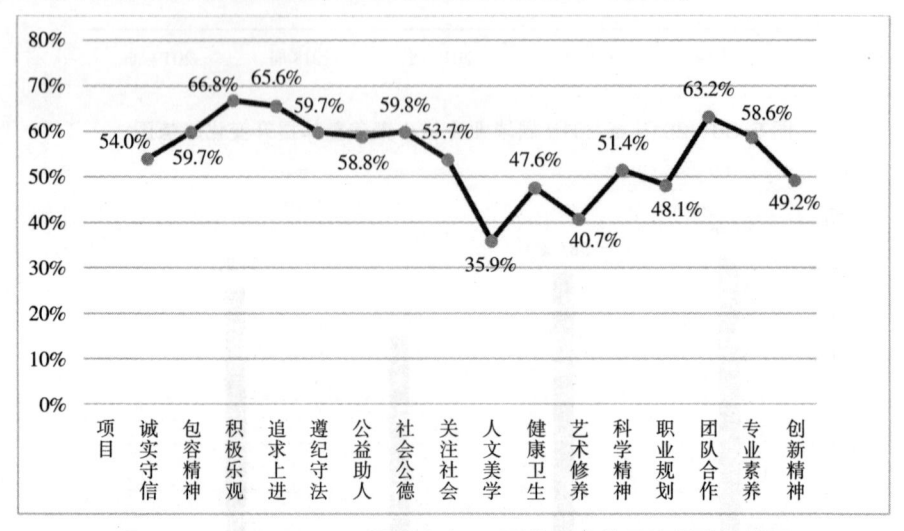

图 5–40 2015 至 2019 届毕业生 16 项核心素养平均提升折线图

（二）影响学生核心素养提升的主要因素

通过进一步访谈发现，毕业生认为影响学生核心素养提升的因素主要是专业课程、教师的言传身教、思政课程、校风学风、社会实践活动、通识课程（除思政课程外）、校园文化活动。90%的受访者认为，专业课程和教师的言传身教对学生核心素养的提升帮助较大。具体分布见图 5–41。

第五章 基于案例院校毕业生信息反馈的高职人才培养质量评价实证研究

■ 帮助较大　■ 帮助较小

类别	帮助较大	帮助较小
专业课程	90	10
教师的言传身教	90	10
思政课程	89	11
校风学风	88	12
社会实践活动	87	13
通识课程（除思政课）	86	14
校园文化活动	84	16

图 5-41　影响学生核心素养提升的主要因素

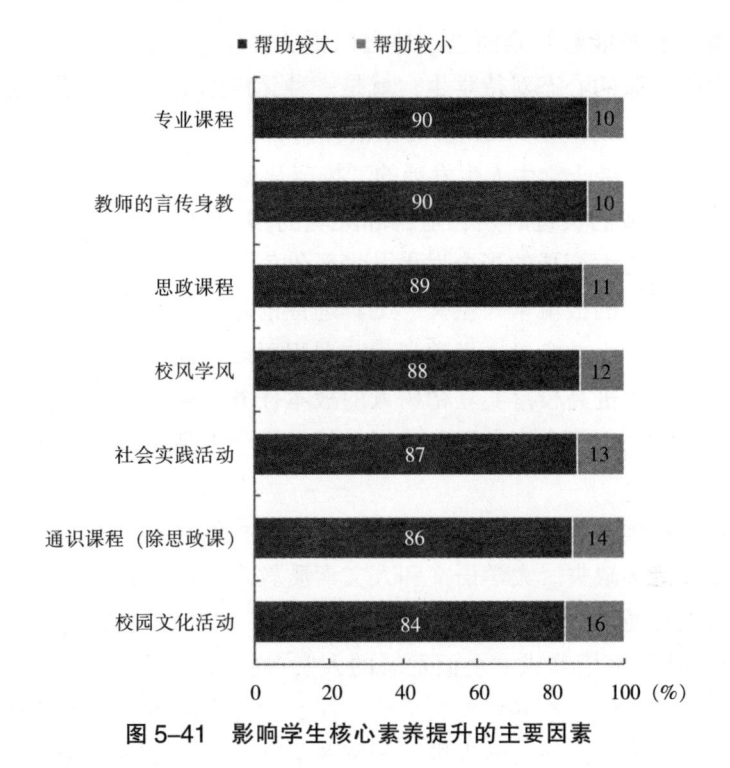

专业课程设置是学生提升专业素养的主要载体，高职教育是面向就业的教育，高职课程改革与发展的价值取向必须以现实职业环境中的工作岗位需要为基本依据。与技术技能型人才培养密切相关的高职专业课程内容的设置，若与实际工作岗位有效对接，则对学生专业素养以及职业素养的提升有深远而直接的影响；若专业课程设置不能与时俱进，与工作岗位脱节，会导致专业学习空泛、不结合实际，则学生专业课程学习对素养提升作用不大，所以专业课程设置的合理性对学生素养提升有至关重要的作用。

教师既是大学教学的主体，也是教导学生崇善明德的核心力量。教师的过硬执教水平和专业素养，直接影响学生的专业学习热情以及专业学习成效，对学生专业素养的提升具有最直接的重大影响；此外，教师的友善、宽容、公正公平、善于倾听、尊重、平等、忍耐、同情与理解、热情、真诚、坦率、正直等良好的态度特征能为学生创造良好的心理成长环境，学生会在受教育的过程中体察到教师的态度，久而久之，教师良好的态度及方式潜移默化地在学生身上起了作用，影响了学生相应素养的形成。教师坚定、沉着、冷静、独立、无畏、顽强、自觉、自制、果敢、百折不挠、持之以恒等意志特征也会对学生有潜移默化的影响。在教育教学活动中常常会遇到各种困难、挫折

139

和失败等，教师能够知难而进、持之以恒，在学生面前始终如一地以沉着、冷静、耐心说服的心态对待学生，就是一种无声的语言和榜样，能给学生以积极影响，有利于学生形成相应的性格特征。

大学阶段正处于学生人生发展的"拔苗孕穗期"，是大学生世界观、人生观、价值观形成的关键时期，道德和灵魂的塑造是大学教育的核心。然而，面对百年未有之大变局的当今世界，多元价值并存所引发的选择焦虑、主体意识觉醒所带来的极端个人主义、工具理性僭越价值理性所衍生的功利主义正在不断侵蚀学生的心灵。思政课程与课程思政以高校课程的育人属性作为出发点，可以促进高校落实立德树人的根本任务，推进教师践行教书育人的使命，促使学生实现全面发展的目标，是学生个人品质素养、社会责任素养提升的主要媒介。

从目前中国高等教育的现状来看，人文精神的培养、人文素养的提升等方面存在着诸多缺失。大学语文和人文素质教育是培养大学生终身发展和核心素养的重要通识课程。《国家中长期教育改革和发展规划纲要（2010-2020年）》要求将学生培养成"全面发展的人"，通识课程由于天然的育人属性，就成为了大学生核心素养培育的重要支撑。通过大学语文、艺术鉴赏等通识课程的学习，不仅能使大学生进一步掌握丰富的语文知识，培育他们对中华优秀传统文化的鉴赏力和审美力，更有助于提升大学生的人文精神和品德素养。

另外，优良的学风对营造健康向上的校园文化，作为一种无形的力量能够引导学生树立正确的三观，弘扬求真务实、认真刻苦的精神。所以，要强化校园文化建设，切实加强社会主义核心价值体系建设、应用和研究，发挥文化育人的作用，创立新知并传播到社会，积极掌握优良文化成果，追求真理的思想观念，积极推进社会主义先进文化建设。另外，大学教师坚持以严谨的学风、优秀的品格，引导和感染学生形成良好的学风，潜移默化地帮助学生提升人格修养。

第五节 毕业生对母校提供的教学服务、学生工作服务、生活服务满意度信息反馈

一、毕业生对母校教学质量的信息反馈

本部分从教学满意度、课程评价、课程设置、教师执教能力等方面考察毕业生对母校教学质量的评价。通过反馈信息,分析教学服务中存在的问题,适当进行调整,以提高教学服务质量。

(一)毕业生对母校教学满意度总体评价

教学满意度是毕业生对在校期间对母校教学工作满意程度的主观评价,是衡量高职院校教学质量的重要指标。毕业生对母校的教学满意度分为"很满意""满意""不满意""很不满意"共4项,其中"满意""很满意"属于满意的范围,"很不满意""不满意"属于不满意的范围。教学满意比例是回答满意范围的人数百分比,计算公式的分子是回答满意范围的人数,分母是回答满意范围和不满意范围的总人数。

1. 教学满意比例

案例院校2015至2019届毕业生对母校教学满意度的评价频数分布见表5-62。教学服务满意比例变化趋势见图5-42。

表5-62 2015至2019届毕业生反馈教学满意比例分布

教学满意度	2015届(%)	2016届(%)	2017届(%)	2018届(%)	2019届(%)
很满意	36.7	34.3	29.8	33.4	35.7
满意	51.0	57.4	61.3	58.4	58.2
不满意	8.0	4.8	6.9	5.4	3.9
很不满意	4.3	3.5	2.0	2.8	2.2
(1)+(2)	87.7	91.7	91.1	91.8	93.9
(3)+(4)	12.3	8.3	8.9	8.2	6.1

从表5-62看出,2015至2019届毕业生对母校教学服务工作感到"很满意"和"满意"的比例较高,合计依次为87.7%、91.7%、91.1%、91.8%、93.9%;毕业生对母校教学服务感到"不满意"和"很不满意"的比例较低,

依次为12.3%、8.3%、8.9%、8.2%、6.1%。如果将"非常满意""满意"合并为对母校教学工作满意,将"不满意""很不满意"合并为对母校教学工作不满意,则2015至2019届毕业生对母校教学工作感到满意的比例整体发展趋势是逐渐升高的,2016届毕业生对教学满意的比例比2015届提高了4个百分点,2017届毕业生比2016届毕业生的教学满意比例稍有下降,下降了0.6个百分点,2018届较2017届升高0.7个百分点,2019较2018届升高2.1个百分点。由此可见,案例院校的教学质量是逐渐升高的。

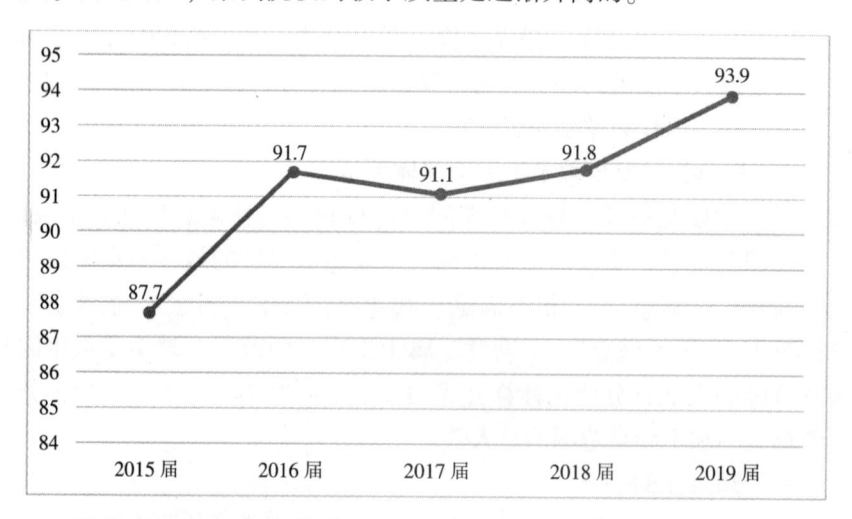

图5-42 2015至2019届毕业生对母校教学服务满意比例变化趋势

2. 教学满意度

进一步从量化角度评价案例院校的教学服务质量,对教学满意度进行4级量化计分,"很满意""满意""不满意""很不满意"分别计4、3、2、1分,则教学满意度的平均得分能反映毕业生对母校教学服务质量的整体评价和案例院校教学服务质量的整体水平。2015至2019届毕业生对母校教学服务满意度的评价得分见表5-63所示。

表5-63 2015至2019届毕业生教学满意度描述性统计

	2015届		2016届		2017届		2018届		2019届	
	均值	标准差	均值	标准差	均值	标准差	均值	标准差	均值	标准差
教学满意度	3.20	0.764	3.26	0.652	3.24	0.643	3.25	0.671	3.31	0.640

从表5-63中数据可见,各届毕业生对母校教学满意程度平均得分范围在

3.20 和 3.31 之间,大于"满意"计分 3,所以总体来看,毕业生对母校提供的教学服务是"满意"的,但距离"很满意"4 分的水平还有一定的差距。

3. 教学满意度的性别差异和院系间差异

进一步分析毕业生对母校教学满意度有无性别差异、院系差异和专业差异,我们对毕业生的教学满意度得分进行差异性 t 检验和方差分析,结果见表 5-64 和表 5-65 所示。

表 5-64 毕业生对母校教学满意度的性别差异 t 检验

性别	2015 届 M	2015 届 SD	2016 届 M	2016 届 SD	2017 届 M	2017 届 SD	2018 届 M	2018 届 SD	2019 届 M	2019 届 SD
男	3.20	.798	3.21	.683	3.20	.683	3.24	.673	3.28	.712
女	3.21	.717	3.24	.612	3.26	.598	3.26	.676	3.27	.551
t	−0.068		−1.154		−1.558		−0.599		0.343	

从表 5-64 数据可见,毕业生对母校的教学满意度没有显著的性别差异,均达到满意水平,从具体数值来看,2015 至 2018 届毕业生中,女生对母校的教学满意度得分稍高于男生,而 2019 届男生对母校教学服务满意度评价稍高于女生。

表 5-65 毕业生对母校教学满意度的院系差异方差检验

系别	2015 届 M	2015 届 SD	2016 届 M	2016 届 SD	2017 届 M	2017 届 SD	2018 届 M	2018 届 SD	2019 届 M	2019 届 SD
财经系	3.25	.615	3.33	.617	3.23	.607	3.23	.662	3.19	.566
工美系	3.46	.519	3.52	.512	3.24	.630	3.04	.587	3.21	.567
机电系	3.11	.812	3.17	.698	3.14	.622	3.23	.672	3.17	.780
建筑系	3.09	.747	3.21	.688	3.11	.722	3.30	.665	3.44	.675
旅游系	3.25	1.035	3.22	.659	3.23	.536	3.25	.595	3.27	.693
汽电系	3.25	1.032	3.19	.627	3.18	.626	3.19	.647	3.33	.561
生物系	3.40	.681	3.36	.679	3.18	.683	3.16	.733	3.39	.489
信息系	3.14	.774	3.27	.593	3.35	.676	3.22	.722	3.33	.729
F	0.765		1.157		1.033		0.846		3.054**	

注:** 表示 $p<0.01$

从方差分析的结果可见，2015至2018届各系毕业生对母校教学服务满意程度没有显著差异，2019届毕业生对母校教学满意程度差异显著，建筑工程系毕业生的教学满意得分最高，达到3.44分，机电系的教学满意度的平均得分最低为3.17分。五届毕业生各系的教学满意度总体评价情况见图5-43。

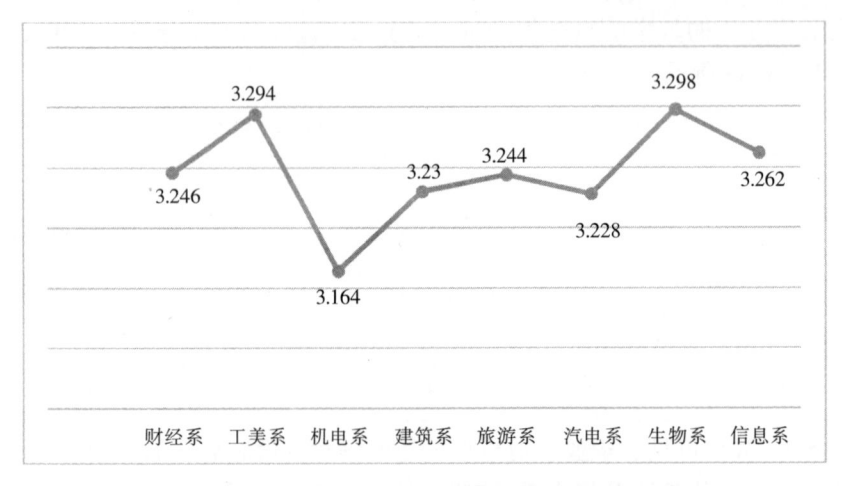

图5-43 各系毕业生对母校教学满意度总体评价

从图5-43可见，案例院校8个系中，生物工程系毕业生的五届平均教学满意度最高，平均3.298分，其次是工艺美术系，平均3.294分，对母校教学满意程度最低的是机电工程系，平均3.164分。不同系别的毕业生对母校教学满意度的评价存在差异，在一定程度上说明各系的教学质量存在一定的差异，从各系的教学管理水平、师资水平到实训实习设备，可能存在一定的不平衡性。

2015至2019届各专业毕业生对母校教学服务满意度见表5-66所示。

表5-66 2015至2019届各专业毕业生对母校的教学服务满意度

主要专业	2015届	2016届	2017届	2018届	2019届	五届平均
工程造价	3.03	3.21	3.10	3.29	3.50	3.23
建筑工程技术	3.17	3.20	3.14	3.38	3.42	3.26
电气自动化技术	3.13	3.37	3.33	3.50	3.40	3.35
汽车电子技术	3.36	3.00	2.90	3.23	3.36	3.17
机电一体化技术	3.10	3.16	3.16	3.22	3.21	3.70
数控技术	3.20	3.27	3.08	3.21	3.23	3.20
计算机应用技术	3.25	3.30	3.35	3.22	3.44	3.31

续表

主要专业	2015届	2016届	2017届	2018届	2019届	五届平均
会计电算化	3.24	3.29	3.22	3.23	3.19	3.23
食品营养与检测	3.00	2.60	3.06	2.95	3.31	2.98
汽车检测与维修技术	——	3.67	3.14	3.14	3.31	3.32
电子商务	——	3.29	3.11	3.20	3.33	3.23
物流管理	——	3.50	3.42	3.31	3.05	3.32
装饰艺术设计	——	3.29	3.33	2.91	3.00	3.13
旅游管理	——	3.20	3.30	3.29	3.29	3.27
应用电子技术	——	3.57	——	3.13	3.26	3.32
园艺技术	——	3.43	——	3.25	3.39	3.36
园林技术	——	3.22	——	3.30	3.51	3.34
酒店管理	——	3.43	——	3.26	3.28	3.32
航空服务	——	3.40	——	3.18	3.20	3.26
服装设计	——	——	——	3.00	3.14	3.07
学前教育	——	——	——	——	3.23	3.23
软件技术	——	——	——	——	3.00	3.00
动漫设计与制作	——	——	——	——	3.32	3.32
畜牧兽医	——	——	——	——	3.24	3.24

注：——表示该专业毕业生样本数较少，不进行统计

五届各专业毕业生对母校平均教学服务满意度整体分布见图5-44所示。

从表5-66和图5-44数据可见，各专业毕业生对母校教学满意程度存在一定的差异，从各届平均得分来看，园艺技术专业的毕业生对教学满意度最高，平均3.36分，其次是电气自动化技术专业，平均3.35分，排在第三位的是园林技术专业，平均3.34分；排在后三位的专业分别是服装设计专业（平均3.07分）、食品营养与检测专业（平均2.98，对教学服务的总体评价没有达到"满意"水平）、软件设计专业（平均3分，刚好达到"满意"水平）。排在后三位的其中两个专业"食品营养与检测"与"服装设计"专业所属院系分别为"生物工程系"和"工艺美术系"，这两个系的总体教学服务满意度水平最高的，师资力量没有问题，所以，进一步分析这两个专业毕业生评价得分低的原因，或许与这两个专业的毕业生就业满意度与就业岗位专业相关度

较低有关,"食品营养与检测"专业的毕业生就业满意度得分平均 2.982 分,没有达到"满意"水平,就业岗位专业相关度为 0.34,"服装设计"专业就业满意度得分平均 2.79,没有达到"满意"水平,就业岗位专业相关度为 0.41。这两个专业的毕业生绝大部分没有从事相关工作,就业满意度不高,这或许是对母校教学评价低的直接原因。

专业	满意度
机电一体化技术	3.7
园艺技术	3.36
电气自动化技术	3.35
园林技术	3.34
动漫设计与制作	3.32
酒店管理	3.32
应用电子技术	3.32
物流管理	3.32
汽车检测与维修技术	3.32
计算机应用技术	3.31
旅游管理	3.27
航空服务	3.26
建筑工程技术	3.26
畜牧兽医	3.24
学前教育	3.23
电子商务	3.23
会计电算化	3.23
工程造价	3.23
数控技术	3.2
汽车电子技术	3.17
装饰艺术设计	3.13
服装设计	3.07
软件技术	3
食品营养与检测	2.98

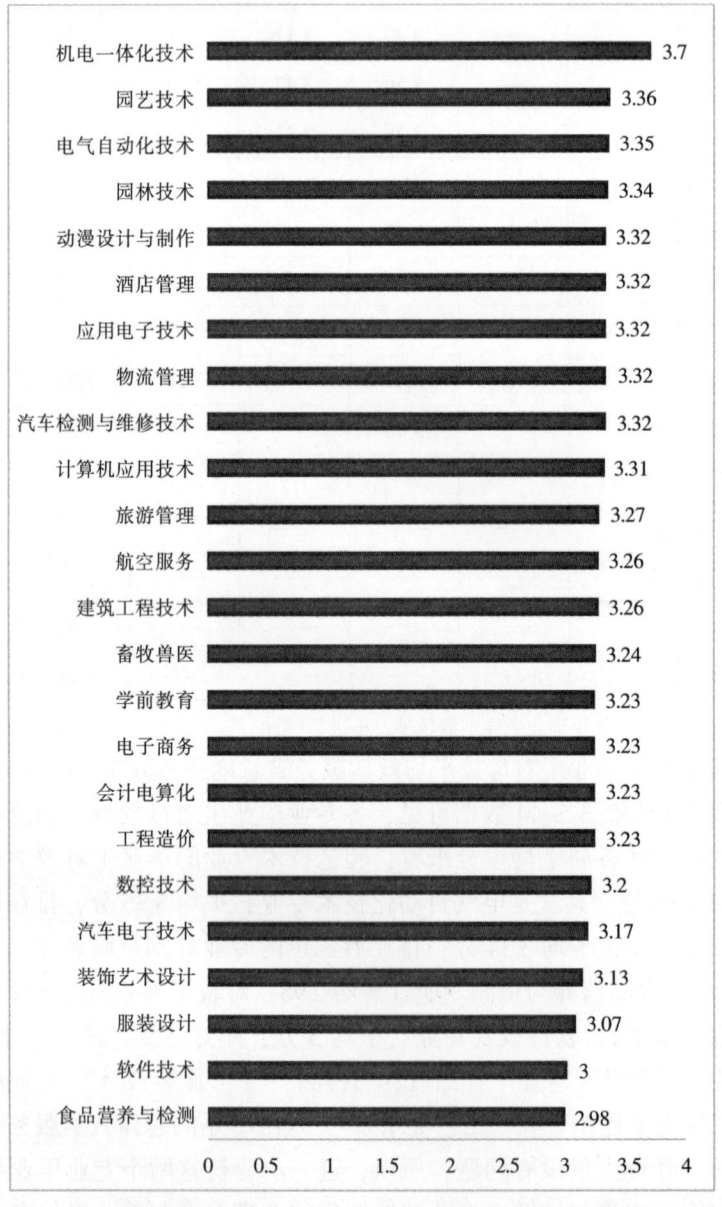

图 5-44 各专业 2015 至 2019 届毕业生对母校教学服务平均满意度条形图

(二) 毕业生对母校人才培养目标了解度及课程设置情况信息反馈

1. 毕业生对母校人才培养目标的了解度和毕业要求了解度

人才培养目标了解度：毕业生了解本专业培养定位、毕业时应具备的能力、服务的行业和职业以及毕业 3~5 年后的职业成就和定位四个方面实际情况的比例，计算公式的分子是回答"符合"的人数，分母是回答"符合""不符合"的总人数。

毕业要求了解度：毕业生对本专业在知识、能力、素养方面培养要求的了解程度，分为"完全了解""部分了解""不了解"共三项。计算公式的分子是回答"完全了解"和"部分了解"的总人数，分母是回答"完全了解""部分了解""不了解"的总人数。

（1）毕业生对母校人才培养目标的了解度。

培养目标的有效传达是培养达成的重要基础。经调研，案例院校 2018 届毕业生的培养目标总体了解度为 86%，2019 届毕业生的培养目标总体了解度为 88%，较 2018 届有所上升。近九成毕业生对培养目标有所了解，在一定程度上说明案例院校对毕业生的专业认知实习教育效果良好，有利于人才培养目标的最终实现。案例院校毕业生对培养目标各方面的了解度见表 5-67、图 5-45 所示。

表 5-67 毕业生对人才培养目标的了解度

人才培养目标各方面	2018 届（%）	2019 届（%）
人才培养目标总体了解度	86	88
毕业时应具备的能力	89	91
就业的行业与职业	88	90
人才培养定位	85	86
毕业 3~5 年后的职业成就和定位	83	84

从图 5-45 可见，案例院校 2019 届毕业生对人才培养目标各方面的了解度均高于 2018 届毕业生，进一步分析各院系的人才培养目标了解度，发现各院系毕业生对培养目标的了解度有所差异，具体情况见表 5-68、图 5-46 所示。

从图 5-46 各院系对人才培养目标的了解度可见，教育与艺术系（工美系）和建筑工程系毕业生对人才培养目标了解度较高，两届毕业生均达到 90% 以上，信息技术工程系和国际交流学院毕业生对人才培养目标了解度偏低，两届毕业生对人才培养目标的了解度均不到 80%。

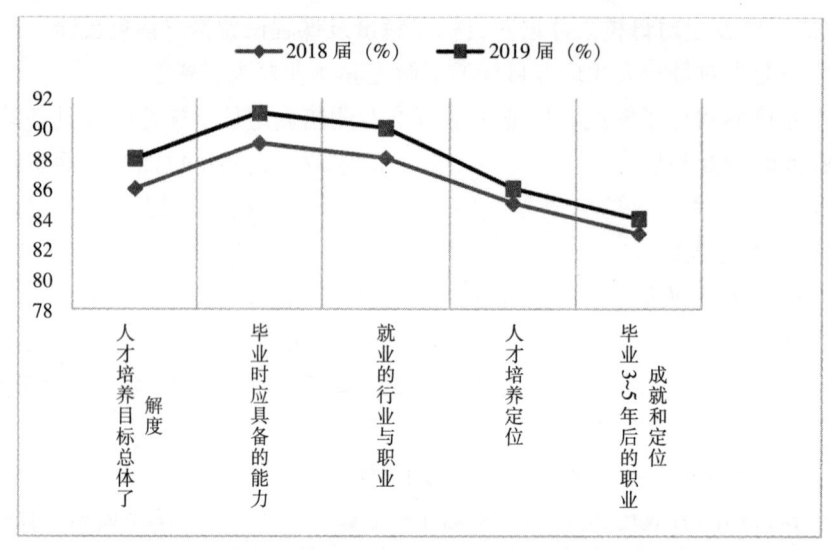

高职人才培养质量评价实证研究
——基于案例院校毕业生和用人单位的信息反馈

图 5-45 2018 届、2019 届毕业生对母校人才培养目标各方面的了解度

表 5-68 2018 届、2019 届各院系毕业生对人才培养目标的了解度

人才培养目标总体了解度	2018 届（%）	2019 届（%）
教育与艺术系（工美系）	91	94
建筑工程系	91	92
生物技术工程系	85	90
旅游系	85	89
财经系	90	86
汽车与电气工程系	79	88
机电技术工程系	75	85
信息技术工程系	78	78
国际交流学院	73	73

大学生了解高职院校人才培养目标，才能较早较好地规划自己的大学生活，进行合理的职业规划，大学生活才能有的放矢而不感到茫然。所以，新生入学后加强对学生人才培养目标教育，让学生清晰地认识到经过高职三年学习，要掌握哪方面的知识、掌握哪些技能、提高什么素养、将来毕业后进入什么行业、走上什么岗位，这有利于提高学生的学习效率，更容易达到人才培养的目标。

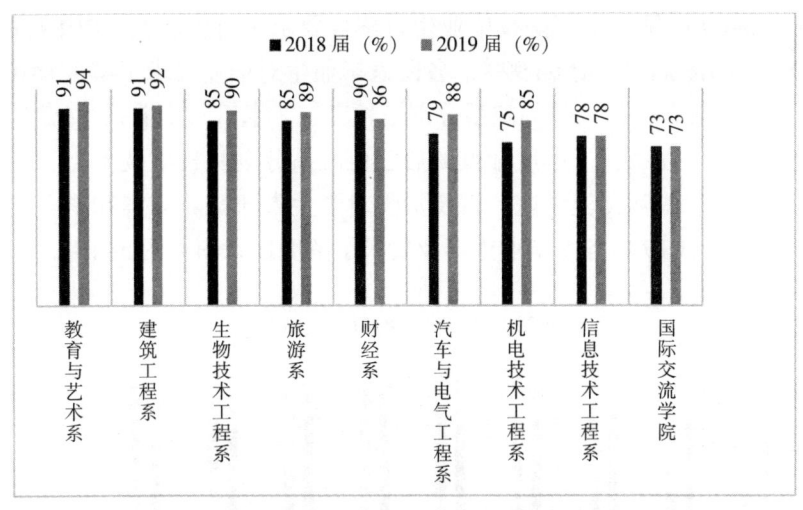

第五章 基于案例院校毕业生信息反馈的高职人才培养质量评价实证研究

图 5-46 各院系毕业生对人才培养目标的总体了解度

(2) 毕业生对毕业要求的了解度。

毕业生对毕业要求的明确认识对于毕业生专业知识、能力及素养的培养达成具有重要意义。案例院校 2018 届毕业生对毕业要求的总体了解度为 92%，2019 届毕业生对毕业要求的总体了解度为 95%，较 2018 届有所提升，绝大多数毕业生对于本专业的毕业要求有一定的认知，有利于毕业要求的较好达成。

进一步了解各院系毕业生的毕业要求了解度，调研结果见表 5-69 所示。

表 5-69 各院系毕业生的毕业要求了解度

毕业要求了解度	2018 届（%）	2019 届（%）
教育与艺术系（工美系）	97	98
建筑工程系	93	98
生物技术工程系	93	99
旅游系	89	94
财经系	94	96
汽车与电气工程系	91	88
机电技术工程系	90	91
信息技术工程系	83	89
国际交流学院	79	89

149

从表 5-69 可见，案例院校毕业生对毕业要求了解度较高，2019 届平均达到 95%，2018 届平均达到 92%。各院系毕业生对毕业要求了解度存在一定差异，了解度较高，前三位的院系分别是教育与艺术系（工美系）、建筑工程系、生物技术工程系；了解度偏低的后三位院系分别是机电技术工程系、信息技术工程系、国际交流学院，需要加强对学生人才培养方案和毕业要求的教育。2018 至 2019 届各系毕业生毕业要求了解度柱状图见图 5-47。

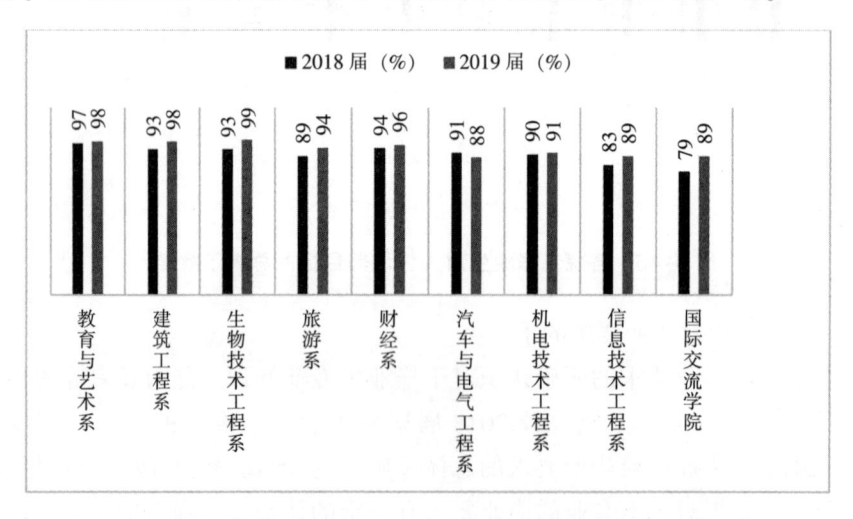

图 5-47 各院系 2018 届、2019 届毕业生毕业要求了解度

2. 毕业生对母校课程设置情况信息反馈

核心课程的重要度：由从事专业相关工作的毕业生判断案例院校的核心课程设置在自己的工作中是否重要。毕业生认为课程对工作的重要度评价分为"不重要""有些重要""重要""非常重要""极其重要"5 个选项，其中"有些重要""重要""非常重要""极其重要"属于重要的范围。

课程的满足度：回答了课程"有些重要"到"极其重要"的毕业生会被要求回答课程训练是否满足工作要求，满足度指标是回答某课程能满足工作的百分比。计算公式的分子是回答"满足"的人数，分母是回答"满足"和"不满足"的总人数。

五届毕业生对母校核心课程重要度的信息反馈情况见表 5-70。

从表 5-70 看出，案例院校毕业生对母校核心课程重要度评价较高，在从事专业相关的五届毕业生中，认为专业开设的核心课程"重要"的比例分别是 81.1%、81.3%、78.7%、77.1%、79.4%。

五届毕业生对母校核心课程培养效果的信息反馈情况见表 5-71 所示。

表 5–70 2015 至 2019 届毕业生对母校核心课程重要度评价

核心课程重要度	2015 届（%）	2016 届（%）	2017 届（%）	2018 届（%）	2019 届（%）
极其重要	14.6	12.9	10.0	9.7	8.7
非常重要	13.8	11.8	12.1	8.5	10.0
重要	34.4	37.9	33.9	37.5	37.8
有些重要	18.2	18.7	22.7	21.5	22.9
不重要	18.9	18.7	21.3	22.9	20.6
重要度（%）	81.1	81.3	78.7	77.1	79.4

表 5–71 2015 至 2019 届毕业生对母校核心课程满足度评价

	2015 届	2016 届	2017 届	2018 届	2019 届
核心课程满足度（%）	76.4	78.0	78.4	78.6	81.6

从表 5–71 看出，2015 至 2019 届工作岗位与专业相关的毕业生中，认为母校核心课程培养效果"能满足其工作和学习"的比例依次是 76.4%、78.0%、78.4%、78.6%、81.6%，案例院校毕业生对母校核心课程的满足度评价是逐年升高的。这从一定程度反映案例院校专业核心课程的教学质量是逐步升高的。五届毕业生对母校核心课程设置的重要度与满足度评价柱状图见图 5–48。

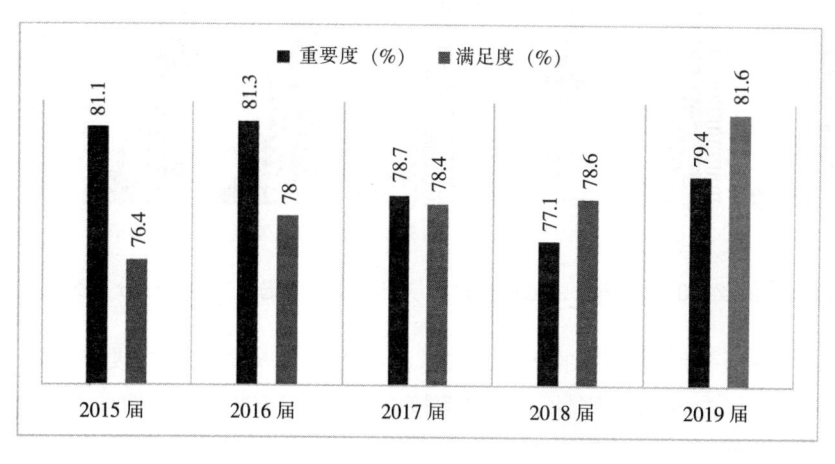

图 5–48 2015 至 2019 届毕业生对母校核心课程设置重要度与满足度评价

(三) 毕业生对改进母校教学服务的信息反馈

1. 毕业生对教学的整体改进建议

为进一步提高教学质量、进行有效教学改革，本研究从毕业生的视角，广泛征集毕业生对母校改进教学服务的建议，五届毕业生对母校需要整体改进的教学服务主要分布在改进实习实践环节、调动学生学习兴趣、提高课堂学生参与度等方面，具体信息反馈见表5–72和图5–49所示。

表5–72　2015至2019届毕业生认为母校教学服务最需要改进的方面

需要改进的方面	2015届(%)	2016届(%)	2017届(%)	2018届(%)	2019届(%)	合并(%)
实习和实践环节不够	68.3	65.8	63.9	60.7	58.8	63.5
无法调动学生学习兴趣	43.2	52.5	46.8	48.0	47.8	47.7
课堂上让学生参与不够	30.9	29.2	34.2	30.8	32.8	31.6
课程考核方式不合理	19.3	17.6	16.2	15.1	18.4	17.3
教师不够敬业	9.5	8.5	9.2	9.8	7.6	8.9
教师专业能力差	5.8	5.1	4.2	6.1	5.4	5.3

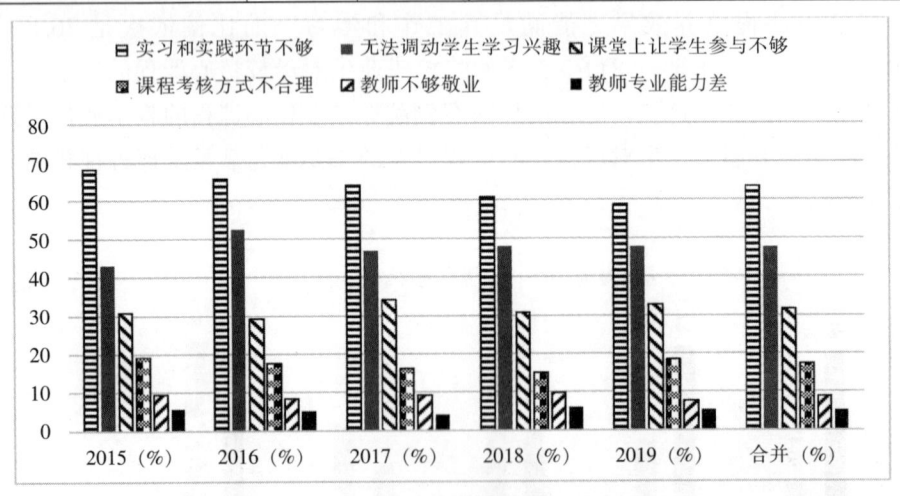

图5–49　2015至2019届毕业生建议母校教学服务需要改进的方面集中分布图

从整体衡量教学服务质量的指标来看，反映教学服务质量的主要指标有6项，分别是课程内容的实用性、课程考核方式的合理性、教师敬业程度、实习和实践环节课时、课堂上学生参与度、课堂气氛、教师专业能力。由表5–72和图5–49数据可见，各届毕业生集中建议母校改进的主要方面排序是一致的，依次是实习和实践环节不够、无法调动学生学习兴趣、课堂上让学生参与不够、课程考核方式不合理、教师不够敬业、教师专业能力差等6个方面，五届合并认为这几个方面需要改进的人数比例依次是63.5%、47.7%、31.6%、17.3%、8.9%、5.3%。由此可见，案例院校急需改进的主要方面有3个：增强实习和实践环节教学、调动学生的学习兴趣、提高课堂学生的参与度。

从发展趋势来看，2015至2019届毕业生反馈"实习和实践环节不够，需要提升"的比例是最高的，但也是逐届减低的，说明案例院校在实习实践环节方面正在不断地进行调整，逐渐加强实践教学，不过从力度上来讲，需要进一步加大改革力度。但在课程教学模式、课堂气氛与学生实际参与度上，各届毕业生的反馈相似，说明案例院校的教师在如何提高学生"学"的方面没有引起足够的重视，这也是高校教学中普遍存在的问题。高校教师没有来自升学的压力，也没有教学成绩的有效考核，再加上教师教学的同时要承担科研与社会服务、学生管理等其他工作，教学的重点是完成教学中"教"的任务，至于学生的"学"，主要看学生的自觉性，这也是大学教学与中小学教学的重要区别。但对高职院校而言，学生没有很扎实的学习功底，很多学生更没有养成自觉自主学习的习惯，所以提高高职教学质量、改进教师的教学模式、提高课堂活力和学生的参与度是非常重要的，高职院校需要在提高学生"学"上给予重视。

2. 各专业毕业生对教学服务的改进建议

通过毕业生信息反馈，各专业毕业生对教学服务需要改进的关注点见表5-73。

从表5-73数据可见，绝大部分专业毕业生认为需要改进反馈比例最高的是"实习和实践环节不够"，其次是"无法调动学生的学习兴趣"，但各专业对需要改进的方面期许程度也存在一定的差异。

各专业对认为实习实践环节需要改进的比例从高到低排序如图5-50所示。

在"实习和实践环节不够"需要重点关注的专业前十依次是畜牧兽医、食品营养与检测、汽车检测与维修技术、电子商务、汽车电子技术、数控技术、酒店管理、会计电算化、学前教育、工程造价，畜牧兽医专业的毕业生反馈比例高达78.3%，的确应该引起关注，该专业学生的实习实践主要依靠校外实训基地，从课时数和授课质量上均不能满足学生的要求；其他如食品营养与检测、汽车检测与维修技术等工科类专业，实习实践环节不够的原因主要集中在实习实训设备不充足、不先进等方面，财经类电子商务、会计电算化等专业的焦点主要集中在校外真实的专业实习太少等方面。

表 5-73 2015 至 2019 届毕业生综合信息反馈各专业需要改进的方面

主要专业	课程内容不适用或陈旧需改进	课程考核方式不合理需改进	教师不够敬业	实习和实践环节不够	课堂学生参与度不够	无法调动学生学习兴趣	教师专业能力差
工程造价	25.2	19.3	8.6	65.4	28.4	44.2	6.1
建筑工程技术	23.4	15.1	12.1	63.3	26.4	39.5	2.2
电气自动化技术	27.5	17.5	8.1	65.2	46.5	55.1	6.2
汽车电子技术	34	18.4	8.9	70.2	38.8	51.1	9.1
机电一体化技术	30.7	18.5	10.1	61.9	34.3	51.1	5.8
数控技术	27.2	13	10	69.3	36.3	51.6	5.6
计算机应用技术	24.4	17.1	6.7	55.8	39.1	50.6	3.7
会计电算化	20.2	15.9	7	68.3	29.4	46.9	3.8
食品营养与检测	23	15.3	13	72.3	27.6	48.5	9.7
汽车检测与维修技术	38.4	8.7	7.3	71.1	31.1	44	4.8
电子商务	25.6	31.2	9.9	70.5	35.3	50.8	6.9
物流管理	19.6	13.4	3.5	57.1	30.7	50.3	5.2
装饰艺术设计	28.5	17	2.7	56.4	35.8	53.6	6.1
旅游管理	28.8	11.1	6	52.4	26.4	48.6	3.8
应用电子技术	42.8	11.7	4.5	43.6	44.1	43	7.2
园艺技术	20.3	21.1	3.9	63.9	39.5	55	9.1
园林技术	28.5	23.9	8.8	51.1	24.5	51.2	4.7
酒店管理	22.5	20	10	68.6	30.8	54.4	6.7
航空服务	23.3	20	3.7	58.5	30.7	51.9	0
服装设计	41.2	11.5	12.5	57.7	31	50.6	4.2
学前教育	29	23	4	66	29	45	4
软件技术	41.2	29.4	29.4	29.4	41.2	64.7	17.6
动漫设计与制作	35.3	29.4	11.8	47.1	23.5	58.8	5.9
畜牧兽医	17.4	13	4.3	78.3	30.4	26.1	0

对改进实习实践环节反馈比例排在后四位的专业分别是园林技术、动漫设计与制作、应用电子技术、软件技术，这四个专业均没有把改进实习实践环节放在第一位，这与专业性质有很大关系，动漫设计与制作、应用电子技术、软件技术这三个专业实践实训课主要集中在机房，只要有配套的软件系统，实习实践课完全能满足学生的需要，所以学生反馈的比例较低。

专业	比例
畜牧兽医	78.3
食品营养与检测	72.3
汽车检测与维修技术	71.1
电子商务	70.5
汽车电子技术	70.2
数控技术	69.3
酒店管理	68.6
会计电算化	68.3
学前教育	66
工程造价	65.4
电气自动化技术	65.2
园艺技术	63.9
建筑工程技术	63.3
机电一体化技术	61.9
航空服务	58.5
服装设计	57.7
物流管理	57.1
装饰艺术设计	56.4
计算机应用技术	55.8
旅游管理	52.4
园林技术	51.1
动漫设计与制作	47.1
应用电子技术	43.6
软件技术	29.4

图 5-50　各专业反馈实习实践环节需要改进的比例条形图

各专业对认为"无法调动学生的学习兴趣"需要改进的比例从高到低排序如图 5-51 所示。

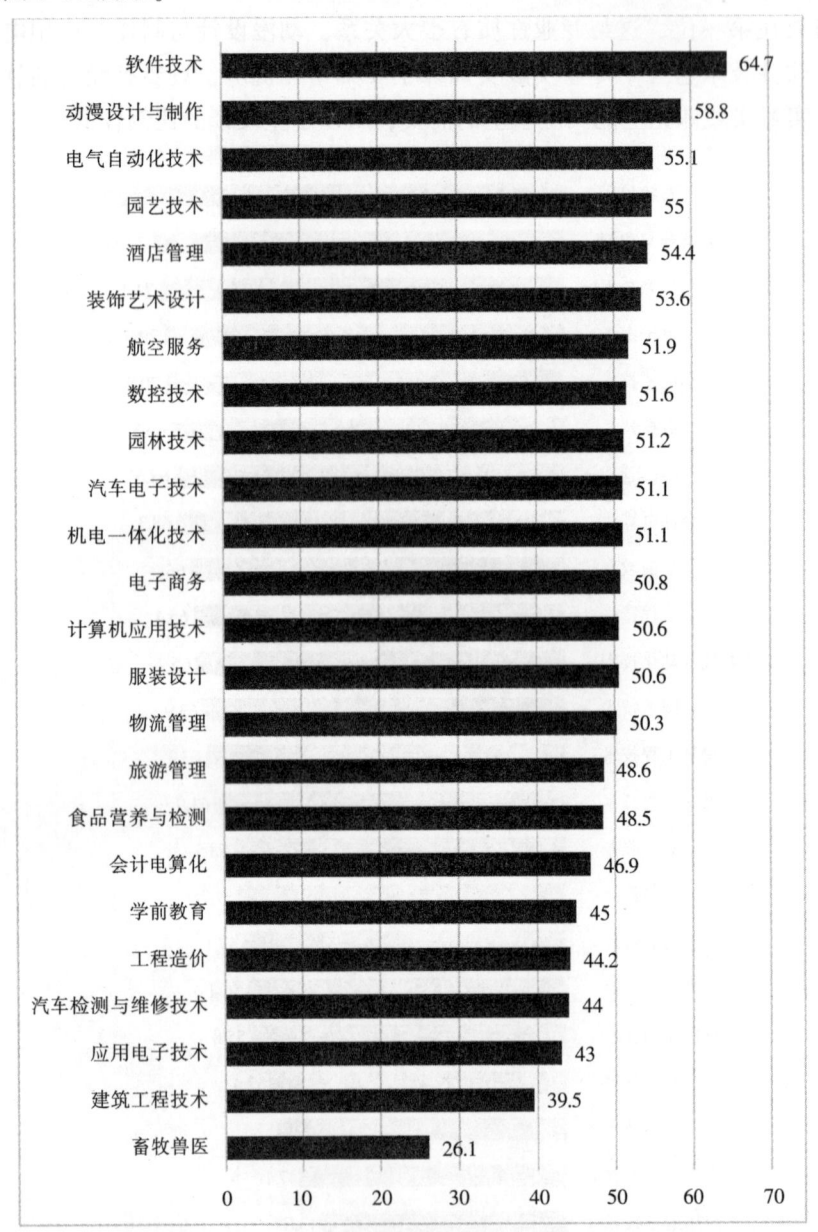

专业	比例
软件技术	64.7
动漫设计与制作	58.8
电气自动化技术	55.1
园艺技术	55
酒店管理	54.4
装饰艺术设计	53.6
航空服务	51.9
数控技术	51.6
园林技术	51.2
汽车电子技术	51.1
机电一体化技术	51.1
电子商务	50.8
计算机应用技术	50.6
服装设计	50.6
物流管理	50.3
旅游管理	48.6
食品营养与检测	48.5
会计电算化	46.9
学前教育	45
工程造价	44.2
汽车检测与维修技术	44
应用电子技术	43
建筑工程技术	39.5
畜牧兽医	26.1

图 5-51 各专业认为"无法调动学生的学习兴趣"需要改进的比例从高到低排序

"无法调动学生的学习兴趣"需要改进比例最高的五个专业分别是软件技术、动漫设计与制作、电气自动化技术、园艺技术、酒店管理专业，需要引起相关专业老师的重视。在教学过程中，应该有效调节教学模式，激发学生的专业兴趣，这也是教师专业能力的主要体现，更是教师责任心的体现。

各专业对认为"课堂学生的参与度不够"需要改进的反馈比例从高到低排序，如图 5-52 所示。

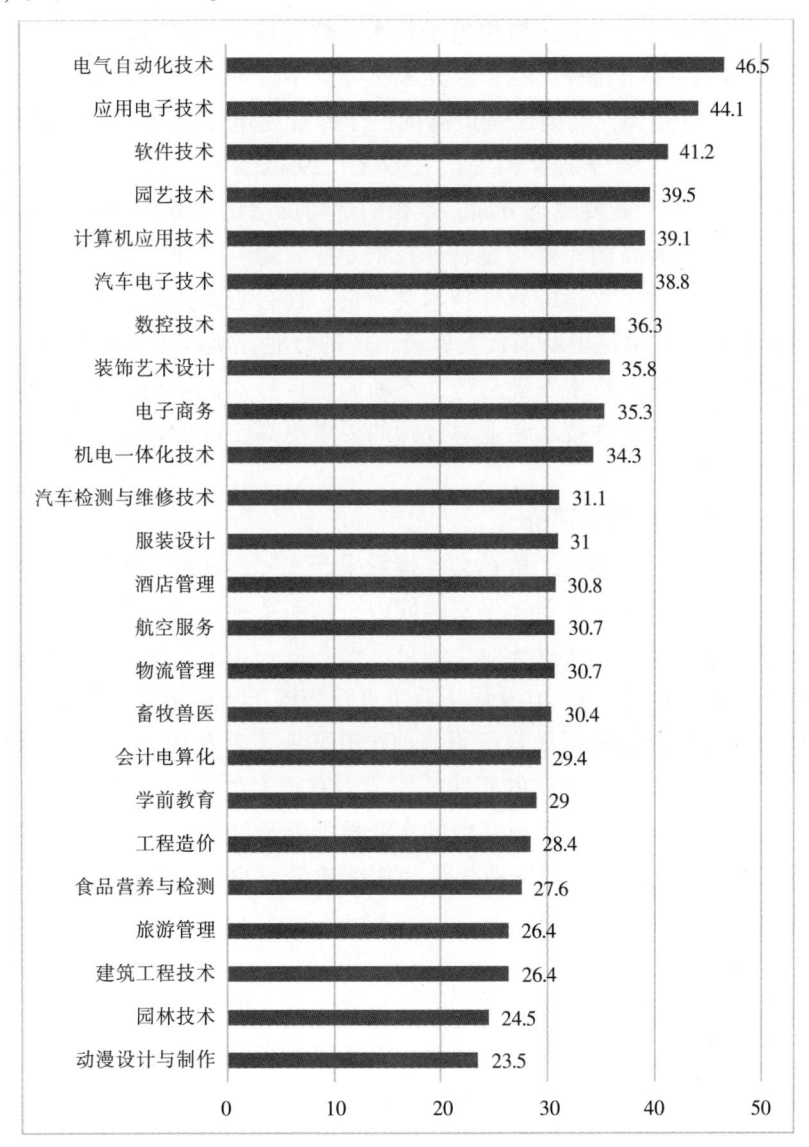

专业	比例
电气自动化技术	46.5
应用电子技术	44.1
软件技术	41.2
园艺技术	39.5
计算机应用技术	39.1
汽车电子技术	38.8
数控技术	36.3
装饰艺术设计	35.8
电子商务	35.3
机电一体化技术	34.3
汽车检测与维修技术	31.1
服装设计	31
酒店管理	30.8
航空服务	30.7
物流管理	30.7
畜牧兽医	30.4
会计电算化	29.4
学前教育	29
工程造价	28.4
食品营养与检测	27.6
旅游管理	26.4
建筑工程技术	26.4
园林技术	24.5
动漫设计与制作	23.5

图 5-52　各专业对认为"课堂学生的参与度不够"需要改进的反馈比例从高到低排序

"课堂学生的参与度不够"需要改进比例最高的五个专业分别是电气自动化技术、应用电子技术、软件技术、园艺技术、计算机应用技术专业。在教学过程中，要充分体现教师主导，学生发挥主体作用，只有学生积极参与课堂，才能激发学生的专业兴趣，也才能提高教学效果，这也是专业教师课堂教学需要重点改进的地方。

在"课程内容不适用或陈旧需改进"方面，全校平均反馈比例为28.3%，反馈比例最高的三个专业是应用电子技术、软件技术、服装设计，比例分别为42.8%、41.2%和41.2%；在"课程考核方式不合理需改进"方面，全校平均反馈比例为18.1%，反馈比例最高的三个专业是电子商务、软件技术、动漫设计与制作，比例分别为31.2%、29.4%、29.4%；在"教师不够敬业"和"教师专业能力差"需要改进方面，全校的平均反馈比例分别为8.6%和5.8%，这两项反馈比例最高的专业均是软件技术专业。随着产业互联网的发展，广大的传统行业释放出大量的软件技术类岗位，社会亟需动手能力强的软件人才，但同时软件技术是更新换代发展最迅速的行业，所以需要教师不断学习，跟上行业发展，追上技术发展趋势，不断调整自身知识结构，才能满足学生学习的需要，所以软件技术专业对教师的要求更高，这也许是该专业学生反馈比例高的原因。

（四）实践教学效果评价

实习实践教学是学生了解社会、接触生产实际，获取、掌握生产现场相关知识的重要途径，在培养学生实践能力、创新精神，树立事业心、责任感等方面有着重要作用。通过毕业生信息反馈，进一步了解实习实践环节对学生的就业有哪些帮助。对2019届毕业生进行访谈，访谈结果发现，90%的毕业生认为实践教学能够帮助自己更好地提升职业素养和树立责任心，89%的毕业生认为实践教学对自己的实践操作能力有很大提升，87%的毕业生认为实践教学，尤其是生产性实训基地的实践教学能帮助自己接触工作实际、更好地理解专业知识，85%的毕业生认为实践教学对自己取得职业资格证书有很大帮助，有利于自己找工作。

1. 实践教学满意度

实践教学主要分为校内实训室专业技能实训、课程实训和校内生产性实训基地实训；校外顶岗实习实训和毕业顶岗实习实训。毕业生对母校校内外实践教学的满意程度见图5-53和图5-54。

从图5-53和图5-54数据可见，毕业生对校内实习实践的各方面评价均较高，均在90%以上；对校外实习中"实习实践制度规范""指导教师经验丰富"的满意度较高，达到92%，但对"实习内容的专业相关度"和"企业设备的完备性和是否接触行业先进技术"满意度稍低，分别为88%和87%。

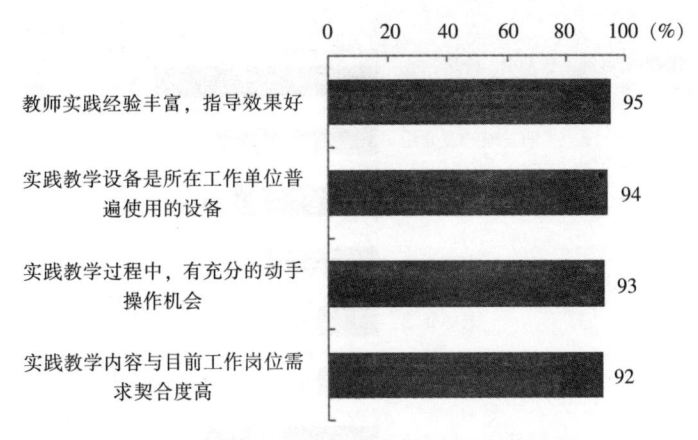

第五章 基于案例院校毕业生信息反馈的高职人才培养质量评价实证研究

图 5-53 毕业生对校内实习实践教学的满意度

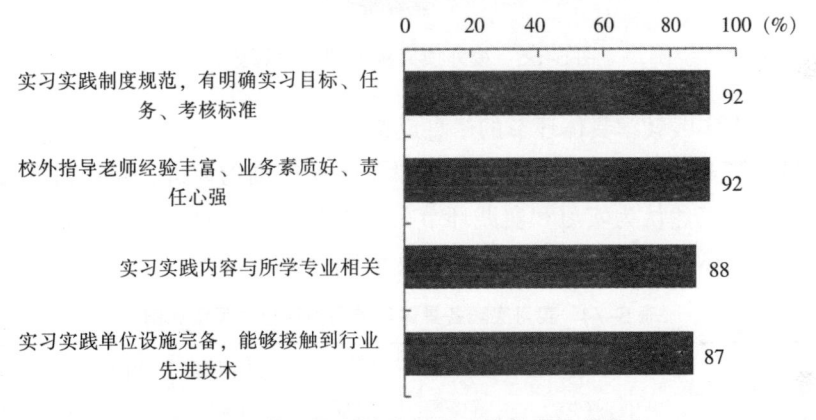

- 教师实践经验丰富，指导效果好 95
- 实践教学设备是所在工作单位普遍使用的设备 94
- 实践教学过程中，有充分的动手操作机会 93
- 实践教学内容与目前工作岗位需求契合度高 92

图 5-54 毕业生对校外实习实践教学的满意度

- 实习实践制度规范，有明确实习目标、任务、考核标准 92
- 校外指导老师经验丰富、业务素质好、责任心强 92
- 实习实践内容与所学专业相关 88
- 实习实践单位设施完备，能够接触到行业先进技术 87

校外实习是接触实际工作环境、提升实践能力的重要渠道，特别是在顶岗实习阶段，是毕业生实践能力、职业能力提升的关键期，毕业生会通过各种渠道寻找校外实习资源，提升自己的就业能力。调研发现，校外实习实践来源比例最高的是求职/实习网站/APP/论坛/微信公众号（22%），其次是朋友或亲戚介绍（16%）、直接向用人单位申请（14%）、学校安排（11%）等。校外实习实践来源比例分布见图 5-55。

从图 5-56 可见，校外顶岗实习比例中，学校推荐和教师介绍的比例只占 17%，一方面说明学生顶岗实习更灵活、渠道更多、选择性更大，另一方面也说明学院的实习就业工作不能让学生感到满意，从实习岗位的专业相关性和学生的实习环境等多方面需要综合改进顶岗实习工作，进一步提高顶岗实习的质量。

高职人才培养质量评价实证研究
——基于案例院校毕业生和用人单位的信息反馈

校外顶岗实习职位来源分布：

- 求职/实习网站、APP、论坛、微信公众号等：22
- 朋友或亲戚介绍：16
- 直接向用人单位申请：14
- 学校安排：11
- 老师介绍：6
- 同学或校友介绍：6
- 其他：17
- 无校外实习实践：8

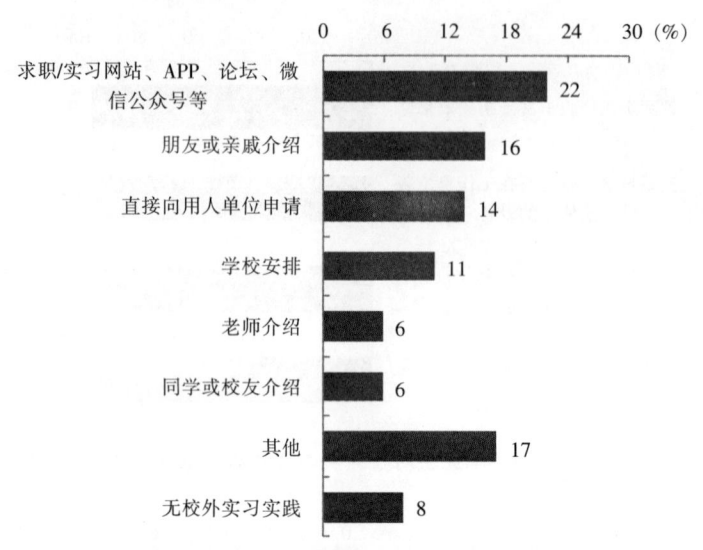

图 5-55 校外顶岗实习职位来源分布

2. 改进实践教学具体环节的信息反馈

虽然毕业生对母校的实习实践教学给予了较高的评价，但从信息反馈来看，毕业生仍然认为实习和实践环节是本校教学最需要改进的地方，实习和实践各具体环节需加强的评价结果见表 5-74 和图 5-56。

表 5-74 实习实践各具体环节需要改进的反馈比例

实践教学环节	2015届(%)	2016届(%)	2017届(%)	2018届(%)	2019届(%)	五届平均(%)
专业技能相关实训	80	87.1	30.2	29	37.3	52.7
校内生产性实训基地	62.3	63.7	35.6	36.8	25.7	44.8
课程实验	44.7	58.8	29.3	34	27.2	38.8
校外顶岗实习	60.5	46.2	30.4	29.2	18	36.9
毕业顶岗实习	46.2	50.9	15.2	15.8	23.1	30.2
专业认识实习	48.1	43.8	17.7	14.7	24	29.7
课程设计	28.9	34.6	17.9	19.4	16.1	23.4
专业技能比赛	35.1	35.7	18.3	0	17.1	21.2
专业生产实习	28	32.7	11	11.3	13.9	19.4
毕业论文设计	9.6	14.3	8.2	0	10.3	8.5

第五章 基于案例院校毕业生信息反馈的高职人才培养质量评价实证研究

从图 5-56 可见，毕业生认为案例院校最需要改进的实践环节前五位依次是专业技能相关实训、校内生产性实训基地、课程实验、校外顶岗实习、毕业顶岗实习，比例依次为 52.7%、44.8%、38.8%、36.9%、30.2%。超过一半的毕业生认为案例院校的"专业技能相关实训"需要改进，尤其是财经系，超过 80%的毕业生认为专业技能相关实训需要改进。

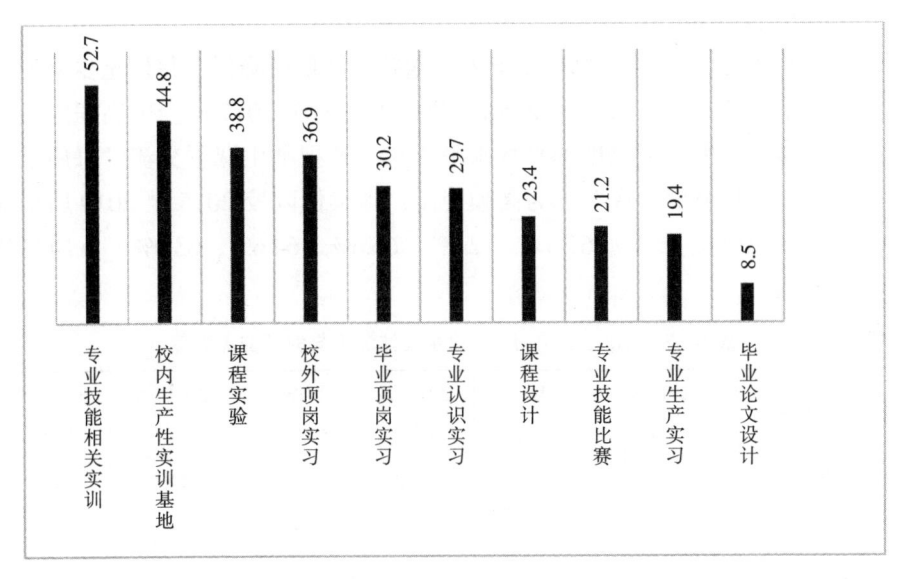

图 5-56　2015 至 2019 届毕业生平均反馈需要改进的实习实训环节占比排序

高职院校肩负着培养新型、技术技能型人才的历史使命，在对专业技术人才的培养过程中，技能实训教学是人才培养中最关键一环，也是高职院校培养学生将理论运用到实践、提高学生综合操作水平的最重要环节。高职人才培养是否达标、是否满足市场需要、是否满足学生的岗位需求，很大程度上是看学生的专业技能掌握程度，以及专业素养能否满足继续学习的需求。生产技术与生产设备更新换代迅速，这要求高职院校的实训设备要紧跟企业发展，教师的专业技能也要与时俱进，需要高职院校不断投入财力和人力，这也是高职院校面临的巨大挑战。所以，完善实训基地，特别是生产性实训基地，加强实训室硬件建设，加大专业教师的专业技能培训力度，定期派专业教师深入企业生产一线，对提高高职院校实践教学质量、满足学生实践技能提升需求是极其重要的。同时，实训设备先进，教师专业技能娴熟，视野宽广，突出实践教学，强化学生的动手能力，让学生切实参与进去，大大提高学生的专业兴趣，提高学生教学满意度，才能提高人才培养质量。

(五) 课下师生互动频度

良好的教学效果的产生需要通过师生有效的互动来促成,不仅需要课堂上的互动,课下的交流也是十分必要的。师生之间的有效交流是激发学生学习兴趣的重要途径之一,对提升教学培养效果有着积极影响。

案例院校 2015 至 2019 届毕业生与任课教师课下交流频度调查结果如表 5–75、图 5–57 所示。

从表 5–75 数据可见,师生交流人数随频度降低而降低,每周至少交流一次的学生比例最高,平均达到 46.5%,该数据远高于 2017 届全国高职院校毕业生在校期间师生交流频度的平均水平 35%。若把师生课下交流"每周至少一次"和"每月至少一次"视为高频交流,则案例院校 2015 至 2019 届毕业生的高频交流频度分别为 61.6%、72.7%、65.6%、64.6%、63.9%,五届平均高达 65.68%。

表 5–75 2015 至 2019 毕业生反馈课下与教师交流频度

频度	2015 届(%)	2016 届(%)	2017 届(%)	2018 届(%)	2019 届(%)	五届平均(%)
每周至少一次	47.1	48.2	47.8	47.3	42.1	46.5
每月至少一次	14.5	24.5	17.8	17.3	21.8	19.2
每学期至少一次	19.5	13.5	16.3	18.2	19.2	17.3
每年至少一次	19	14	19	16.7	16.9	17.1

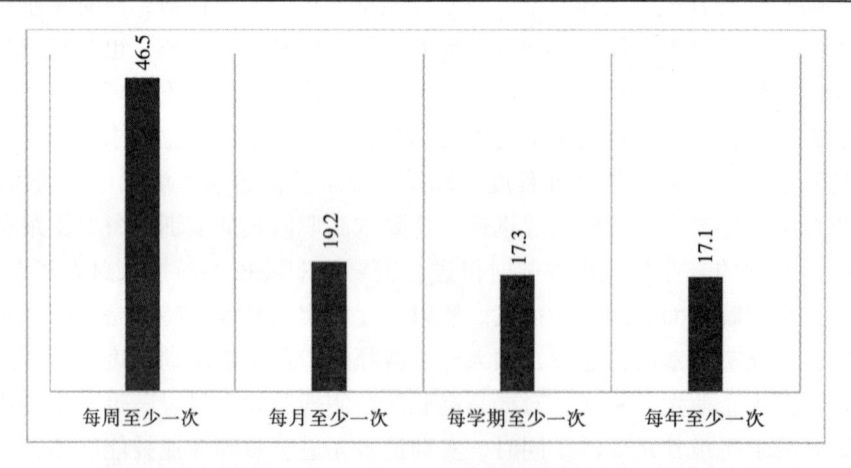

图 5–57 2015 至 2019 届毕业生课下师生交流频度平均分布

Mycos 中国 2017 届大学毕业生培养质量跟踪评价研究发现,学校层次越高，师生课下交流频度越低，高职院校高频交流"每周至少一次"和"每月至少一次"人数比例占59%，非双一流本科院校比例为48%，双一流本科院校比例为41%。出现这种现象的原因是多方面的，首先，层次越高的学校，学生自我管理能力越高，再加上现代信息技术发达、各种资源丰富，自主查阅方便，向专业教师寻求帮助的意愿因此降低；其次，层次越高的学校，专业教师的科研压力越大，除了必需的教学工作量外，大学和专业教师都把大部分的精力投入到科研项目中去，常常无暇顾及教书育人之责任；再次，随着高等教育大众化时代的到来，高校师生比大幅下降，师生交流受到越来越多的客观条件限制，师生有效互动不足表现得更为突出。

师生互动不足对高校教学实施和学生发展具有多方面的负面影响，这是高等教育质量下降的一种原因，特别是教师对学生了解不足致使个性化教学缺失，不利于创新拔尖人才个性化培养方案的实施。案例院校的课下师生互动比例相对较高，但每周一次的学生也没有达到一半，所以还有一半的学生很少与教师交流，甚至躲避与教师交流，不利于学生成长。

现代社会社交网络时代的特征越发明显，但是绝不能成为大学怠慢甚至忽略人才培养的理由。党的十九大报告明确提出，高等教育人才培养需要向内涵式发展转型并更加重视质量保障。大学中的师生关系是人才培养的一个重要指征，也是大学制度设计的现实投射，大可"一叶知秋"。

提高人才培养质量，除完善教学条件、提高教师执教能力外，增加师生交流互动也是一个重要的方面。

（六）学生取得职业资格证书情况

职业教育与普通高等教育相比较，最明显的优势就是与产业联系紧密。在实施"1+X"证书制度之前，从2011年教育部就明确实施双证书制度，并要求进行学历证书和职业资格证书的对接。不管是双证书制度还是"1+X"证书制度，均凸显出职业资格证书的重要性。职业资格证书由培训评价组织完成，培训评价组织是联系政府、高职院校、行业企业之间的桥梁，能将企业生产过程中的新技术、新要求及时融入职业技能标准当中。高职学生进行学历教育的同时，通过考取职业资格证书，提升专业技能，实现专业学习与岗位工作实践的对接，弥补课程内容与职业技能标准脱节的问题，还可以更好地平衡毕业生"就业难"与企业"用工荒"之间的人才供需矛盾。所以，高职学生考取职业资格证书是非常重要，也是非常必要的。

通过毕业生调研，案例院校2016至2019届毕业生的职业资格证书获取情况见表5-76。

表 5-76　2016 至 2019 届毕业生职业资格证书获取率

主要专业	2016 届（%）	2017 届（%）	2018 届（%）	2019 届（%）	四届平均（%）
工程造价	66	53	54	23	49.0
建筑工程技术	69	56	55	18	49.5
电气自动化技术	75	88	14	17	46.0
汽车电子技术	82	78	21	11	48.0
机电一体化技术	75	65	40	31	52.8
数控技术	67	78	49	26	55.0
计算机应用技术	73	63	54	44	58.5
会计电算化	89	77	50	30	61.5
食品营养与检测	40	84	78	58	65.0
汽车检测与维修技术	83	91	20	8	50.5
电子商务	29	68	71	24	47.3
物流管理	64	46	30	48	47.0
装饰艺术设计	70	75	13	22	45.0
旅游管理	71	34	12	29	36.5
应用电子技术	100	——	22	26	49.3
园艺技术	57	——	85	76	72.7
园林技术	36	——	70	69	57.7
酒店管理	62	——	42	32	45.3
航空服务	32	——	41	14	28.3
服装设计	——	——	60	14	37.0
学前教育	——	——	——	65	65.0
软件技术	——	——	——	44	44.0
动漫设计与制作	——	——	——	48	48.0
畜牧兽医	——	——	——	26	26.0
平均	67	65	46	37	54.5

从表 5-76 数据可见，全校平均来看，2016 届、2017 届、2018 届、2019 届毕业生职业资格证书获取率分别是 67%、65%、46%、37%，是逐年降低的，这与职业教育大环境和国家政策有一定关系。2011 年，双证书制度实施后，高职院校各专业通过各种形式提高本校毕业生的职业资格证书的获取率，但由于缺乏统一的标准而导致一些证书泛滥，严重影响了双证书制度在社会上的声誉，所以国家连续取消了一些职业资格证书。同时，在学生求职时，职业资格证书并没有发挥重要作用，使得学校和学生对职业资格证书的重视程度有所下降，这或许是案例院校职业资格证书的获取率逐年降低的原因。

从表 5-76 数据可见，各专业职业资格证书获取率存在很大差异，如 2016 届毕业生，应用电子技术专业毕业生的职业资格证书获取率达到 100%，而航空服务专业只有 32%；2017 届毕业生，汽车检测与维修技术专业达到 88%，旅游管理专业只有 34%。方差分析表明，各专业毕业生职业资格证书获取率差异显著，方差检验结果见表 5-77，各专业职业资格证书获取率分布条形图见图 5-58。

表 5-77　各专业毕业生职业资格证书获取率方差检验

参数	2016 届（%）	2017 届（%）	2018 届（%）	2019 届（%）
F	4.596	7.548	14.379	9.488
p	0.000	0.000	0.000	0.000

从图 5-58 可见，各专业毕业生职业资格证书获取率并不平衡，如园艺技术专业各届平均达到 72.7%、食品营养与检测专业平均达到 65%、会计电算化专业平均达到 61.5%，有些专业职业资格证书获取率一直较低，如畜牧兽医专业和航空服务专业只有 26% 和 28.3%；有些专业各届毕业生考证率存在显著差异，如应用电子技术专业和旅游管理专业，2015 年职业资格证书获取比例分别达 100% 和 71%，到了 2018 年则降到 22% 和 12%，这与院系该专业是否努力争取组织考证、统一组织考证、鼓励学生考证有直接关系。

为了切实提高职业资格证书的含金量，更好地推进产教融合、岗课赛证融通，2019 年，教育部、国家发展改革委、财政部、市场监管总局联合印发了《关于在院校实施"学历证书+若干职业技能等级证书"制度试点方案》，部署启动"学历证书+若干职业技能等级证书"（简称"1+X"证书）制度试点工作，高职院校需要提升重视度，以"1+X"证书制度为基础，推动高职院校的"三教"改革，凝聚多方面的优势资源，提高"X"证书的社会影响力，提高高职学生职业资格证书获取率，目的是提高学生的就业竞争力。

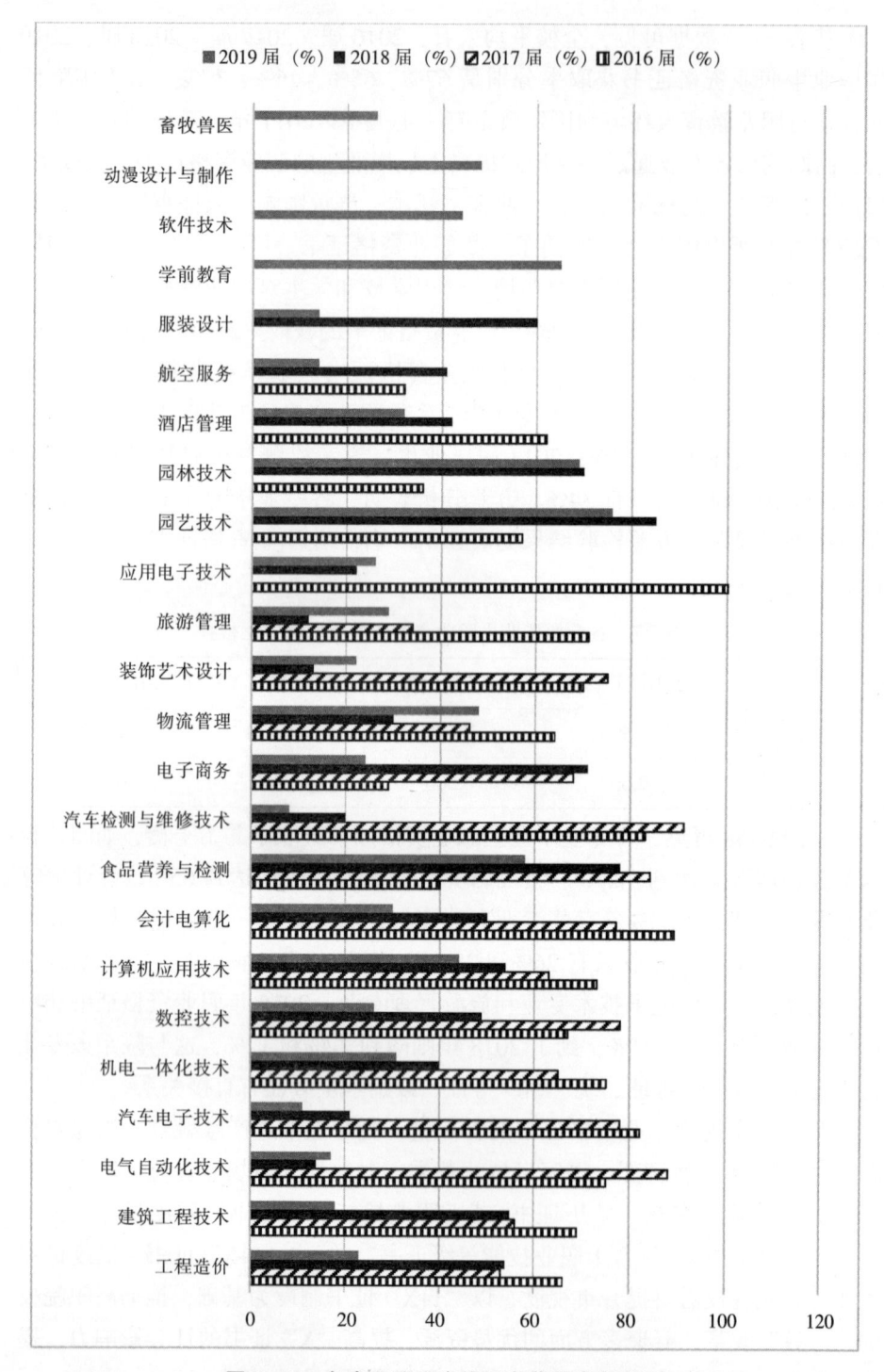

高职人才培养质量评价实证研究
——基于案例院校毕业生和用人单位的信息反馈

图 5-58 各专业职业资格证书获取率条形图

(七) 创新创业教育评价

在国家创新驱动发展战略下,深入推进大众创业、万众创新,是社会经济发展的动力之源,也是人民实现幸福生活的有效途径。高职院校开展创新创业教育是全面推进素质教育、提高人才培养质量、促进区域产业转型升级的重要举措,具有积极的现实意义。开展创新创业教育是缓解社会就业矛盾的需要。当前我国处于经济社会转型的重要时期,调结构、转方式、促升级是供给侧改革的重要途径,是保持经济可持续发展的有力武器。通过推进高职学生创新创业教育,使有技术、有产品、有创业梦想的人参与到创业中来,以实现创新支持创业、创业带动就业,不仅可以解决高职学生自身的就业问题,还能为社会创造更多的就业机会,有效缓解就业矛盾。开展创新创业教育是高职教育改革和发展的需要。创新型人才是一个国家乃至社会发展之源,是我国从"中国制造"迈向"中国智造"的强有力支撑,也是影响一个国家创新能力、国际竞争力和综合国力的一个重要因素。高职院校承担着高素质技术技能型人才培养的重任,是大批能工巧匠和大国工匠的"生产车间",要主动适应产业结构转型升级,培养具有创新创业能力、适应产业发展要求的合格建设者和可靠接班人。

1. 案例院校毕业生的创业现状

(1) 创业率与创业动机。

调研发现,案例院校 2015 至 2019 届毕业生中创业率分别为 2%、2.9%、2.1%、2.1%、1.8%,2016 届毕业生创业比例最高,2019 届毕业生创业比例最低,五届平均约占总毕业生的 2.18%。各届毕业生的创业率变化趋势如图 5-59 所示。

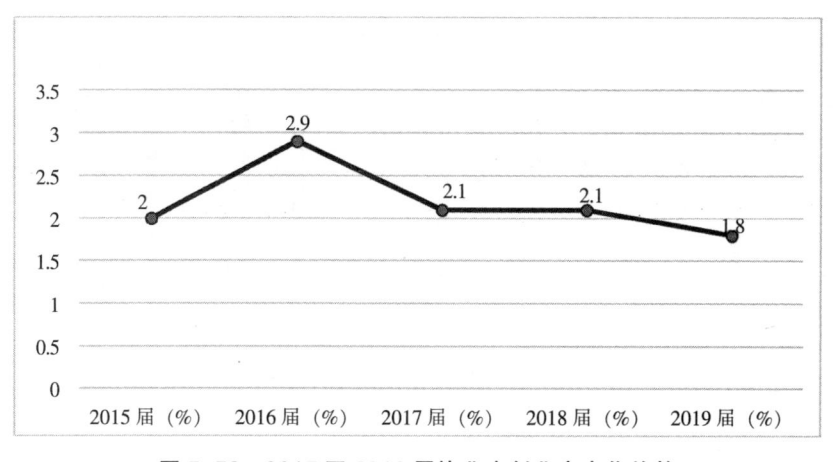

图 5-59 2015 至 2019 届毕业生创业率变化趋势

进一步调研创业毕业生的创业动机,结果如表 5-78 所示。

表 5-78　2015 至 2019 届毕业生的主要创业动机

主要创业动机	2015 届(%)	2016 届(%)	2017 届(%)	2018 届(%)	2019 届(%)	五届平均(%)
理想就是成为创业者	55.6	47.8	43.3	18.2	38.5	40.68
受他人邀请加入创业	0	4.3	0	12.1	0	4.1
未来收入好	33.3	17.4	20	18.2	15.4	20.86
有好的创业项目	11.1	21.7	23.3	27.3	30.8	22.84
未找到合适的工作	0	4.3	10	12.1	0	6.6
其他	0	4.3	3.3	12.1	15.4	7.02

从表 5-78 数据可见,毕业生创业的主要动机排在首位的是"理想就是成为创业者",占 40.68%;其次是"有好的创业项目",占 22.84%;第三位是"未来收入好",占 20.86%;因为"未找到合适的工作"而选择创业的仅占 6.6%。由此可见,84.38% 的创业学生是主动创业,而不是被迫创业,这是案例院校创新创业教育培养较好的一种表现。2015 至 2019 届毕业生主要的创业动机分布见图 5-60。

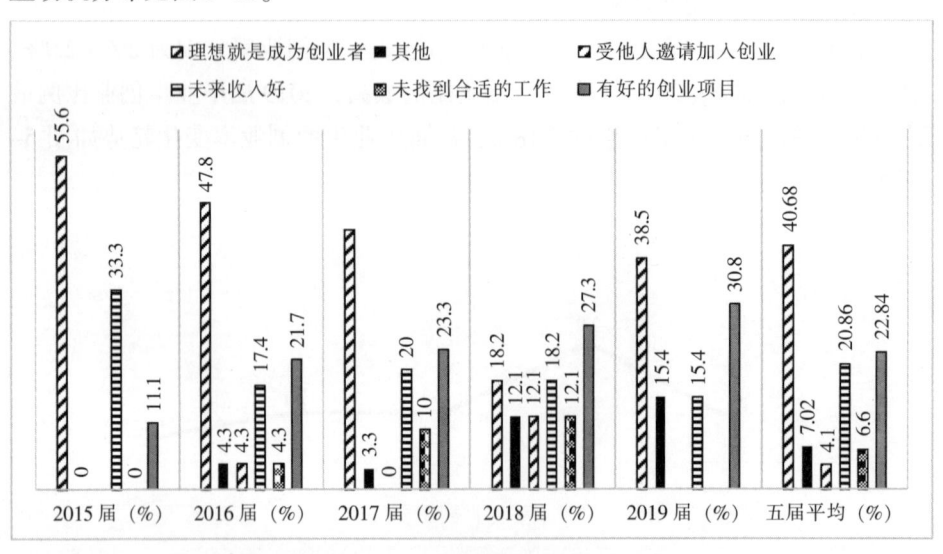

图 5-60　2015 至 2019 届毕业生的主要创业动机分布图

(2) 创业项目的专业相关度。

进一步分析毕业生的创业项目与其所学专业的相关性,结果如表 5-79、

图 5-61 所示。

表 5-79 毕业生创业项目与所学专业的相关和无关的比例分布

创业项目与专业相关性	2015 届 (%)	2016 届 (%)	2017 届 (%)	2018 届 (%)	2019 届 (%)	五届平均 (%)
无关	44.4	62.5	66.7	63.6	76.9	62.82
相关	55.6	37.5	33.3	36.4	23.1	37.18

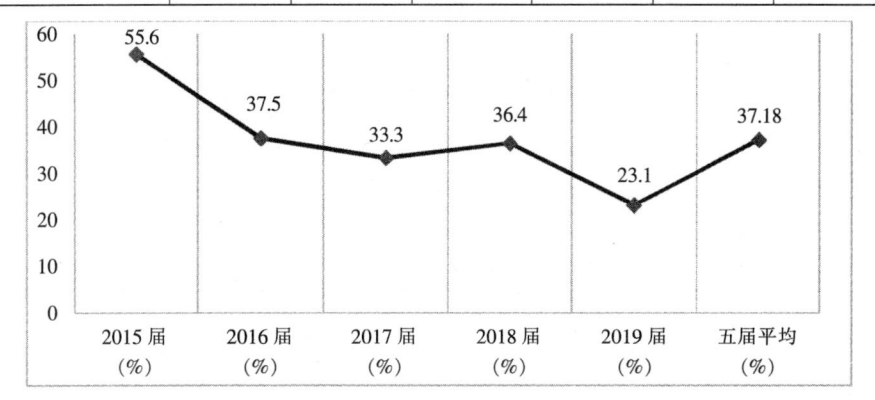

图 5-61 2015 至 2019 届毕业生创业项目与专业相关的比例分布

从表 5-79、图 5-61 数据可见，毕业生创业项目与所学专业相关度不高，五届平均相关的创业项目只占 37.18%，无关的比例为 62.82%。对创业者来说，最重要的是沟通、决策、管理等基本能力，专业能力不足可以雇佣相关技术员工进行弥补，所以创业者大部分看重的是创业项目的经济效益，是否与专业相关并没有放在第一位。进一步分析发现，高职毕业生创业技术成分不高，主要集中在个人服务和销售行业，同时也反映了高职学生所接受的创新创业教育与专业融合度不高，所以加强创新创业教育与专业教育融合是高职创新创业教育努力的方向。

毕业生的创业能力来源于大学生活中接受的各种各样的创业教育、参加的各种创业活动，哪种活动形式对学生毕业后从事创业的影响更大，调研结果如表 5-80 所示。

从表 5-80 数据可见，各届毕业生综合来看，从事创业毕业生中，36.2%的人认为创业帮助最大的活动是"假期实习/课外兼职"；其次 18.5%的创业毕业生认为"大学的模拟创业活动，如创业大赛等"对其创业帮助最大；排在第三位的是"学校和政府提供的创业培训和咨询"，比例为 18.06%；11.44%的毕业生认为"大学的社团活动"对其创业的帮助最大；也有 15.78%的学生选择"其他"。各届毕业生反馈的对创业帮助最大的活动形式并不一致，分布情况见图 5-62。

表 5-80 对毕业生创业帮助最大的活动形式

对创业帮助最大的活动	2015 届(%)	2016 届(%)	2017 届(%)	2018 届(%)	2019 届(%)	五届平均(%)
大学的模拟创业活动，如创业大赛等	11.1	17.4	16.7	24.2	23.1	18.5
大学的社团活动	11.1	13	13.3	12.1	7.7	11.44
假期实习/课外兼职	77.8	26.1	30	39.4	7.7	36.2
其他	0	30.4	13.3	12.1	23.1	15.78
学校和政府提供的创业培训和咨询	0	13	26.7	12.1	38.5	18.06

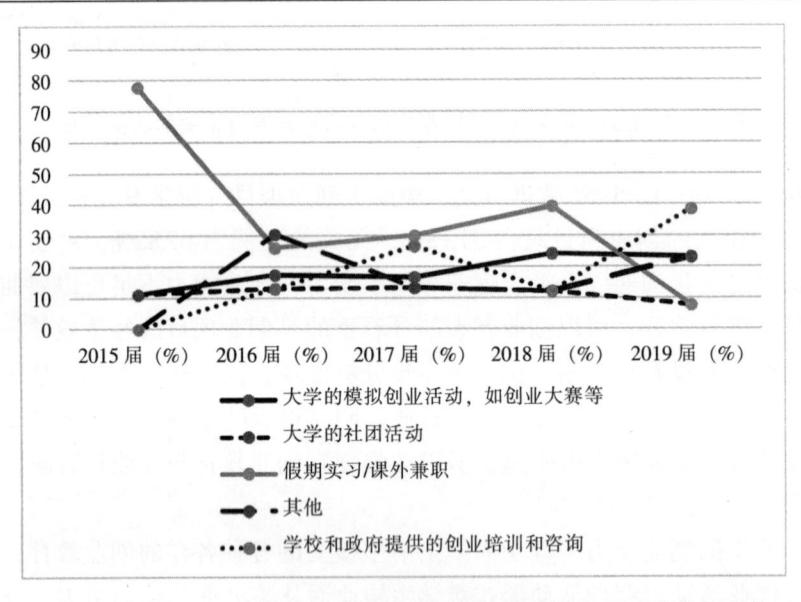

图 5-62 2015 至 2019 届毕业生反馈对创业帮助最大的活动变化趋势

从图 5-62 可见，认为"大学的社团活动"对创业帮助最大的人数百分比基本保持平衡；认为"假期实习/课外兼职"对创业帮助最大的人数总体呈下降趋势；认为"学校和政府提供的创业培训和咨询"对创业帮助最大的人数总体呈上升趋势。从变化趋势分布可见，学校有计划地对学生进行创新创业教育逐渐加强，对学生创业能力的培养作用凸显。高职教育在社会上普遍被认为是"差生教育",学历层次、薪资待遇、录取分数都比普通本科教育低,因此高职院校学生普遍存在着自信心不足等问题,创新创业教育则为高职学生搭建了一个展示的平台,有利于激发他们的创新创业积极性,实现被认同、被认可的心理需求。同时,创新创业教育还为高职学生职业生涯的可持续发展奠定了良好的基础,所以建立支持创新创业人才培养的教育教学制度,构建具有高职院校特色的创新创业人才培养体系是非常必要的。

2. 案例院校创新创业教育现状及改进点

从职业教育的目标、企业需求的角度来看,培养高职学生创新创业能力是当前经济社会发展的现实需要。培养高职学生的创新创业能力,能够帮助学生拓宽职业视野、增强专业性、拓展就业空间。创新创业教育是高职教育的重要组成部分,从高职教育现状来看,创新创业教育的主要形式有创新创业辅导活动、创新创业教学课程、创新创业竞赛活动、创新创业实践活动等,但目前参加创新创业教育的学生比例并不高,创新创业教育并没有引起学生的普遍重视。

通过毕业生信息反馈,调研案例院校毕业生接受过创新创业教育比例、创新创业教育成效、创新创业教育对毕业生工作和学习有无帮助、母校创新创业教育有哪些需要改进的地方,调研结果见表5-81。

从表5-81中数据可见,案例院校毕业生在校期间接受过创新创业辅导活动、创新创业教学课程、创新创业竞赛活动、创新创业实践活动的比例分别是41.2%、36.6%、25.6%、36.2%,2015至2018届毕业生中接受"双创"教育的人数总体比例是逐年升高的,说明案例院校对"双创"教育越来越重视,从主要为了学生参加创新创业竞赛而进行相应的"双创"辅导和实践活动,逐渐转变为有计划地开设"双创"课程,培养学生的创新创业能力,以各种形式参加"双创"教育的人数逐年上升。

2019年度总体人数有所下降是因为疫情导致,学生在校时间短,"双创"教育课程课时减少,有些"双创"竞赛活动取消,导致"双创"辅导等活动也相应减少,所以2019年届毕业生接受"双创"教育的比例有所降低。

各届毕业生接受创新创业教育比例分布见图5-63。

从毕业生接受创新创业教育的成效来看,80%以上的毕业生均认为,各种形式的创新创业教育对自己的工作和学习均有帮助,认为有帮助最多的是"参加创新创业竞赛活动",五届有86.6%,其次是"创新创业实践活动",认为有帮助的学生比例占84.2%。五届平均各种创新创业教育成效分布见图5-64。

表 5-81　2015 至 2019 届毕业生接受创新创业教育及反馈有效的学生比例

创新创业教育	创新创业教育形式	2015届(%)	2016届(%)	2017届(%)	2018届(%)	2019届(%)	五届平均(%)
接受过的创新创业教育	创新创业辅导活动	20	55	41	52	38	41.2
	创新创业教学课程	13	34	42	54	40	36.6
	创新创业竞赛活动	46	16	15	34	17	25.6
	创新创业实践活动	38	18	40	50	35	36.2
创新创业教育成效	创新创业辅导活动对现在的工作或学习有帮助	97	76	74	6	82	67
	创新创业教学课程对现在的工作或学习有帮助	100	78	70	93	75	83.2
	创新创业竞赛活动对现在的工作或学习有帮助	86	81	85	91	90	86.6
	创新创业实践活动对现在的工作或学习有帮助	78	80	82	93	88	84.2
创新创业教育需要改进的地方	创新创业教育课程缺乏	47	43	39	38	39	41.2
	教学方法不适用于创新创业教育	33	36	35	34	32	34
	创新创业课程教师不具备实践经验	23	24	23	21	20	22.2
	创新创业实践类活动不足	50	48	51	48	43	48

创新创业竞赛活动也是创新创业实践活动的一种形式，所以对毕业生工作和学习影响最大的双创教育形式是"创新创业实践"。

从需要改进创新创业教育的反馈信息来看，48%的毕业生认为母校的创新创业实践活动不足，需要改进；41.2%的毕业生认为母校的创新创业教育课程缺乏，形式单一，需要改进；34%的毕业生认为创新创业教育的教学方法

第五章 基于案例院校毕业生信息反馈的高职人才培养质量评价实证研究

不适用创新创业课程，需要改进；22.2%的毕业生认为创新创业教育教师实践经验不足，教学效果不好，需要改进。毕业生对改进创新创业教育的反馈意见如图 5-65 所示。

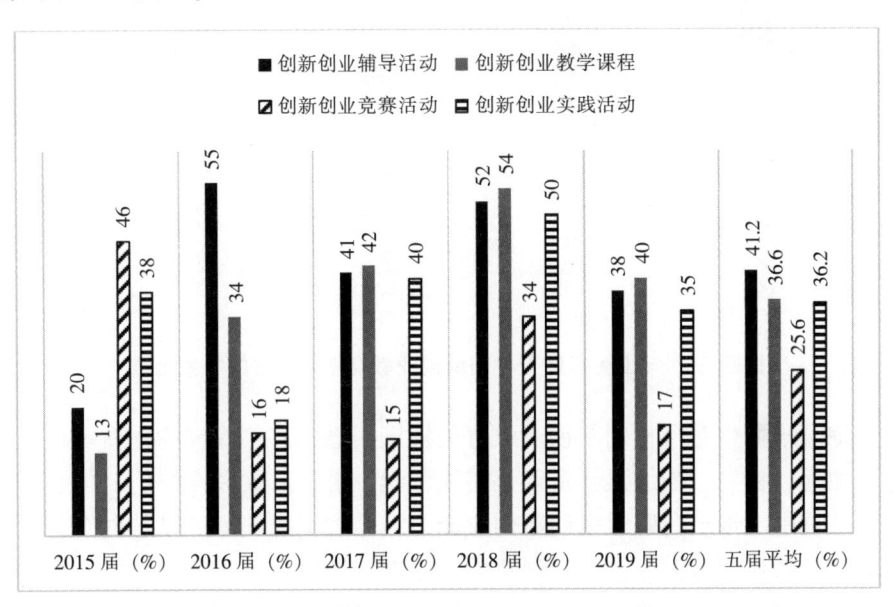

图 5-63 2015 至 2019 届毕业生接受创新创业教育比例分布柱状图

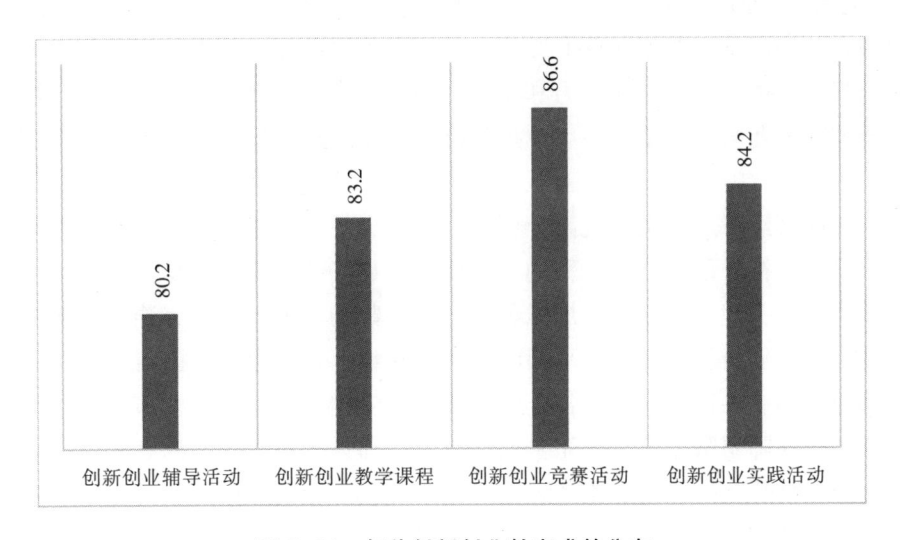

图 5-64 各种创新创业教育成效分布

173

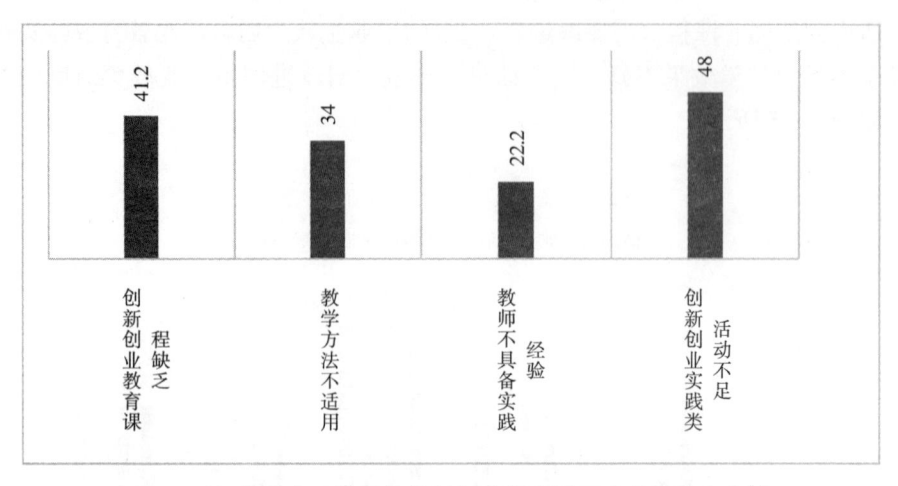

高职人才培养质量评价实证研究
——基于案例院校毕业生和用人单位的信息反馈

图 5-65 毕业生反馈母校创新创业教育需要改进的学生比例

（柱状图数据：创新创业教育课程缺乏 41.2；教学方法不适用 34；教师不具备实践经验 22.2；创新创业实践类活动不足 48）

综合毕业生对母校创新创业教育的反馈信息，案例院校的创新创业教育需要加强。首先，是加强创新创业实践教学，搭建形式多样的创新创业实践平台是重中之重。高职学生创新创业能力培养的实践训练可以是创新创业社团活动、系列创新创业讲座、创新创业培训、创新创业大赛、技能大赛、职业技能资格证的取得等，通过形式多样、内容丰富的创新创业实践活动，引导学生进行创新创造，在职业技能实践训练中探索、完成创新创造，实现专创融合，加深学生对创新创业知识的学习和实践技能的掌握，拓宽学生的职业视野，学生的创新创业能力和水平也能获得真正有效的提升。其次，需要加强创新创业教师的培训力度，提高师资水平。从反馈信息来看，从事创新创业教育的教师存在实践经验不足、专业性不强的弱点，教师的知识结构不足，与社会经济发展实际脱离，创新创业教育很多只是停留在普及相关知识的层面，不符合创新创业教育的根本要求。良好的师资力量是保证创新创业教育质量的关键，所以需要加强创新创业教师的培训力度，完善教师的知识结构，提高创新创业师资水平。师资队伍建设上要整合政府创新创业相关职能部门领导、各行业专家、各企业负责人、受过专门培训的教师，共同组成创新创业导师团队。第三，完善课程体系，加强与专业课的深度融合。分专业、分年级开展创新创业教育活动，对于不同年级的学生需要有区别地开展个性化创新创业教育活动；对于专业不同的学生，需要有鲜明专业特色、差异化的创新创业教育活动。专业课中渗透创新创业内容，通识课培养学生的创业意识、创新精神。第四，营造创新创业环境氛围。重点支持优秀项目成果转化，助推项目加速成长，增强市场竞争力和创新创业的社会影响力。充分利用大学生创新创业训练计划项目、"互联网+"大学生创新创业大赛、各类创新创业论坛及讲座，树立创新创业典型，多元化地营造氛围，提高学生创新创业意识。

高职院校的创新创业应以树立职业精神、培养创新意识、提升创业能力、造就创业人才为目标，以服务地方产业转型升级为导向，以技术技能创新为突破，立足小行业、深挖行业和地方特色，充分发挥专业优势开展创新创业教育培养；引导高职学生在工艺改进、创新增效等方面做创新实践，不应过多地追求成果转化和创业企业的数量。

二、对母校学生工作服务评价

高校的学生管理工作是教育管理的重要组成部分，也是一项系统工程，主要包括学生的思想政治教育、发展指导、事务管理等工作。党的十九大报告中明确指出，要落实立德树人的根本任务，实现全程育人、全方位育人。对于高等院校来说，改进学生管理和提高教学质量同等重要，是决定大学生成长成才的关键要素。

（一）毕业生对母校学生工作服务总体满意度

学生工作满意比例：本研究中，毕业生对母校的学生工作满意程度分为"很满意""满意""不满意""很不满意"4项。其中"满意""很满意"属于满意的范围，"很不满意""不满意"属于不满意的范围。学生工作满意比例是回答满意范围的人数百分比，计算公式的分子是回答满意范围的人数，分母是回答满意范围和不满意范围的总人数。

学生工作满意度评价：对满意程度进行量化，"很满意""满意""不满意""很不满意"分别计4、3、2、1分，若学生工作满意度平均得分在3分以上，我们可视为学生工作让学生达到"满意"水平。

案例院校2015至2019届毕业生对母校学生工作满意度结果见表5-82。从表5-82数据可见，案例院校五届毕业生对学生工作满意度平均达到86.66%，27.54%的学生对母校学生工作服务"很满意"，有59.12%的学生反馈"满意"，由此可见，案例院校的学生管理工作得到了学生的普遍认可。从各届毕业生的反馈信息来看，2016届（86.4%）与2017届（86.3%）毕业生对母校的学生管理工作满意度基本持平，整体发展趋势是逐年上升的，即案例院校根据学生需求，逐步完善学生管理工作，不断提高学生工作服务质量。各届毕业生对母校学生管理工作的满意度变化趋势如图5-66所示。

表 5-82　2015 至 2019 届毕业生对母校学生工作满意比例

学生工作满意度	2015 届(%)	2016 届(%)	2017 届(%)	2018 届(%)	2019 届(%)	五届平均(%)
(1) 很满意	29.7	27.8	24.3	27.5	28.6	27.54
(2) 满意	54.2	58.6	62.0	59.6	61.2	59.12
(3) 不满意	11.9	9.7	10.9	9.0	7.5	9.8
(4) 很不满意	4.2	3.9	2.8	3.9	2.8	3.56
(1) + (2)	83.9	86.4	86.3	87.1	89.8	86.66
(3) + (4)	16.1	13.6	13.7	12.9	10.3	13.36

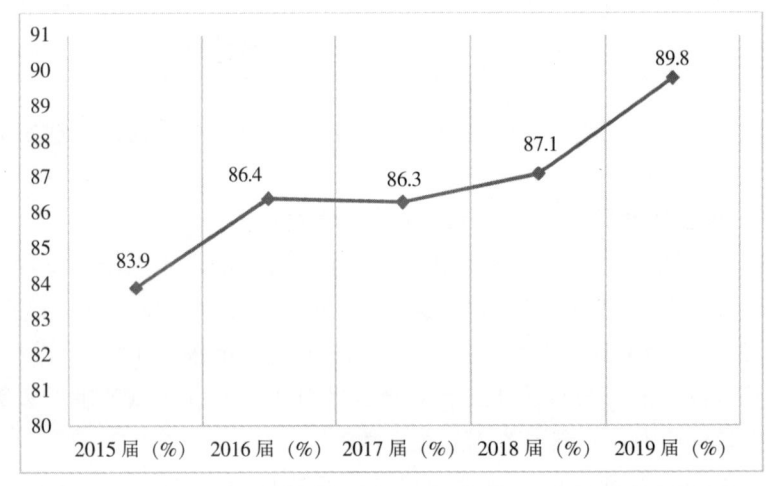

图 5-66　2015 届至 2019 届毕业生对母校学生工作满意度变化趋势

从量化的角度进一步分析毕业生的满意程度，结果如表 5-83 所示。

表 5-83　2015 至 2019 届毕业生对母校学生工作满意程度描述性统计

	2015 届 均值	2015 届 标准差	2016 届 均值	2016 届 标准差	2017 届 均值	2017 届 标准差	2018 届 均值	2018 届 标准差	2019 届 均值	2019 届 标准差
学生工作满意程度	3.08	.761	3.10	.723	3.09	.681	3.11	.715	3.16	.669

从表 5-83 数据可见，各届毕业生对母校学生管理工作满意程度平均得分范围在 3.08 和 3.16 之间，大于"满意"计分 3，总体来看，毕业生对母校提供的学生管理工作服务评价是"满意"的，但距离"很满意"4 分的水平还

有一定的差距。

(二) 毕业生对母校学生工作满意度的性别差异

进一步分析毕业生对母校学生工作满意程度有无性别差异、院系差异和专业差异，我们对毕业生的学生工作满意度评价得分进行差异性 t 检验和方差分析，结果见表 5-84。

表 5-84 毕业生对母校学生工作满意程度的性别差异 t 检验

性别	2015 届		2016 届		2017 届		2018 届		2019 届	
	M	SD	M	SD	M	SD	M	SD	M	SD
男	3.07	.849	3.04	.737	3.02	.755	3.12	.712	3.16	.755
女	3.13	.588	3.18	.699	3.15	.584	3.12	.695	3.15	.559
t	−0.653		−1.984*		−2.962**		0.054		0.149	

注：* 表示 $p<0.05$，** 表示 $p<0.01$

从表 5-84 数据可见，2015 届、2016 届、2017 届毕业生中女生对母校的学生管理工作满意程度高于男生，2015 届性别差异没有达到显著水平，2016 届女生的满意度显著高于男生，2017 届毕业生学生工作满意度性别差异达到非常显著的水平；2018 届与 2019 届毕业生对母校的学生管理工作满意度基本持平，没有显著差异。各届毕业生对母校学生工作满意程度性别差异见图 5-67。

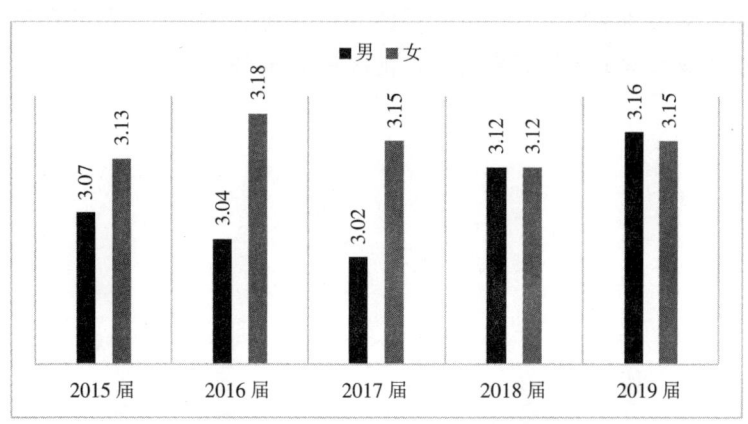

图 5-67 不同性别毕业生对母校学生工作满意度评价对比柱状图

(三) 毕业生对母校学生工作满意度的院系差异

不同院系的毕业生对母校学生工作满意度均值及方差检验结果见表 5-85。

表 5-85　各系毕业生对母校学生工作满意度均值及方差检验

系别	2015届 均值	2015届 标准差	2016届 均值	2016届 标准差	2017届 均值	2017届 标准差	2018届 均值	2018届 标准差	2019届 均值	2019届 标准差
财经系	3.02	.608	3.07	.744	3.08	.665	3.11	.704	3.11	.595
工美系	3.40	.516	3.32	.716	3.13	.694	2.83	.717	3.20	.568
机电系	2.97	.850	3.05	.772	3.05	.748	3.13	.717	3.06	.731
建筑系	3.00	.736	3.05	.701	3.05	.677	3.22	.688	3.17	.802
旅游系	3.43	.787	3.14	.789	3.21	.528	3.18	.641	3.19	.577
汽电系	3.33	.963	3.05	.669	2.99	.707	3.03	.752	3.15	.678
生物系	3.39	.502	3.20	.786	3.07	.602	3.03	.700	3.22	.554
信息系	3.05	.785	3.19	.552	3.14	.751	3.13	.759	3.23	.822
F	1.598		0.684		0.531		1.627		1.036	

从表 5-85 数据方差检验的结果可见，各届各院系毕业生对母校学生工作满意程度均没有显著差异，但从五届毕业生的平均得分来看，各院系毕业生对母校的学生工作满意程度也存在不平衡性，总体满意度评价得分较高的是旅游系、工美系和生物系，得分较低的院系分别是机电系、财经系和汽电系。各系五届毕业生学生工作满意度评价情况见图 5-68。

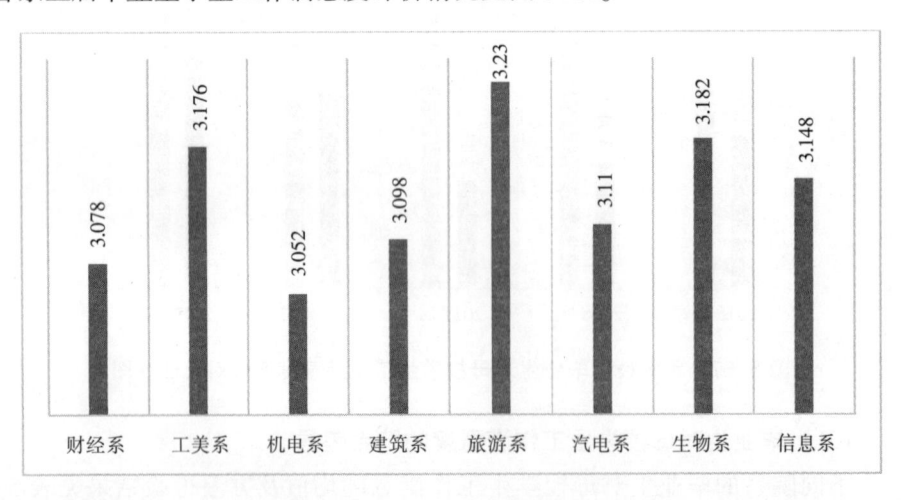

图 5-68　2015 至 2019 届各系毕业生对母校学生工作平均满意度柱状图

从表 5-82 数据可见，案例院校 2015 至 2019 届毕业生中，分别有 16.1%、13.6%、13.7%、12.9%、10.3%的学生对母校的学生工作不满意，进一步分析学生不满意的原因，以便改进学生管理工作，提高学生管理水平。

（四）改进母校学生工作管理的信息反馈

调研毕业生对母校学生工作的意见和建议，反馈信息见表 5-86、图 5-69。

表 5-86 2015 至 2019 届毕业生对母校学生工作的改进建议

学生工作需要改进的方向	2015 (%)	2016 (%)	2017 (%)	2018 (%)	2019 (%)	五届平均 (%)
学生社团活动组织不够好	40.3	45.5	46.3	42.6	40.6	43.06
与辅导员或班主任接触时间太少	35.2	38.5	42.1	39.1	39.3	38.84
解决学生问题不及时	35.6	34.9	29.1	26.8	25.1	30.3
学生资助服务不够好	30.9	25.8	23.2	19.2	20.1	23.84
辅导员或班主任态度不够好	7.6	5.5	5.2	4.3	6	5.72
辅导员或班主任专业素质不够	7.2	4.3	4.5	5.4	4.7	5.22

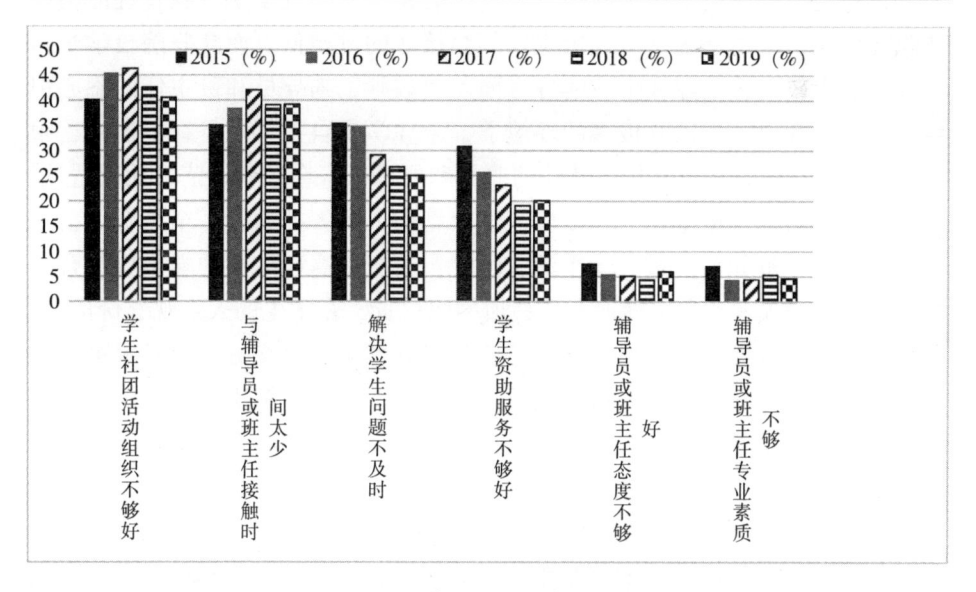

图 5-69 改进学生工作的毕业生反馈比例

从表 5-86 数据可见，毕业生认为母校"学生社团活动组织不够好，需要改进"的比例最高，平均占 43.6%；其次，38.84% 的毕业生认为"与辅导员或班主任接触时间太少"，需要改进；排在第三位的是"解决学生问题不及时"，反馈需要改进的比例达 30.3%；排在第四位的是"学生资助服务不够好"，认为需要改进的学生占 23.84%；反馈"辅导员或班主任态度不够好"和"专业素质不够"的人数较少，比例分别为 5.72% 和 2.22%。

学生社团是一个能够帮助学生提升自身知识能力水平、展现自身独特才能的平台。对于高职院校来讲，学生社团活动丰富了校园的文化活动，在一定程度上发挥了人才培养作用，特别是与专业相关的专业社团建设，对大学生专业素养的提升发挥了重要的促进作用。但许多高职院校学生社团所进行的活动内容水平较低，学生对于社团活动内容也并没有足够的重视，对于学生社团的创立也往往只是头脑发热，并没有进行过深入的思考，社团在实际的工作过程中并没有实际的意义，仅仅成了学生的一种放松形式，学生社团的建设与学生自身并没有形成统一。对案例院校而言，学生社团有 42 个，但专业社团只有 8 个，并且社团管理比较松散，活动较少，专业社团没有相关专业教师的参与和指导，活动质量不高，这或许是学生抱怨社团活动组织不好的原因。"与辅导员或班主任接触时间太少"是高校管理中普遍存在的问题，特别是普通高校，这种问题更严重，但是普通院校学生自我管理能力比高职院校高，学生和辅导员或班主任频繁接触的欲望低。而高职院校学生自我管理能力较差，学习和生活的各方面需要教师、辅导员和班主任的悉心引导，在现代社会外界诱惑极多的环境下，单凭学生自我管理是行不通的，很多高职学生在没有来自家长、教师的监督和要求下，会感到迷茫、无所适从。所以，需要教师、班主任、辅导员等学生管理人员齐抓共管、全员育人，才能引导学生了解如何度过大学生活。因此，要想使高职院校的学生成为合格的技术技能型人才，学生管理人员必须尽职尽责，在学生的人生观、价值观、思想道德修养方面有计划地引导和培养，多和学生接触交流，及时解决学生学习和生活中存在的问题。毕业生反馈的第三个方面"解决学生的问题不及时"也可以说是学生管理人员与学生接触少、交流少的必然结果，同时反映出案例院校的学生管理等其他管理服务效率低，对学生反映的问题没有引起足够的重视或是及时给予答复和解决。

学生资助是解决贫困家庭学生上学问题的根本保障，23.84% 的学生反映"学生资助服务不够好，需要改进"，说明在学生管理工作中，存在管理人员不了解学生家庭真实情况的问题，家庭经济困难学生认定存在局限性，导致资助不够精准,造成学生心理不平衡现象;或是资助对象的信息被公开而造成家庭困难学生的心理压力过大等问题。所以,在解决学生资助问题上,需要学生管理者讲究方式、方法,坚持全心全意为学生服务,精准扶贫,同时也要尊重学生隐私,呵护学生健康,同时加强资助政策宣传,坚持诚信感恩教育,实现资助育人育心。另外,要提升班主任和辅导员的责任心和工作能力,真正做到以生为本,切实提高学生管理工作水平,也是高职院校应当重视的问题。

(五) 大学生参与社团活动情况及社团活动满意度

案例院校平均43.6%的毕业生反馈"学生社团活动组织不够好,需要改进",由此可见,社团活动在学生的大学生活中占据重要地位,大学生社团建设应该引起重视。学生参加社团活动人数的占比够大?社团活动的开展对提升大学生的知识、技能、素养有没有作用?学生对社团活动的满意度如何?通过2015至2019届毕业生的信息反馈,统计结果见表5-87。

表5-87 案例院校毕业生参加社团活动的比例

大学生社团	2015届(%)	2016届(%)	2017届(%)	2018届(%)	2019届(%)	五届平均(%)
公益类社团	24	25.5	26	27.5	28	26.2
体育户外类社团	20.7	19.2	18	17.6	20.5	19.2
文化艺术类社团	17.8	18.2	15.4	13.4	20.8	17.12
表演艺术类社团	13.9	11.9	13.9	13.1	19	14.36
社会实践类社团	12	11.9	10.5	8.9	16.6	11.98
学术科技类社团	9.1	6.5	7.2	4.9	14	8.34
社交联谊类社团	9.1	7.8	6.2	5.1	11	7.84
没有参加任何社团活动	30.8	33.5	40.0	40.0	31.0	35.06

从表5-87数据可见,案例院校参加过社团活动的比例占64.94%,没有参加过任何社团活动的学生占35.06%,参加过社团活动的学生比例相对较高。

从参加社团的种类来看,大学生参加社团的人数从高到低依次是公益社团、体育户外类社团、文化艺术类社团、表演艺术类社团、社会实践类社团、学术科技类社团、社交联谊类社团,学生比例依次是26.2%、19.2%、17.12%、14.36%、11.98%、8.34%、7.84%。各类社团人数比例分布见图5-70。

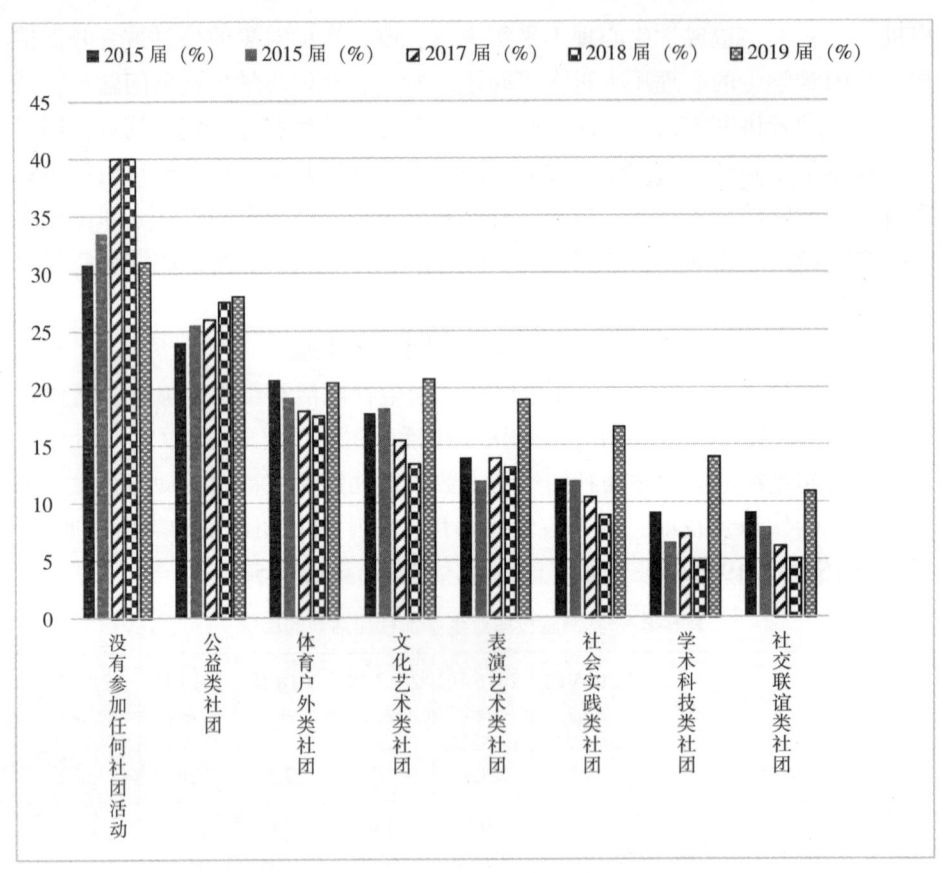

图 5-70　大学生参加各类社团的人数分布柱状图

从图 5-70 可见，2019 届毕业生较往届毕业生参加文化艺术类社团、表演艺术类社团、社会实践类社团、学术科技类社团、社交联谊类社团的人数明显增多，其他各届毕业生参加社团的比例变化不大，各种社团的人数比例也没有显著变化。整体来看，公益类社团的参加人数最多，并且有逐年上升的趋势，这或许与社会大环境文明城市创建、近几年学院文明校园和文明单位的创建有关，应大力提倡学生利用自己的知识技能参加公益慈善活动，进行志愿服务，这是社会文明进步的重要标志，学生做公益的意识也会加强；学术科技类社团大多是专业社团，参加的学生比例较低，平均占 8.34%，这是高职院校大学生社团建设中需要加强的方面。在专业社团建设中，应注重与高职院校的专业教学内容进行结合，要拓宽多渠道，让学生能够接触到专业化的信息，并且结合相关行业，带领学生开展实践活动，提升学生的专业能力以及相关素养，在核心竞争力上有一定的提升。另外，社交联谊类社团参加比例最低，平均只占 7.84%。现代社会科技日益发达，社交媒体越来越方便，人们越来越依赖于网络，大学生之间面对面的交流与沟通越来越少，这不利于大学生人际交往能力的提升，而人际交往能力又是毕业生反馈工作生活中最重要的能力，所以加强社交联谊类社团建设也应该引起学生管理人员的重视。

进一步调研大学生参加社团活动的满意度，信息反馈结果见表 5-88。

表 5-88　案例院校大学生参加社团活动的满意比例

社团活动满意度	2015 届 (%)	2016 届 (%)	2017 届 (%)	2018 届 (%)	2019 届 (%)	五届平均 (%)
学术科技类社团活动	94.1	81.8	84.4	87.2	90.8	87.66
社会实践类社团活动	78.3	85.4	91.0	91.3	94.1	88.02
社交联谊类社团活动	88.2	92.3	97.5	90.0	92.1	92.02
文化艺术类社团活动	82.4	80.6	82.3	83.8	89.5	83.72
表演艺术类社团活动	92.0	79.1	84.5	85.3	84.3	85.04
体育户外类社团活动	90.0	86.1	86.7	89.2	92.3	88.86
公益类社团活动	80.9	89.9	89.6	89.6	92.9	88.58

从表 5-88 数据可见，案例院校学生对参加各类社团活动的满意度较高，从五届毕业生信息反馈的平均值来看，对各类社团活动的满意度均在 83% 以上。由此可见，案例院校社团活动管理均得到了学生的普遍认可，参加社团的学生多数是满意的。之所以有 43.6% 的学生认为社团活动需要改进，说明学生对大学生社团活动的重视，所以加强管理和引导，提高社团活动参与度和活动质量仍然是案例院校社团建设的着力点。

（六）就业服务

高校毕业生人数每年都创新高，就业压力越来越大，面对竞争日益激烈的就业市场，怎样让高职毕业生在与大批研究生、本科生进行岗位竞争时不被淘汰，并且实现高质量的就业，解决高职人才培养的出口问题，是影响高职院校声誉和品牌的关键问题。所以，高职院校的就业服务工作与教学工作同等重要，是高职院校学生管理的重要组成部分。

高校就业服务工作包括就业见习、就业指导、校园招聘、岗位信息发布、职业介绍等多种形式，完善就业服务体系是提高就业服务质量的重要保障。

1. 毕业生获得第一份工作的主要渠道

毕业生获得第一份工作的主要渠道分为学校渠道和社会渠道，其中学校渠道包括实习/顶岗实习、学校的招聘活动或发布的招聘信息、订单式培养、学校直接介绍工作等。通过了解毕业生获得第一份工作的主要渠道，可以在一定程度上反映出学校就业服务的质量和成效。

案例院校 2015 至 2019 届毕业生第一份工作来源的主要渠道如表 5-89 所示。

表 5-89　2015 至 2019 届毕业生第一份工作来源渠道

第一份工作来源	2015届(%)	2016届(%)	2017届(%)	2018届(%)	2019届(%)	五届平均(%)
学校的招聘活动或发布的招聘信息	13.7	13.4	14.8	15.6	15.2	11.98
学校直接介绍工作	5.1	3.2	3	2.7	1.7	3.7
实习/顶岗实习	7.9	11.2	11.3	12.7	17.7	12.14
订单式培养	1.1	0.6	0.5	0.8	0.9	0.8
参加政府或其他大学组织的招聘活动	2.4	1.9	1.4	1	1.3	1.6
通过媒体看到招聘信息	5.5	7.7	7.9	7.5	8.3	7.38
通过朋友和亲戚得到招聘信息	33.3	35.8	35.4	31.6	31.7	33.56
通过专业求职网站	13.3	15.3	15.9	14.1	11	13.92
直接向用人单位申请	14.5	18.8	15	14	12.1	14.88

从表 5-89 数据可见，案例院校 2015 至 2019 届毕业生落实就业主要是依靠学校渠道的比例分别为 27.8%、28.4%、29.5%、31.8%、35.5%，五届平均达到 28.62%，通过学校渠道就业的平均比例不高，但从发展趋势来看，呈逐年上升的趋势；突出表现在通过顶岗实习实现就业的方式上，2015 至 2019 届毕业生通过顶岗实习获得第一份工作的毕业生比例分别为 7.9%、11.2%、11.3%、12.7%、17.7%，呈明显的上升趋势。把顶岗实习与就业相结合，是促进毕业生就业且实现对口就业的重要渠道。2015 至 2019 届毕业生中通过学校的招聘活动或发布的招聘信息实现就业的比例分别为 13.7%、13.4%、14.8%、15.6%、15.2%，是学校就业服务最直接、同时成效明显的服务形式。

同时从数据可见,通过学校直接介绍工作的比例较低,平均只占3.7%,所以学校的就业服务还有很大的提升空间。有效推进产教融合,密切校企合作、及时发布就业信息是实现高职毕业生就业的有效方式。

在获得第一份工作的渠道中,"通过朋友和亲戚得到招聘信息"所占的比例最高,平均达到33.56%,所以,提高学生的人际交往能力、扩大学生的交际面也是提高就业率的重要渠道。毕业生获得第一份工作的主要渠道学生比例见图5-71。

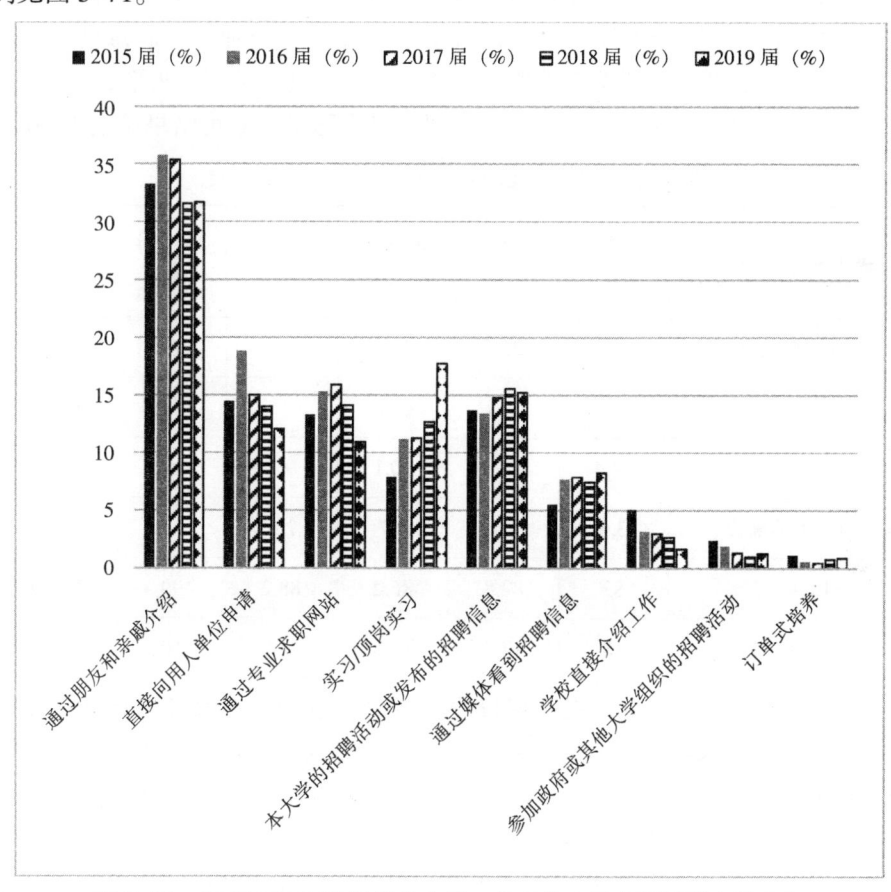

图5-71 2015至2019届毕业生第一份工作来源主要渠道人数分布

2. 毕业生就业服务满意度

高校就业服务的形式主要有就业指导、举办招聘会、发布招聘信息、直接推荐学生就业等多种形式。就业指导是就业服务中的重要环节,包括职业规划、求职辅导等内容,就业指导能够帮助学生树立合理的职业期待,提升求职技能,促进顺利就业。下文通过毕业生对母校就业服务满意度信息反馈,评价、考察案例院校的就业服务质量。

就业服务满意比例：本研究中，毕业生对母校的就业服务满意度评价分为"很满意""满意""不满意""很不满意"4级，其中"满意""很满意"属于满意的范围，"很不满意""不满意"属于不满意的范围。就业服务满意比例界定为回答满意范围的人数百分比，计算公式的分子是回答满意范围的人数，分母是回答满意范围和不满意范围的总人数。

就业服务满意度：对就业服务满意程度进行量化，"很满意""满意""不满意""很不满意"分别计4、3、2、1分，若学生对就业服务满意度平均得分在3分以上，我们可视为就业服务工作让学生达到"满意"水平。

案例院校2015至2019届毕业生对母校就业服务满意度结果见表5-90。

表5-90　2015至2019届毕业生就业服务满意度

就业服务满意度	2015届(%)	2016届(%)	2017届(%)	2018届(%)	2019届(%)	五届平均(%)
(1) 很满意	26.7	21.7	25.4	26.6	24.4	25.36
(2) 满意	55.3	61.1	60.8	61.6	65.6	60.88
(3) 不满意	14.4	13.5	10.1	9.3	5.6	10.18
(4) 很不满意	3.6	3.7	3.7	2.5	4.4	3.58
(1) + (2)	82	82.8	86.2	88.2	90	85.84
(3) + (4)	18	17.2	13.8	11.8	10	14.16

从表5-90数据可见，案例院校毕业生对母校的就业服务满意度整体较高，五届平均"满意"的比例达85.84%，不满意的学生约占14.16%，并且毕业生的整体满意度是逐年升高的，对母校就业指导服务感到"很满意"和"满意"的学生比例分别为82%、82.8%、86.2%、88.2%、90%，由此可见，案例院校加大了对就业服务工作的力度，提高了就业服务的工作效率。各届毕业生对母校就业服务满意比例的变化趋势见图5-72。

进一步从量化角度评价毕业生的就业服务满意度，2015至2019届毕业生的就业服务满意程度描述性统计结果见表5-91所示。

从表5-91中数据可见，各届毕业生对母校学生就业服务满意度平均得分范围在3.01和3.12之间，大于"满意"计分3，总体来看，毕业生对母校提供的就业服务是"满意"的，但距离"很满意"4分的水平还有一定的差距。

第五章 基于案例院校毕业生信息反馈的高职人才培养质量评价实证研究

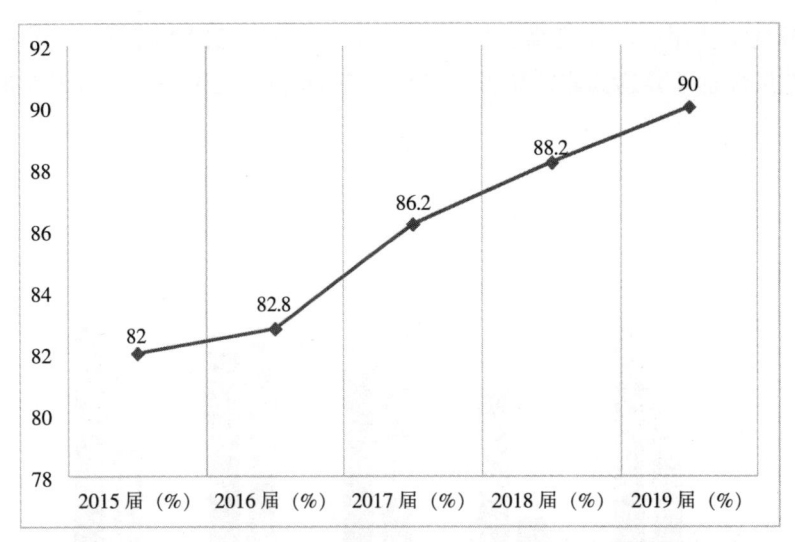

图 5-72 2015 至 2019 届毕业生对就业服务满意比例变化趋势

表 5-91 2015 至 2019 届毕业生就业服务满意度描述性统计

	2015 届		2016 届		2017 届		2018 届		2019 届	
	均值	标准差	均值	标准差	均值	标准差	均值	标准差	均值	标准差
就业服务满意度	3.09	.739	3.01	.708	3.08	.706	3.12	.667	3.10	.682

3. 毕业生对母校就业服务满意程度的性别差异、院系专业差异

进一步分析毕业生对母校就业服务满意程度有无性别差异、院系差异和专业差异，我们对毕业生的就业服务满意程度进行差异性 t 检验和方差分析，结果见表 5-92 和表 5-93。

表 5-92 毕业生对母校就业服务满意度的性别差异 t 检验

性别	2015 届		2016 届		2017 届		2018 届		2019 届	
	M	SD	M	SD	M	SD	M	SD	M	SD
男	3.05	.789	2.93	.795	3.08	.689	3.13	.737	3.02	.812
女	3.15	.667	3.09	.587	3.10	.725	3.12	.584	3.15	.572
t	−1.415		−3.030**		−0.522		0.174		−2.804**	

注：* 表示 $p<0.05$，** 表示 $p<0.01$

从表 5-92 数据可见，2015 届、2016 届、2017 届、2019 届毕业生中女生对母校的就业服务满意度高于男生，并且 2016 届、2019 届毕业生的就业服务满意度性别差异达到非常显著的水平，2018 届毕业生中男生对母校的就业服务满意程度稍高于女生，没有显著差异。各届毕业生对母校就业服务满意程度性别差异见图 5-73 所示。

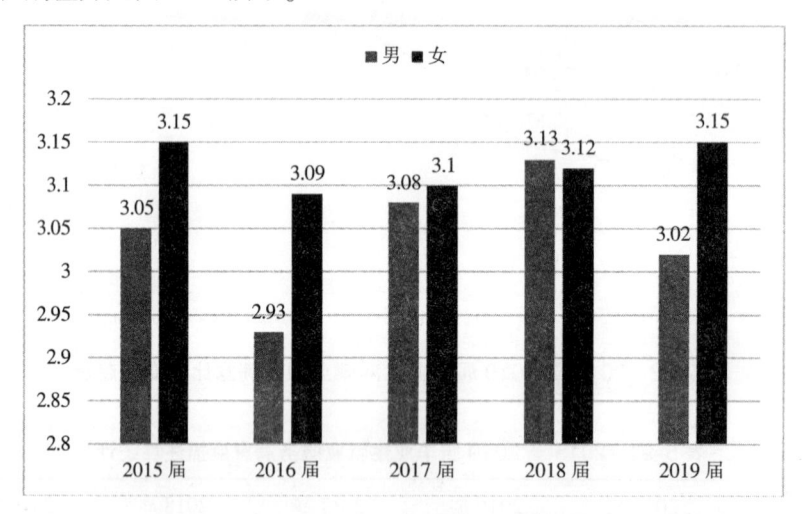

图 5-73 2015 至 2019 届毕业生对母校就业服务满意度的性别差异

表 5-93 毕业生对母校就业服务满意程度的院系差异方差检验

系别	2015 届 均值	2015 届 标准差	2016 届 均值	2016 届 标准差	2017 届 均值	2017 届 标准差	2018 届 均值	2018 届 标准差	2019 届 均值	2019 届 标准差
财经系	3.12	.606	3.12	.606	3.10	.695	3.06	.603	3.13	.677
工美系	3.25	.737	3.25	.737	2.88	.711	3.08	.624	3.11	.587
机电系	3.06	.822	3.06	.822	3.06	.708	3.00	.791	3.04	.833
建筑系	2.92	.783	2.92	.783	3.09	.716	3.31	.647	3.12	.591
旅游系	3.04	.889	3.04	.889	3.21	.619	3.13	.660	2.96	.649
汽电系	2.89	.809	2.89	.809	3.05	.696	3.10	.656	3.01	.842
生物系	3.36	.537	3.36	.537	3.06	.758	3.27	.494	3.28	.484
信息系	3.29	.611	3.29	.611	3.11	.723	3.11	.801	3.02	.723
F	2.343*		1.962		0.708		2.892**		1.261	

注：* 表示 p<0.05，** 表示 p<0.01

第五章 基于案例院校毕业生信息反馈的高职人才培养质量评价实证研究

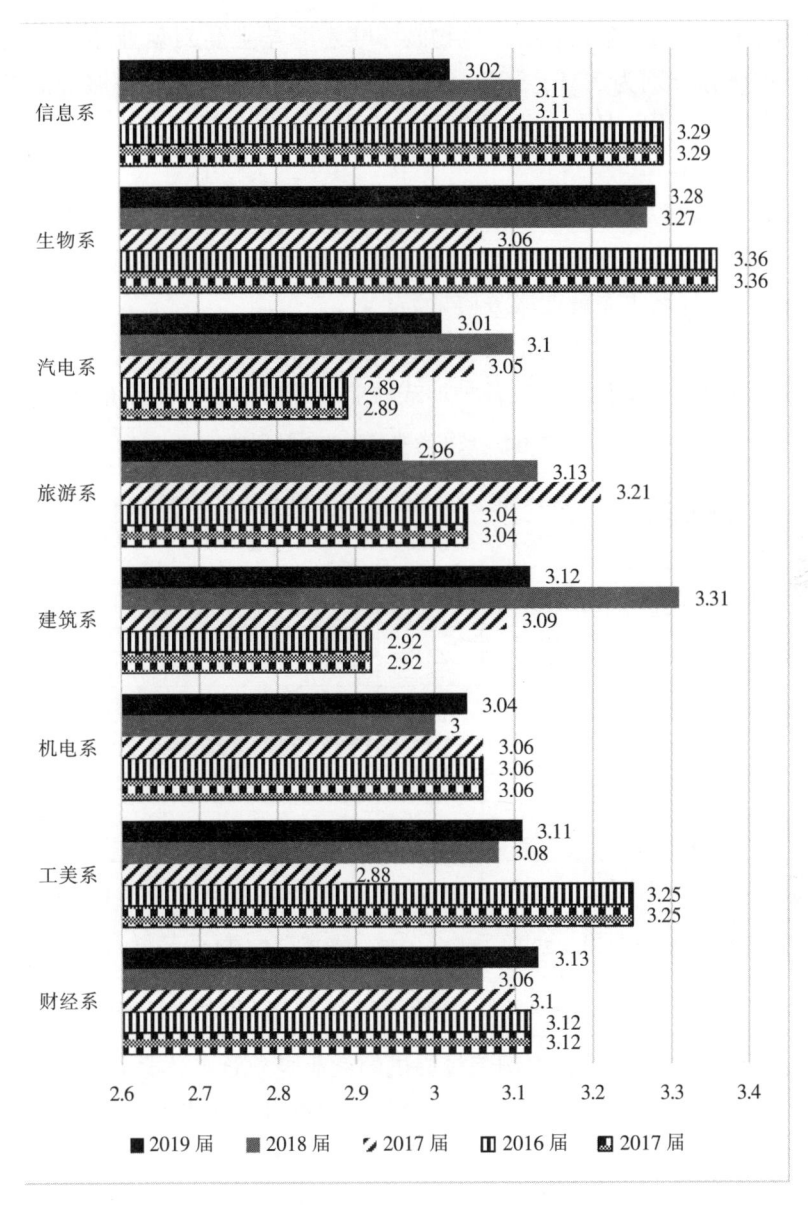

图 5-74 2015 至 2019 届各系毕业生就业服务满意度变化条形图

从表 5-93 方差检验的结果可见，2015 届与 2018 届毕业生对母校就业服务满意程度各院系之间有显著差异，2015 届毕业生中，生物技术工程系、信息技术工程系、工艺美术系的毕业生对母校就业服务满意度较高，平均得分分别为 3.36、3.29、3.25；建筑工程系、汽车与电气工程系的毕业生对母校就业服务满意程度较低，平均得分分别为 2.92、2.89，没有达到"满意"水平；

189

2018届毕业生中建筑工程系、生物技术工程系毕业生对就业服务满意度较高，平均得分分别为3.31、3.27，机电技术工程系毕业生就业服务满意度较低，平均得分3分，刚好达到"满意"水平。五届各系毕业生就业服务满意程度情况见图5-74。

从图5-74可见，各系毕业生对就业服务满意度存在一定的不平衡性，满意度较低的院系需要根据学生的信息反馈进行反思，采取措施完善和改进就业服务工作，提高本系就业服务质量。

4.高职院校就业服务的形式及其有效性评价

案例院校毕业生接受母校各种形式就业服务的学生比例分布见表5-94。

表5-94 学生接受就业服务的比例

接受求职服务形式	2015届(%)	2016届(%)	2017届(%)	2018届(%)	2019届(%)	五届平均(%)
学校组织的招聘会	70.4	56.8	59.9	60	62.4	61.9
职业发展规划	38.5	22.8	17.4	23	23.1	24.96
辅导简历写作	32.9	19.6	18.8	18.9	16.1	21.26
没有接受任何服务	8.4	22.6	24.4	19	18.4	18.56
辅导面试技巧	31.3	19.6	13.1	14.9	10.7	17.92
发布招聘需求与薪资信息	25.8	14.9	15	17.3	16.1	17.82
辅导求职策略	29.1	15.2	10.7	14	11.1	16.02
直接介绍工作	19.5	10.9	11.3	10.1	8.4	12.04

从表5-94数据可见，案例院校提供的就业服务形式，学生接受的比例差别较大，参与学生数最多覆盖面最广的是"学校组织的招聘会"，五届平均达到61.9%，接受"直接介绍工作"服务的最少，平均占12.04%。学校组织的招聘会是面向所有毕业生的，参与的用人单位众多，招收学生数量大、岗位种类多，学生选择余地大，所以参与的学生比例最高；学院能"直接介绍工作"的学生，大部分是优等生，是根据用人单位要求推荐就业的，招收的人数少，学生占比低。按学生参加比例从高到低排列的就业服务形式分别是大学组织的招聘会、职业发展规划、辅导简历写作、辅导面试技巧、发布招聘需求与薪资信息、辅导求职策略、直接介绍工作，平均18.56%的学生没有接受过母校提供的任何形式的就业服务，这些学生多数是升学、服兵役或是依

靠家庭、亲戚或朋友选择实现就业。学生接受各种就业服务形式分布情况见图 5-75。

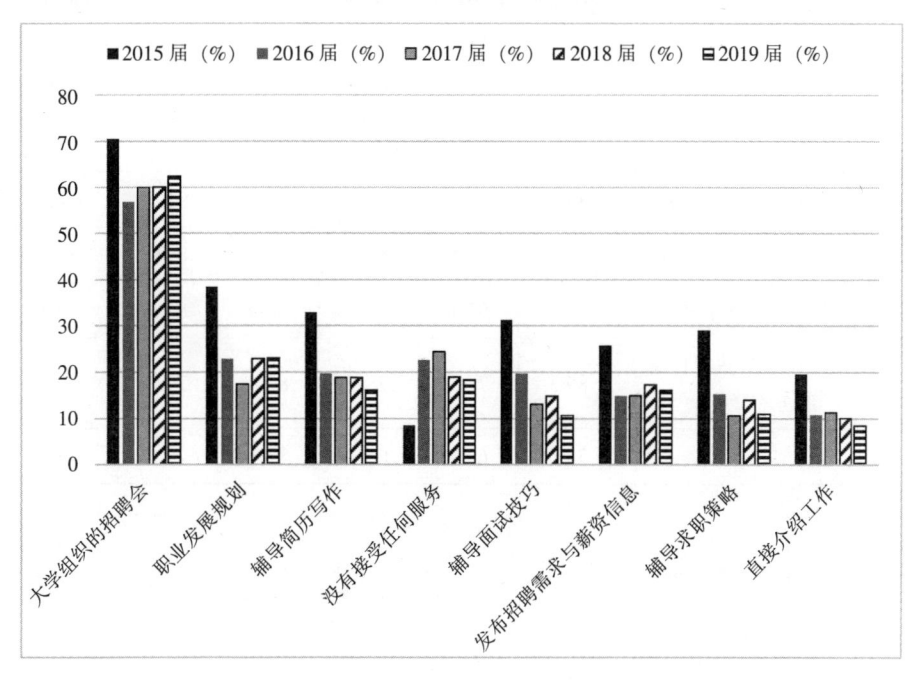

图 5-75 2015 至 2019 届毕业生接受不同就业服务形式人数比例分布

毕业生反馈不同就业服务形式的有效性评价结果见表 5-95 和图 5-76。

从表 5-95 数据可见，2015 至 2019 届毕业生中认同各种就业服务的有效的比例较高，各届毕业生对各种就业服务形式的认可度变化范围在 62.8% 至 96.3% 之间，从五届毕业生综合来看，就业形式有效评价从高到低依次是辅导求职策略、辅导面试技巧、辅导简历写作、直接介绍工作、职业发展规划、发布招聘需求与薪资信息服务、学校组织的招聘会，认为有效的评价比例分别为 90.92%、90.78%、89.28%、85.5%、84.8%、82.54%、73.3%。由此可见，对学生进行直接的就业指导服务，教给学生求职的策略、面试的技巧、进行职业规划教育是有效的。在提供招聘信息发布和组织招聘会时，应当提高信息的针对性、有效性，并全面了解毕业生需求与用人单位需求，提高匹配度，提高毕业生与用人单位双向选择的达成度。

表 5-95 2015 至 2019 届毕业生对不同就业服务形式的有效性评价

求职服务有效评价	2015届(%)	2016届(%)	2017届(%)	2018届(%)	2019届(%)	五届平均(%)
辅导求职策略服务有效	87.3	96.2	93.2	87.2	90.7	90.92
辅导面试技巧服务有效	85.1	92.2	92.2	88.1	96.3	90.78
辅导简历写作服务有效	89.8	84.3	93	87.8	91.5	89.28
直接介绍工作服务有效	87.7	79.5	87.8	86.6	85.9	85.5
职业发展规划服务有效	82.1	82.1	88.5	86.9	84.4	84.8
发布招聘需求与薪资信息服务有效	89.3	78.8	78.6	86.8	79.2	82.54
学校组织的招聘会服务有效	73.6	62.8	66.4	87.1	76.6	73.3

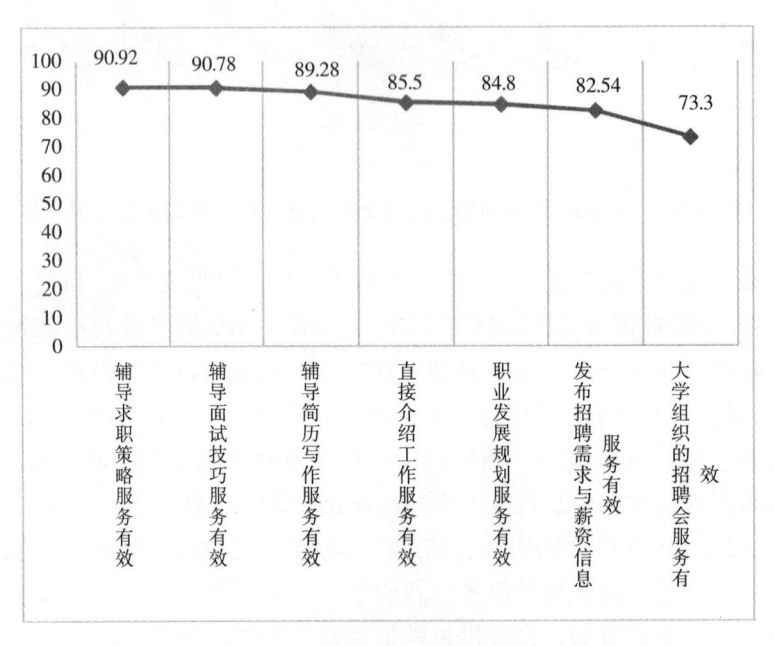

图 5-76 不同就业服务形式的有效评价占比

三、案例院校生活服务质量评价

学校生活服务是学校工作的重要组成部分，是学校教育教学和实现教育改革的重要保障，它能确保教育教学的顺利进行，关系着学生的在校生活体验。生活服务质量的优劣直接影响着学校的改革发展，也直接影响着学生的精神面貌。高质量的大学生活服务可以起到校园内管理育人、服务育人、环境育人的作用。所以高职院校生活服务在大学生成人成才中发挥着重要作用，生活服务育人是对大学生进行教育育人、管理育人的重要补充。

（一）高职毕业生对母校生活服务满意度

生活服务满意比例：毕业生对母校的生活服务满意程度分为"很满意""满意""不满意""很不满意"4项。其中"满意""很满意"属于满意的范围，"很不满意""不满意"属于不满意的范围。生活服务满意比例是回答满意范围的人数百分比，计算公式的分子是回答满意范围的人数，分母是回答满意范围和不满意范围的总人数。学生的生活服务满意度在一定程度上反映案例院校的生活服务质量，是测评高职院校办学质量的重要指标。

生活服务满意度：对母校生活满意程度进行量化，"很满意""满意""不满意""很不满意"分别计4、3、2、1分，若学生对生活服务满意程度平均得分在3分以上，我们可视为母校生活服务让学生达到"满意"水平。

案例院校2015至2019届毕业生对母校生活服务满意度结果见表5-96。

表5-96　2015至2019届毕业生生活服务满意比例

生活服务满意度	2015届(%)	2016届(%)	2017届(%)	2018届(%)	2019届(%)	五届平均(%)
（1）很满意	29.3	28.9	23.1	26.7	27.2	27.04
（2）满意	55.6	58.5	66.4	63.4	63.2	61.42
（3）不满意	11.2	10.4	8.8	7.5	7.7	9.12
（4）很不满意	3.9	2.2	1.7	2.4	1.9	2.42
（1）+（2）	84.9	87.4	89.5	90.1	90.4	88.46
（3）+（4）	15.1	12.6	10.5	9.9	9.6	11.54

从表5-96数据可见，案例院校毕业生对母校生活服务满意比例整体较高，五届平均"满意"的比例达88.46%，不满意的学生占11.54%，并且毕业生对母校生活服务满意比例是逐年升高的，对母校生活服务感到"很满意"和"满意"的学生比例分别为84.9%、87.4%、89.5%、90.1%、90.4%。由此可见，案例院校比较重视学生的生活服务，注重生活服务的质量，尽量给学生提供比较舒适的生活环境。各届毕业生对母校生活服务满意比例的变化趋势见图5-77。

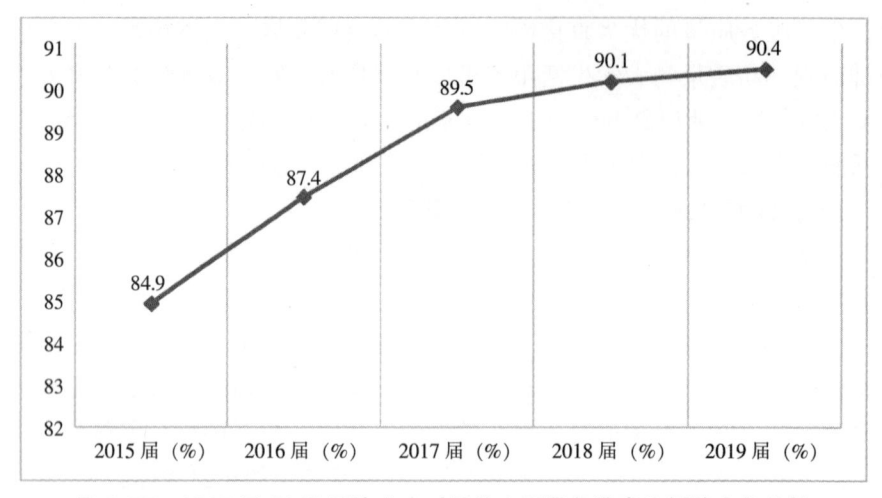

图 5-77　2015 至 2019 届毕业生对母校生活服务满意比例的变化趋势

进一步从量化角度评价毕业生对母校的生活服务满意程度，2015 至 2019 届毕业生对母校生活服务满意度描述性统计结果见表 5-97。

从表 5-97 中数据可见，各届毕业生对母校生活服务满意程度平均得分范围在 3.10 和 3.17 之间，大于"满意"计分 3，所以总体来看，毕业生对母校提供的生活服务评价是"满意"的，但距离"很满意"4 分的水平还有一定的差距。

表 5-97　2015 至 2019 届毕业生生活服务满意度描述性统计

	2015 届		2016 届		2017 届		2018 届		2019 届	
	均值	标准差	均值	标准差	均值	标准差	均值	标准差	均值	标准差
生活服务满意程度	3.10	.743	3.11	.680	3.14	.612	3.16	.635	3.17	.643

（二）生活服务满意度的性别差异和院系差异

进一步分析毕业生对母校生活服务满意程度有无性别差异、院系差异和专业差异，我们对毕业生的生活服务满意程度得分进行差异性 t 检验和方差分析。结果见表 5-98。

从表 5-98 数据可见，案例院校各届男女学生对母校生活服务满意程度均达到"满意"水平，没有显著的性别差异，但从生活服务满意评价的具体得分来看，2015 至 2017 届毕业生对母校的生活服务满意程度女生稍高于男生，2018 至 2019 届毕业生，男生对母校生活服务满意程度稍高于女生。

表 5-98　毕业生对母校生活服务满意程度的性别差异 t 检验

性别	2015 届 M	2015 届 SD	2016 届 M	2016 届 SD	2017 届 M	2017 届 SD	2018 届 M	2018 届 SD	2019 届 M	2019 届 SD
男	3.09	.788	3.11	.700	3.07	.669	3.17	.608	3.16	.710
女	3.13	.670	3.18	.655	3.15	.542	3.16	.666	3.14	.564
t	−0.467		−1.001		−.705		0.162		0.614	

注：* 表示 p<0.05，** 表示 p<0.01

各届毕业生对母校生活服务满意程度性别差异见图 5-78。

虽然案例院校毕业生中有 88.46% 的学生对母校生活服务质量感到"满意"，但是也有 11.54% 的母校生活服务感到不满意，不满意之处有哪些？这需要进一步分析。

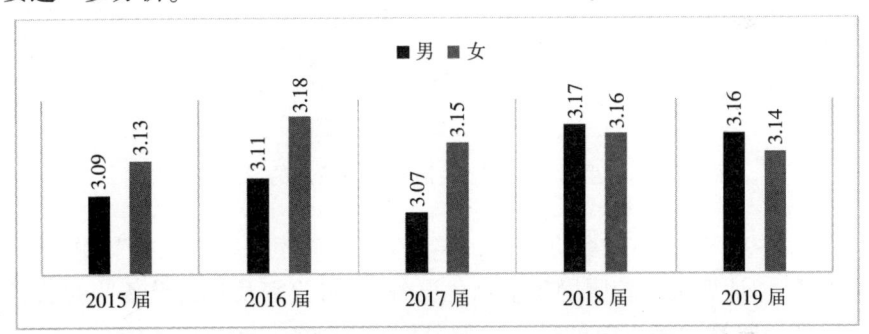

图 5-78　2015 至 2019 届毕业生对母校生活满意度的性别差异

（三）毕业生对校园环境满足度

著名教育家苏霍姆林斯基曾经说过："学校的物质基础是对学生精神世界施加影响的重要手段"。一个与教育教学工作相协调的育人环境，可以潜移默化地陶冶学生的情操，塑造学生的美好品德，培养学生的优良学习习惯，端正学生的学习态度。校园环境的每个实体及每个实体之间结构的关系，无不反映出某种教育价值观，学校的各项设施设备作为高校校园环境的重要组成部分，起到了不可忽视的作用，学习与生活设施的好坏以及完备程度直接影响学生的在校学习和生活体验以及学习效果。

本研究中用毕业生对各项设施的满足度（评价满足的人数/评价满足和不满足人数的总和）来测量设施设备是否能够满足学生的学习和生活需求，是反映学校办学水平的重要指标，也是影响人才培养质量的重要因素。综合五届毕业生的在校体验，毕业生对母校各项学习、运动和生活设施的满足度见

表5-99。

表5-99 学生对各项学习与生活设施的满足度

各项设施	教室及教学设备	图书馆与图书资料	计算机、校园网等信息化设备	实验室及相关设备	运动场及体育设施	艺术场馆
学生满足度	88.5%	86.9%	86.6%	84.8%	79.6%	74.8%

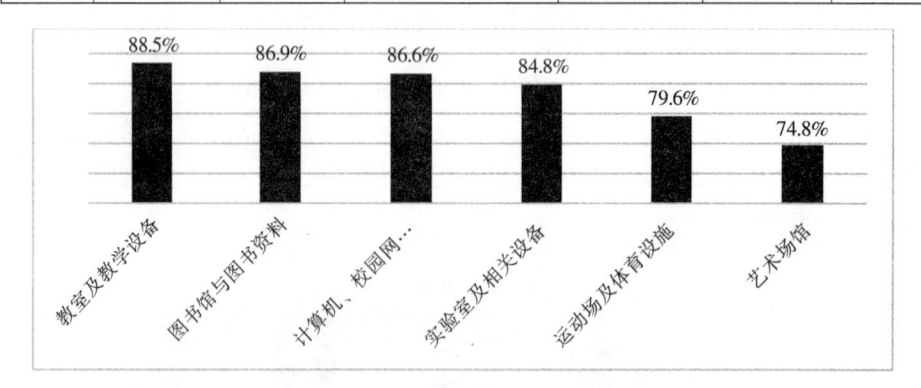

图5-79 学生对母校各项生活与学习设施的满足度分布

由表5-99和图5-79数据可见,毕业生对"教室及教学设备""图书馆与图书资料""计算机、校园网等信息化设备""实验室及相关设备"的满足度评价较高,回答"满足"的学生比例分别为88.5%、86.9%、86.6%、84.8%,毕业生对"运动场及体育设施"和"艺术场馆"的满足度评价较低,回答"满足"的学生比例分别为79.6%和74.8%。

由此可见,案例院校比较重视专业教学设备、资料、信息化设备的投入,能够满足学生学习的需要,但在运动场所和艺术环境建设上投入不足,没有引起足够的重视。学院没有专门的体育馆、游泳池、健身房等活动场所,学生对学校内体育设施满意度较低,同时部分学生几乎忽视了运动对身心健康发展的重要性,运动的积极性不高。高校应当加强学校运动场馆和运动设施建设,引导学生端正运动价值观,让大学生养成运动的良好习惯,真正做到以健康的体魄全身心地投入学习,成为合格的高素质技术技能型人才。

艺术场馆缺乏、不注重艺术教育往往是高职院校普遍存在的现象。大学的艺术场馆建设和艺术活动的举办可以滋养师生的人文艺术素养,满足师生的文化艺术需求,影响学生的生活品味。艺术教育实践能锻炼学生敏锐地用眼去观察事物、用耳去聆听事物、用心体会事物的能力,它是由形象思维的训练上升到逻辑思维的过程，能在一定程度上提高和发展创新思维，所以艺术场所建设需持续优化。

（四）毕业生对改进母校生活服务的信息反馈

基于毕业生生活服务满意度调研，五届毕业生中有11.54%的学生对母校的生活服务不满意，基于案例院校2015至2019届毕业生的信息反馈，母校需要改进的生活服务问题见表5-100。

表5-100　2015至2019届毕业生对母校生活服务改进需求

需要改进的生活服务	2015届(%)	2016届(%)	2017届(%)	2018届(%)	2019届(%)	五届平均(%)
宿舍服务不够好	52.2	48.1	45	45.7	46.5	47.5
学校洗浴服务不够好	30.5	31.4	38.3	40.7	44	36.98
食堂饭菜质量及服务不够好	45.1	39	34	28	30.7	35.36
学校医院或医务室服务不够好	40.7	23.6	18.9	20.9	22.1	25.24
学校交通服务不够好	11.8	11.9	9.5	11.3	16.5	12.2
学校保安服务不够好	10.9	10	4.9	6.3	9.6	8.34

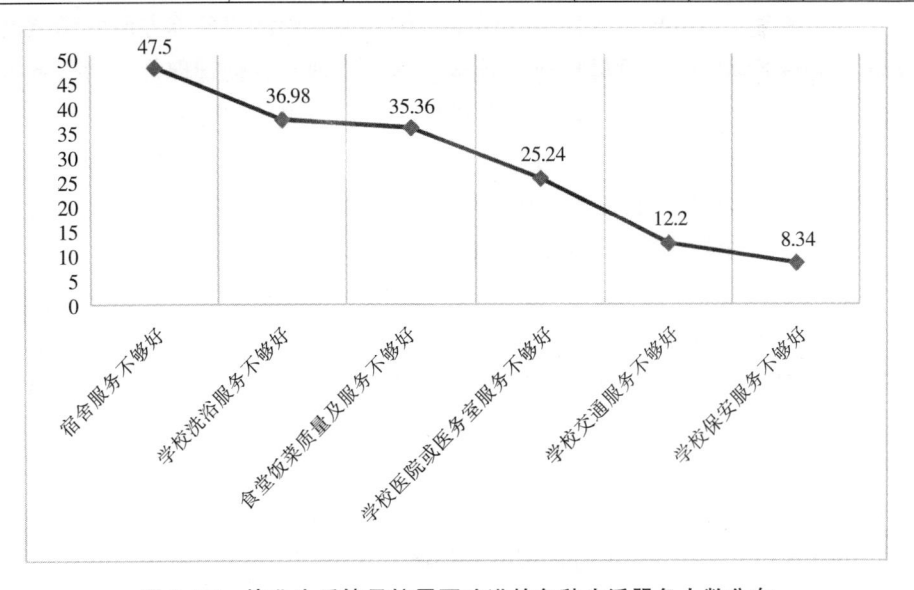

图5-80　毕业生反馈母校需要改进的各种生活服务人数分布

由表 5-100 数据可见，毕业生对母校生活服务意见最大的是"宿舍服务"，认为"宿舍服务需要改进"的学生人数占 47.5%，其次是"学校洗浴服务"，认为不够好、需要改进的学生人数占 36.98%，排在第三位的是"食堂饭菜质量及服务不够好"，认为需要改进的学生人数占 35.36%。毕业生认为案例院校需要改进的生活服务反馈人数比例分布见图 5-81 所示。

有 30%~50%的学生对生活服务不满意，需要案例院校加大后勤投入，尽可能地改善学生的饮食和居住环境。舒适的生活环境和好的生活服务能促进学生的在校体验，提升学生对学校的整体教育满意度，也在一定程度上影响学生的价值观和生活态度，所以，服务育人直接体现在生活服务的质量上，生活服务队伍的服务水平在一定程度上关系着学生、家长以及社会对学校的整体美誉度。

随着社会变化的日新月异和人民生活水平的不断提高，大学生对美好校园生活的向往日趋浓烈，对住宿、洗浴、食堂、校园环境等要求越来越高，而最直观的感受就是硬件设施的更新便捷及后勤服务人员在保障师生校园生活上所展示出的服务水平。所以，案例院校应参考毕业生的反馈信息，统筹推进学校生活服务队伍建设各项工作，推进服务水平和服务质量不断提升，不断提高学生的生活服务满意度。

四、毕业生对母校的总体满意度和推荐度

通过毕业生对母校教学服务、学生工作服务、生活服务等方面的满意度调研，能够了解毕业生对母校教育教学、学生管理、后勤管理、生活服务等各方面的评价反馈，以及毕业生对改进母校管理与服务的各方面的建议。毕业生对母校的整体印象如何，可以通过毕业生对母校的总体满意度和校友推荐度来综合评价案例院校的人才培养质量和办学水平。

(一) 毕业生对母校的总体满意度

1.毕业生总体满意比例

毕业生对母校的总体满意程度分为"很满意""满意""不满意""很不满意" 4 项。其中"满意""很满意"属于满意的范围，"很不满意""不满意"属于不满意的范围。毕业生总体满意比例是回答满意范围的人数百分比，计算公式的分子是回答满意范围的人数，分母是回答满意范围和不满意范围的总人数。

2015 至 2019 届毕业生对母校的总体满意比例结果见表 5-101。

第五章 基于案例院校毕业生信息反馈的高职人才培养质量评价实证研究

表 5-101 2015 至 2019 届毕业生对母校的总体满意比例

总体满意度	2015 届(%)	2016 届(%)	2017 届(%)	2018 届(%)	2019 届(%)	五届平均(%)
（1）很满意	35.9	35.1	31.7	33.0	35.7	34.28
（2）满意	52.4	57.5	61.0	60.3	58.3	57.9
（3）不满意	6.5	4.7	5.0	4.2	4.0	4.88
（4）很不满意	5.2	2.7	2.3	2.5	2.0	2.94
（1）+（2）	88.3	92.6	92.7	93.3	94	92.18
（3）+（4）	11.7	7.4	7.3	6.7	6	7.82

从表 5-101 数据可见，2015 至 2019 届毕业生对母校的总体满意比例分别为 88.3%、92.6%、92.7%、93.3%、94%，平均为 92.18%，呈逐年上升的趋势。由此可见，案例院校遵循以学生为本的服务价值观，对学生的总体服务水平是逐年升高的。

2015 至 2019 届毕业生对母校总体满意程度分布情况见图 5-81，毕业生总体满意比例变化趋势如图 5-82 所示。

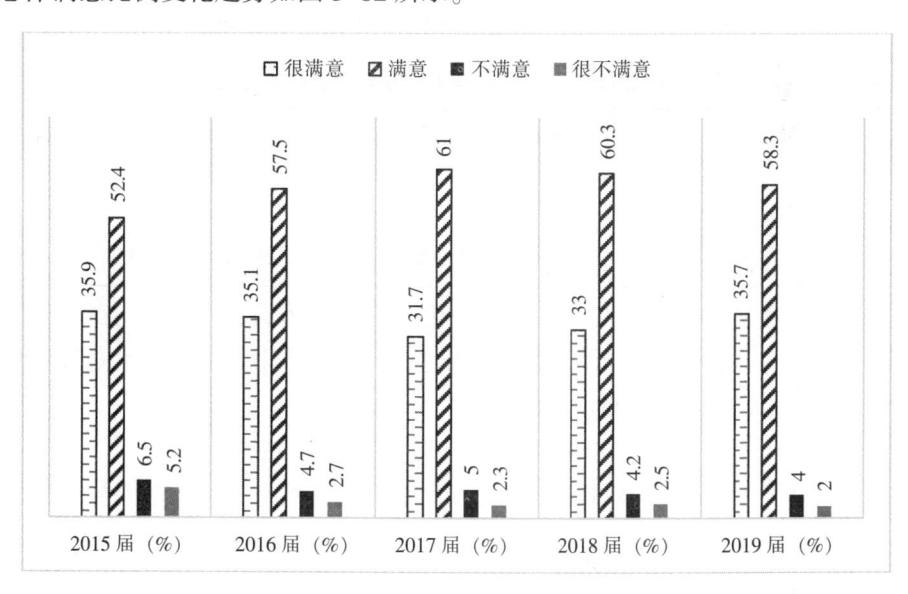

图 5-81 2015 至 2019 届毕业生对母校总体满意程度度分布情况

```
95
94                                                          94
93                              92.6      92.7      93.3
92
91
90
89     88.3
88
87
86
85
     2015届(%)   2016届(%)   2017届(%)   2018届(%)   2018届(%)
```

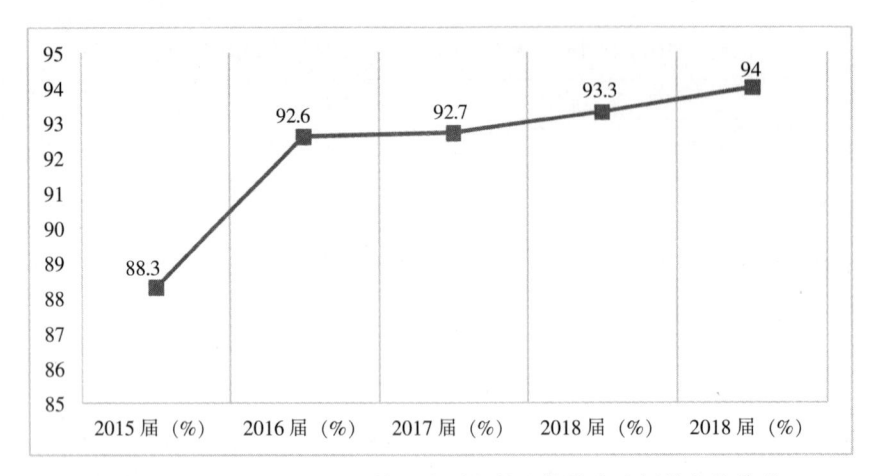

图 5-82　2015 至 2019 届毕业生对母校总体满意比例的变化趋势

2. 毕业生对母校的总体满意度

总体满意度：进一步从量化的角度评价毕业生对案例院校的总体满意程度，毕业生的总体满意程度分为"很满意""满意""不满意""很不满意"，分别计 4、3、2、1 分。若学生对母校总体满意度平均得分在 3 分以上，我们可视为案例院校对学生提供的各项服务让学生达到"满意"水平；若平均总体满意度得分小于 3，则学生对学校的总体满意度是"不满意"的。

2015 至 2019 届毕业生的总体满意度描述性统计结果见表 5-102。

表 5-102　2015 至 2019 届毕业生总体满意度描述性统计

	2015 届		2016 届		2017 届		2018 届		2019 届	
	M	SD	M	SD	M	SD	M	SD	M	SD
总体满意度	3.19	.774	3.21	.645	3.22	.641	3.24	.646	3.28	.633

从表 5-102 中数据可见，各届毕业生对母校总体满意程度平均得分范围在 3.19 和 3.28 之间，大于"满意"计分 3，所以总体来看，毕业生对母校总体满意度评价是"满意"的。

3. 毕业生对母校的总体满意程度性别差异、院系差异

进一步分析毕业生对母校总体满意程度有无性别差异、院系差异，我们对毕业生的总体满意程度得分进行差异性 t 检验和方差分析，结果见表 5-103 和表 5-104。

从表 5-103 数据可见，男女毕业生对母校的总体满意度得分在 3.17~3.28 之间，均达到"满意"水平。从具体得分来看，除 2018 届毕业生男生、女生

对母校的总体满意程度基本一致外，其他届别的毕业生女生的平均满意度得分高于男生，但从性别差异的 t 检验结果可见，这种差异没有达到显著性水平。

表 5-103　毕业生对母校总体满意度的性别差异 t 检验

性别	2015 届 M	2015 届 SD	2016 届 M	2016 届 SD	2017 届 M	2017 届 SD	2018 届 M	2018 届 SD	2019 届 M	2019 届 SD
男	3.17	.823	3.18	.747	3.20	.679	3.24	.658	3.27	.704
女	3.23	.700	3.23	.565	3.25	.597	3.24	.645	3.28	.544
t	−0.594		−1.049		−1.136		0.034		−0.098	

注：* 表示 P<0.05，** 表示 P<0.01

各届毕业生中男生与女生对母校的总体满意度得分见图 5-83。

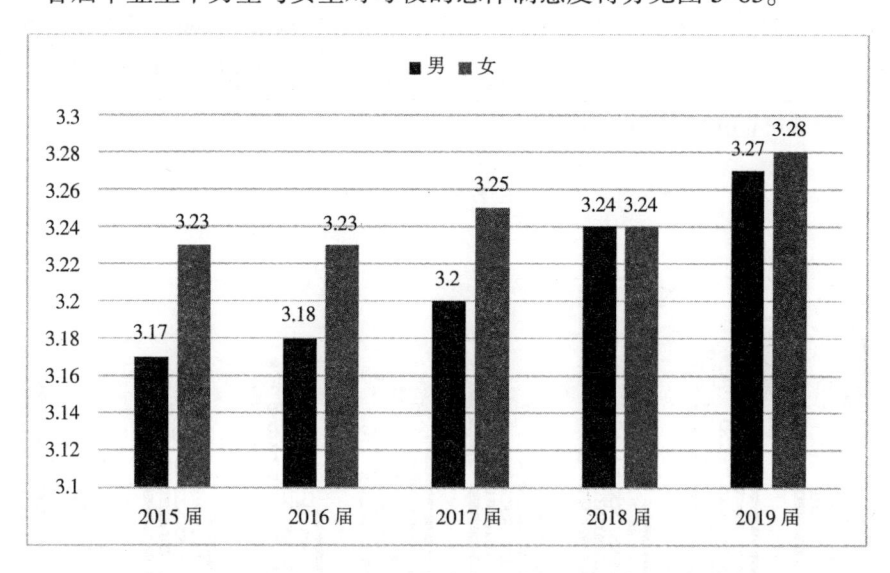

图 5-83　2015 至 2019 届男生与女生对母校的总体满意度

从表 5-104 数据可见，2019 届毕业生对母校的总体满意度存在显著的系别差异，建筑技术工程系与生物技术工程系的毕业生对母校总体满意度较高，总体满意度得分分别为 3.44 分和 3.40 分；机电技术工程系和财经系毕业生对母校的总体满意度得分偏低，平均得分分别为 3.17 分和 3.19 分，其他系毕业生的平均得分在 3.20~3.30 之间，没有显著差异。2015 至 2018 届毕业生，系别之间毕业生的总体满意度存在一定的不平衡，但系别差异没有达到显著水平。

各系毕业生对母校的总体满意度分布情况见图 5-84。

表 5-104　各系毕业生对母校总体满意程度及方差检验

系别	2015 届 M	2015 届 SD	2016 届 M	2016 届 SD	2017 届 M	2017 届 SD	2018 届 M	2018 届 SD	2019 届 M	2019 届 SD
财经系	3.24	.612	3.22	.649	3.24	.613	3.26	.621	3.19	.567
工美系	3.15	.801	3.21	.557	3.17	.753	3.08	.560	3.25	.530
机电系	3.13	.785	3.19	.731	3.20	.629	3.21	.674	3.17	.741
建筑系	3.15	.751	3.15	.558	3.21	.698	3.32	.615	3.44	.690
旅游系	3.25	1.035	3.21	.499	3.26	.503	3.29	.524	3.28	.560
汽电系	3.21	1.021	3.22	.805	3.23	.560	3.20	.660	3.31	.613
生物系	3.37	.831	3.33	.592	3.26	.695	3.17	.691	3.40	.491
信息系	3.14	.774	3.12	.726	3.24	.675	3.28	.686	3.31	.769
F	0.269		0.511		0.175		1.059		2.908*	

注：* 表示 $p<0.05$，** 表示 $p<0.01$

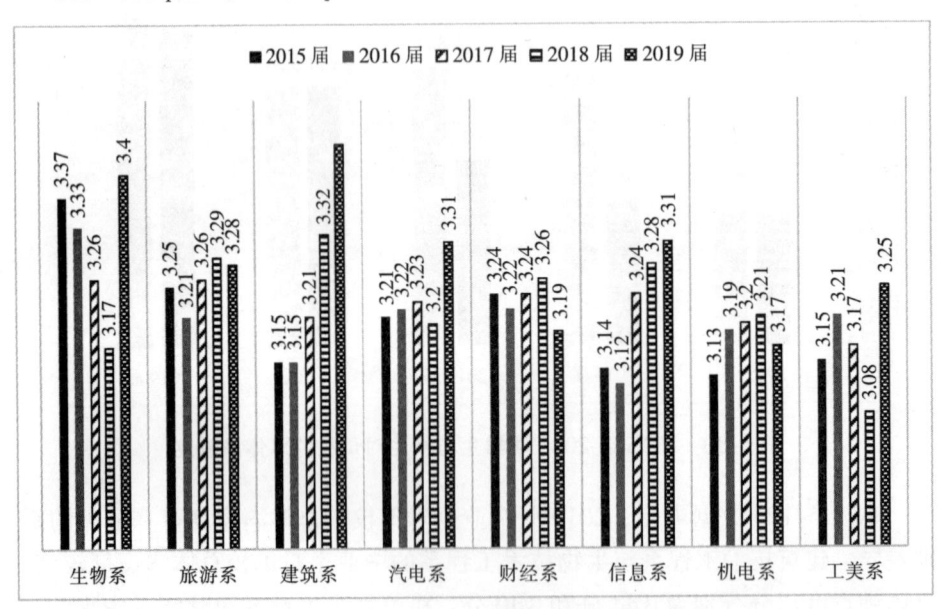

图 5-84　2015 至 2019 届各系毕业生对母校总体满意度

从五届平均来看，生物系和旅游系毕业生对母校的总体满意程度较高，机电系和工美系毕业生对母校的总体满意度偏低，但总体均达到"满意"水平。系别差异大部分原因在于院系之间的教学服务和学生管理服务水平不同，得分偏低的院系应该对照学生的反馈信息，改进教育教学与学生管理水平，提高学生的总体满意度，最终提高人才培养质量。

（二）毕业生推荐度

1. 毕业生推荐度

毕业生推荐度：在同等分数、同类型学校的条件下，毕业生是否愿意推荐母校给亲戚朋友去就读。推荐度计算公式的分子是回答"愿意推荐"的人数，分母是回答"愿意推荐""不愿意推荐""不确定"的总人数。

2015 至 2019 届毕业生对母校的推荐度结果见表 5-105 所示。

表 5-105 2015 至 2019 届毕业生对母校的推荐度

毕业生推荐度	2015 届 (%)	2016 届 (%)	2017 届 (%)	2018 届 (%)	2019 届 (%)	五届平均 (%)
愿意推荐	63.8	66.9	69.8	70.1	71.9	68.5
不确定	25.3	24.4	19.9	22.8	20.4	22.56
不愿意推荐	10.9	8.7	10.3	7.1	7.7	8.94

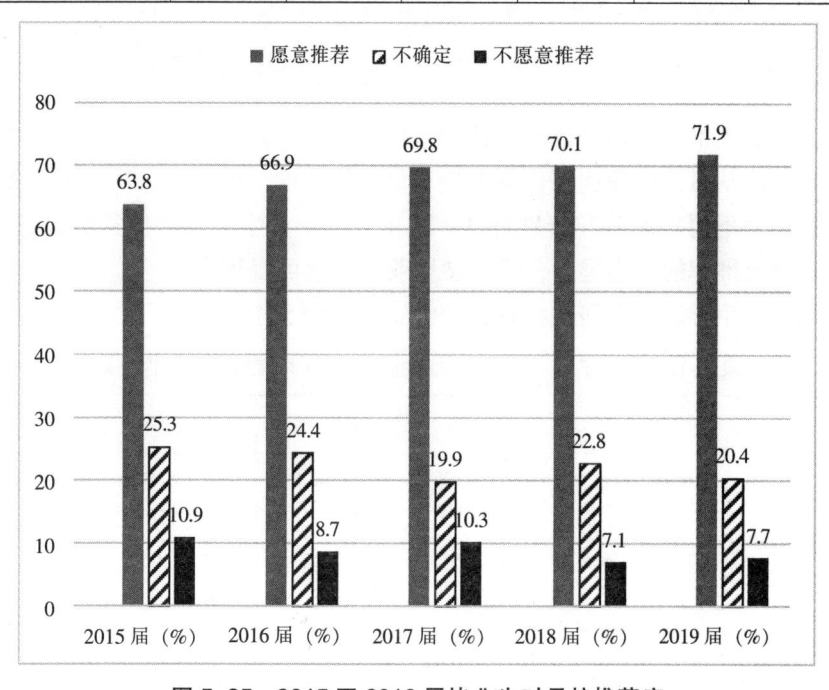

图 5-85 2015 至 2019 届毕业生对母校推荐度

从表 5-105 数据可见，案例院校毕业生对母校的推荐度在 63.8%~71.9% 之间，五届平均推荐度为 68.5%，确定不愿意推荐的学生平均占 8.94%，说明案例院校的教育教学质量和各方面的服务得到大多数毕业生的认可，愿意推荐亲戚朋友来就读。从发展趋势来看，2015 至 2019 届毕业生对母校的推荐度是逐年升高的。2015 至 2019 届毕业生的推荐度分布图和发展趋势图见图 5-85 和图 5-86。

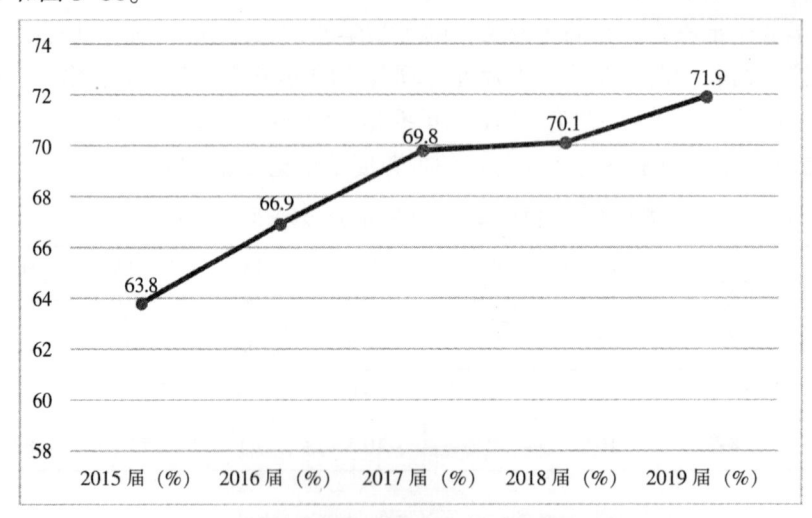

图 5-86 2015 至 2019 届毕业生的推荐度发展趋势

2. 毕业生推荐度得分情况及性别差异和院系差异

进一步从量化的角度评价毕业生对母校推荐度，推荐度选项"愿意推荐""不确定""不愿意推荐"分别计 3、2、1 分，毕业生的推荐度得分越高，说明其对母校推荐的意愿越强，学校被毕业生的认可度越高。

对毕业生推荐度调研的描述性统计结果见表 5-106。

表 5-106　2015 至 2019 届毕业生对母校推荐度得分描述性统计

	2015 届		2016 届		2017 届		2018 届		2019 届	
	均值	标准差	均值	标准差	均值	标准差	均值	标准差	均值	标准差
毕业生推荐度得分	2.53	.685	2.56	.613	2.58	.670	2.58	.660	2.60	.646

从表 5-106 数据可见，五届毕业生的推荐度得分在 2.53~2.60 之间，大于"不确定"得分 2 分，接近"愿意推荐"得分 3 分，可见案例院校的毕业生总体来说是愿意推荐亲戚朋友来就读的。下面对调研数据进一步做差异性 t 检验和方差分析。毕业生中男生和女生对母校的推荐度差异性检验结果见表 5-107。

表 5-107　毕业生对母校推荐度得分的性别差异 t 检验

性别	2015 届 M	2015 届 SD	2016 届 M	2016 届 SD	2017 届 M	2017 届 SD	2018 届 M	2018 届 SD	2019 届 M	2019 届 SD
男	2.52	.680	2.52	.690	2.55	.703	2.57	.677	2.59	.680
女	2.54	.699	2.63	.558	2.64	.630	2.59	.629	2.61	.609
t	−0.167		−3.191**		−2.044*		−0.590		−0.554	

注：* 表示 P<0.05，** 表示 P<0.01

从表 5-107 数据可见，2016 届、2017 届毕业生中，女生对母校的推荐度远高于男生，2016 届性别差异达到非常显著的水平，2017 届达到显著水平；其他各届，同样是女生的推荐度高于男生但没有达到显著水平。总体来看，女生对母校的推荐度高于男生，这与女生的总体满意度高于男生的结论是一致的。

男生与女生对母校推荐度得分性别差异对比见图 5-87 所示。

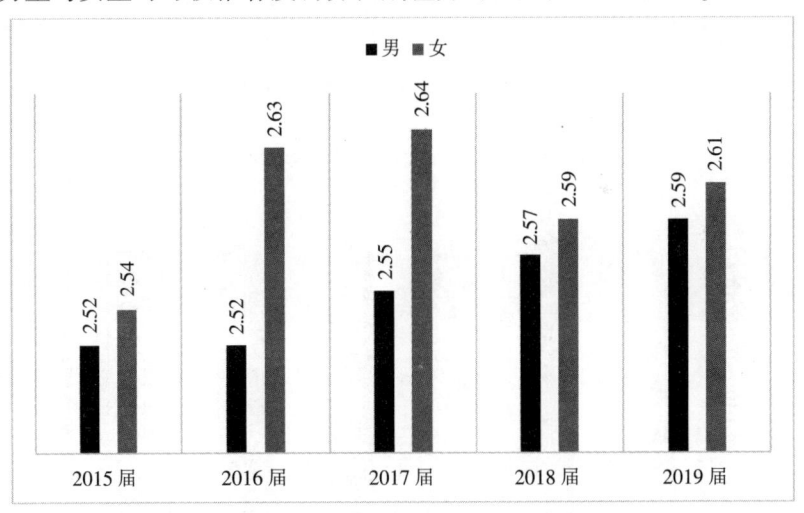

图 5-87　2015 至 2019 届男、女毕业生推荐度得分

各系毕业生对母校的推荐度得分及方差检验结果见表 5-108 所示。

从表 5-108 数据可见，2016 届、2019 届毕业生对母校的推荐度得分存在显著的院系差异，且达到非常显著的水平；其他届别，各系毕业生对母校的推荐度也存在一定的不平衡性，但总体差异没有达到显著水平。从五届平均来看，生物系毕业生的推荐度得分最高，平均达到 2.72，机电系的毕业生平均推荐度得分最低，平均得分 2.52 分。各系推荐度得分对比情况见图 5-88

所示。

表 5-108　各系毕业生对母校推荐度得分及方差检验

系别	2015 届 均值	标准差	2016 届 均值	标准差	2017 届 均值	标准差	2018 届 均值	标准差	2019 届 均值	标准差
财经系	2.63	.590	2.67	.600	2.56	.669	2.59	.622	2.46	.689
工美系	2.58	.515	2.67	.594	2.71	.610	2.39	.659	2.56	.640
机电系	2.54	.692	2.48	.715	2.52	.725	2.55	.684	2.51	.716
建筑系	2.33	.795	2.75	.554	2.61	.704	2.57	.705	2.70	.591
旅游系	2.44	.726	2.71	.535	2.66	.617	2.57	.609	2.56	.590
汽电系	2.54	.706	2.54	.725	2.54	.667	2.58	.669	2.65	.583
生物系	2.76	.539	2.83	.382	2.79	.529	2.47	.656	2.76	.477
信息系	2.52	.730	2.57	.640	2.63	.586	2.59	.659	2.56	.715
F	1.225		3.157**		1.641		0.879		3.532***	

注：* 表示 $P<0.05$，** 表示 $P<0.01$，*** 表示 $P<0.001$

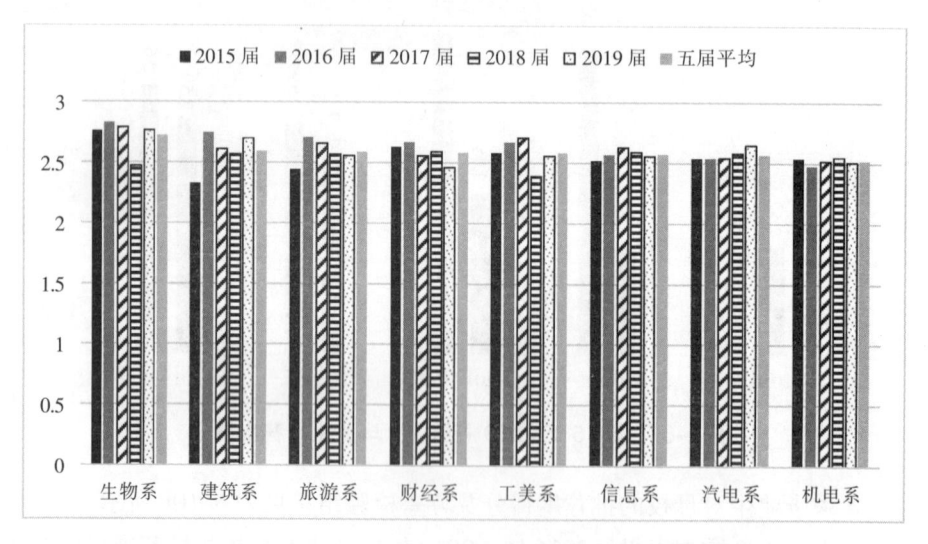

图 5-88　各系各届毕业生对母校的推荐度得分分布柱状图

五、毕业生推荐度、总体满意度、分项满意度之间的相关分析

毕业生对母校的推荐度、总体满意度、教学满意度、学生工作满意度、

生活服务满意度均属于毕业生对母校提供教育教学与服务质量的一种体验信息反馈，各项指标之间应该存在一定的相关性。对各项指标之间的相关性进行 pearson 相关分析，2015 至 2019 届毕业生推荐度与满意度相关矩阵结果见表 5-109 至表 5-113。

表 5-109　2015 届毕业生推荐度与满意度之间的相关矩阵

相关系数	毕业生推荐度	总体满意度	教学满意度	学生工作满意度	生活服务满意度
毕业生推荐度	1	.451**	.530**	.417**	.446**
总体满意度	.451**	1	.820**	.576**	.590**
教学满意度	.530**	.820**	1	.592**	.582**
学生工作满意度	.417**	.576**	.592**	1	.730**
生活服务满意度	.446**	.590**	.582**	.730**	1

注：* 表示 $P<0.05$，** 表示 $P<0.01$，下同

表 5-110　2016 届毕业生推荐度与满意度之间的相关矩阵

相关系数	毕业生推荐度	总体满意度	教学满意度	学生工作满意度	生活服务满意度
毕业生推荐度	1	.471**	.487**	.524**	.488**
总体满意度	.471**	1	.863**	.717**	.749**
教学满意度	.487**	.863**	1	.690**	.704**
学生工作满意度	.524**	.717**	.690**	1	.735**
生活服务满意度	.488**	.749**	.704**	.735**	1

表 5-111　2017 届毕业生推荐度与满意度之间的相关矩阵

相关系数	毕业生推荐度	总体满意度	教学满意度	学生工作满意度	生活服务满意度
毕业生推荐度	1	.459**	.440**	.366**	.377**
总体满意度	.459**	1	.845**	.614**	.607**
教学满意度	.440**	.845**	1	.633**	.594**
学生工作满意度	.366**	.614**	.633**	1	.616**
生活服务满意度	.377**	.607**	.594**	.616**	1

表 5-112 2018 届毕业生推荐度与满意度之间的相关矩阵

相关系数	毕业生推荐度	总体满意度	教学满意度	学生工作满意度	生活服务满意度
毕业生推荐度	1	.454**	.445**	.426**	.330**
总体满意度	.454**	1	.878**	.673**	.610**
教学满意度	.445**	.878**	1	.666**	.588**
学生工作满意度	.426**	.673**	.666**	1	.664**
生活服务满意度	.330**	.610**	.588**	.664**	1

表 5-113 2019 届毕业生推荐度与满意度之间的相关矩阵

相关系数	毕业生推荐度	总体满意度	教学满意度	学生工作满意度	生活服务满意度
毕业生推荐度	1	.468**	.443**	.441**	.420**
总体满意度	.468**	1	.906**	.686**	.695**
教学满意度	.443**	.906**	1	.649**	.674**
学生工作满意度	.441**	.686**	.649**	1	.707**
生活服务满意度	.420**	.695**	.674**	.707**	1

从表 5-109 至表 5-113 数据可见，毕业生对母校的推荐度、总体满意度、教学满意度、学生工作满意度、生活服务满意度等各项指标之间均存在非常显著的正相关，从相关系数上看，各届毕业生的总体满意度与教学满意度的相关性最高，2015 至 2019 届两项指标的 pearson 相关系数分别达到 0.820、0.863、0.845、0.878、0.906，相关程度呈逐年升高的趋势。该结果印证了教育教学是学校的中心工作，教育教学服务是学校的首要任务，教育教学服务质量的高低直接影响学校的声誉和毕业生对母校的综合评价，不断提高教育教学质量是学校常抓不懈的任务。

其次，学生工作满意程度与生活服务满意程度相关系数也较高，2015 至 2019 届毕业生两项指标的相关系数分别为 0.730、0.735、0.616、0.664、0.707。学生管理中最重要的内容包括学生的宿舍管理、社团管理等，这些活动也是学校生活的重要组成部分，所以学生管理工作与生活服务息息相关，学生管理与生活服务工作应该相互协调，整体提高学院的管理与服务水平，协同服务高素质技术技能型人才的培养。

第六章 基于用人单位信息反馈的高职人才培养质量评价实证研究

第一节 样本数据介绍

选取案例院校毕业生的用人单位作为本研究的调查对象。问卷发放方式主要有三种：电子邮件或传真、招聘会上现场发放、到用人单位调查访谈。

本次调查共发放问卷515份，回收498份，其中有效问卷490份，问卷回收率为96.69%，有效率为95.14%。具体样本的结构如表6-1所示。

表6-1 企业样本结构

统计变量	分类项目	总样本占比（%）
所在行业	教育业	37.0
	建筑业	11.5
	机械设备制造业	6.5
	其他服务业（除行政服务）	6.1
	电子电气设备制造业（含计算机、通信、家电等）	4.9
	农、林、牧、渔业	4.6
	金融业	4.4
	信息传输、软件和信息技术服务业	4.4
	住宿和餐饮业	4.2
	邮递、物流及仓储业	3.1
	文化、体育和娱乐业	2.9
	纺织、服装、皮革制造业	2.7
	电力、热力、燃气及水生产和供应业	2.5
	各类专业设计与咨询服务业	2.5
	食品、烟草、加工业	2.5

续表

统计变量	分类项目	总样本占比（%）
企业性质	民营企业/个体	54.5
	中外合资/外资/独资	21.3
	政府机构/科研或其他事业单位	14.7
	国有企业	8.9
	非政府或非营利组织（NGO等）	1.6
企业规模	50人及以下	25.4
	51~300人	39.7
	301~500人	11.1
	501~1000人	5.6
	1001~3000人	7.9
	3000人以上	10.3

第二节 用人单位招聘案例院校毕业生的渠道、理由以及对学校就业服务工作评价

一、用人单位聘用案例院校毕业生的招聘渠道

企业聘用案例院校毕业生的主要渠道分布见表6–2和图6–1。

表6–2 用人单位聘用案例院校毕业生的主要渠道

招聘案例院校毕业生的渠道	百分比（%）
在本单位实习	40.0
校园招聘会或通过学校发布招聘信息	23.3
通过社会媒体进行招聘	13.3
通过本公司网站发布招聘信息	10.0
聘用对象的亲朋好友推荐	6.7
聘用对象的校友推荐	3.3
聘用对象的学校推荐	3.3

第六章 基于用人单位信息反馈的高职人才培养质量评价实证研究

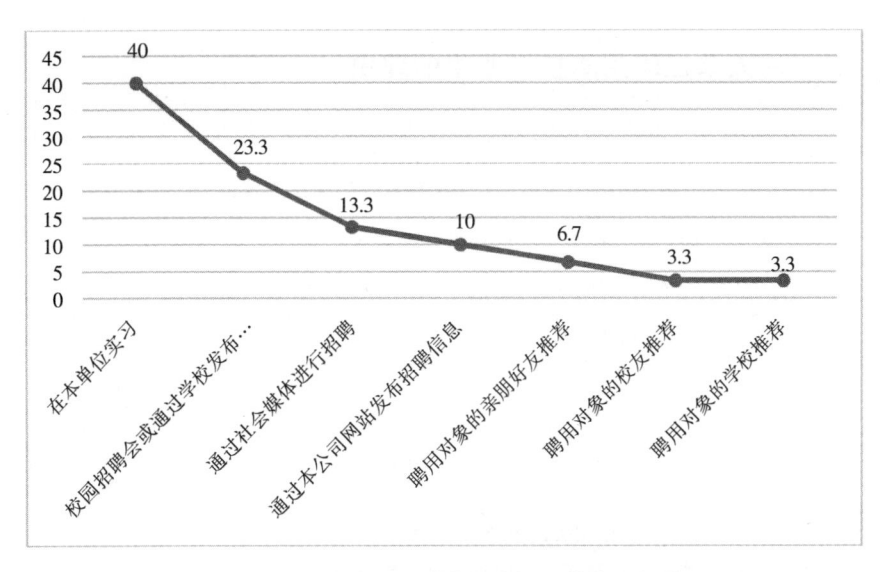

图 6-1 用人单位招聘院校毕业生的主要渠道

由表 6-2 数据可见，用人单位聘用案例院校毕业生的招聘方式排在首位的是"在本单位实习"，占 40%；排在第二位的是"校园招聘会或通过学校发布招聘信息"，占 23.3%。由此可见，样本企业通过学校渠道招聘的占 63% 以上，这与选择的样本企业是案例院校毕业生比较集中，与学院校企合作比较密切有关。从企业招聘渠道反馈的信息可见，密切校企合作，促进校企深度融合，尤其是加强顶岗实习阶段与合作单位的联系，密切关注学生的顶岗实习质量，迅速提高学生的岗位适应能力和胜任能力，得到实习单位的认可，可以有效促进实习与就业的有机结合，这也是企业、学校、学生及学生家长都比较满意的一种就业或招聘方式。

13.3% 的用人单位反馈是"通过社会媒体进行招聘"，10% 的企业反馈是"通过本公司网站发布招聘信息"招聘。现代社会，各种形式的招聘信息发布方便，传播迅速，面向社会广泛招聘是企业常用的招聘方式。所以，毕业生广泛收集招聘信息，时刻关注市场变化；学校要及时给学生提供招聘市场信息，供学生参考，鼓励学生参加社会招聘，校内校外一起抓，多种渠道促进学生就业，是提高学生就业率的有效举措。

3.3% 的用人单位反馈招聘渠道是"聘用对象的校友推荐"，有 3.3% 的用人单位反馈由"聘用对象的学校推荐"，反映出学校的声誉对用人单位也有一定的影响。所以，扩大校友影响力、提高学校的美誉度，是提高毕业生就业率和就业质量的重要方面。

二、用人单位聘用本校毕业生的理由

进一步调研用人单位聘用案例院校毕业生的理由，结果见表6-3和图6-2。

表6-3 用人单位聘用案例院校毕业生的理由

聘用案例院校学生的理由	百分比（%）
能力和知识结构合格	61
有相关的实习经历	55
符合本单位职场文化和价值观	68
学校声誉好	42
专业对口	58
持有与工作相关的资格证书（如会计证、英语四六级证、全国计算机等级证等）	23
其他	13

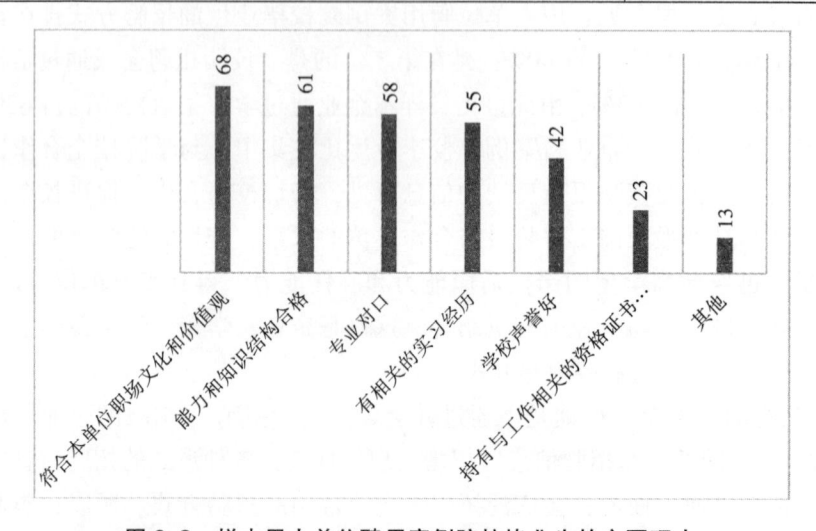

图6-2 样本用人单位聘用案例院校毕业生的主要理由

由表6-3和图6-2可见，用人单位聘用案例院校毕业生的理由排在第一位的是"符合本单位职场文化和价值观"，有68%的样本企业把它作为企业招聘的主要理由，该结果与企业招聘看重的因素调研结果是一致的。在招聘时企业看重的因素排在第一位的是"品质与修养"。所以，了解企业文化、提高学生的品质与修养、端正自己的价值观是学生"德"高的表现，也是学生责任心和忠诚度的体现，更是企业招聘看重的因素。提高学生的"德"育水平，切实落实立德树人的根本任务，是学校、教职员工和学生自身均应该重视的问题，也是培养优质技能人才的前提。

用人单位聘用案例院校毕业生的理由排在第二位的是"能力和知识结构合格"，有61%的用人单位把"能力和知识结构合格"视为招聘的首要理由。从经济效益的角度讲，用人单位首要看求职者的知识能力储备是否满足岗位需求，然后再测试或观察求职者的其他素养或能力，所以高职教育的首要任务是学习，通过学习完善自身的知识能力结构，提高就业竞争力。"德技并重"，培养高素质技术技能型人才是新时代职业教育的价值追求。"德高技高"的毕业生是在人才市场上备受青睐的人才。

排在第三位的是"专业对口"，有58%的用人单位认为"专业对口"是招聘理由。特别是专业技术性强的岗位，基本要求是求职者专业对口，有些普适性强、专业性弱的岗位对求职者是否专业对口并不会做硬性要求，所以"专业对口"与岗位性质和需求有关。

排在第四位的理由是"有相关的实习经历"，有55%的用人单位把"有相关的实习经历"视为招聘的重要理由。从企业角度讲，有相关的实习经历就意味着学生有一定的工作经验，可以提高员工招聘后的适应性和工作效率。因此，学生在校期间要重视专业实习、顶岗实习等实践锻炼，同时，在专业教学中融入岗位知识与能力要素是新时代职业教育"岗课赛证"融合人才培养模式的基本要求。

有42%的用人单位把"案例院校的声誉好"作为招聘该校毕业生的理由，这体现了品牌的价值与效应，所以每个师生员工要为学校品牌、声誉作贡献，有利于学校提高就业率，进一步扩大学校的影响力，形成良性循环。

23%的企业认为"持有与工作相关的资格证书"是招聘理由，相关职业资格证书是学生拥有该项专业技能并达到一定级别的标志，重视相关专业资格证书是与新时代职业教育大力推行"1+X"证书制度相适应的招聘方式。

三、用人单位对案例院校就业服务工作满意度及改进建议

下文从用人单位对案例院校就业服务工作的满意程度和改进建议两方面讨论案例院校的就业服务工作质量。

（一）用人单位对案例院校就业服务工作满意度

用人单位对案例院校就业服务工作满意比例：企业对就业服务工作满意程度分为"很满意""满意""不满意""很不满意"4项。其中"满意""很满意"属于满意的范围，"很不满意""不满意"属于不满意的范围。校友满意

比例是回答满意范围的人数百分比，计算公式的分子是回答满意范围的人数，分母是回答满意范围和不满意范围的总人数。

用人单位对案例院校就业服务工作满意比例见表6-4所示。

表6-4 企业对案例院校就业服务工作满意比例

	很满意	满意	不满意	很不满意	对高职学校就业服务工作满意比例
百分比（%）	49.2	31.8	19.0	0	81.0

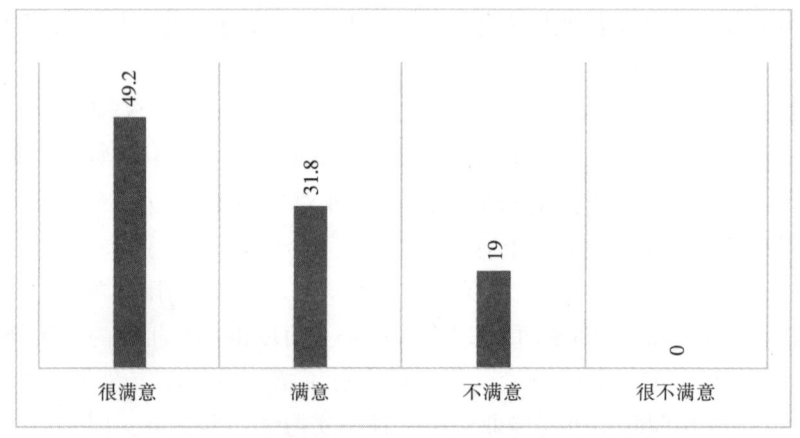

图6-3 用人单位对案例院校的就业服务工作满意程度分布

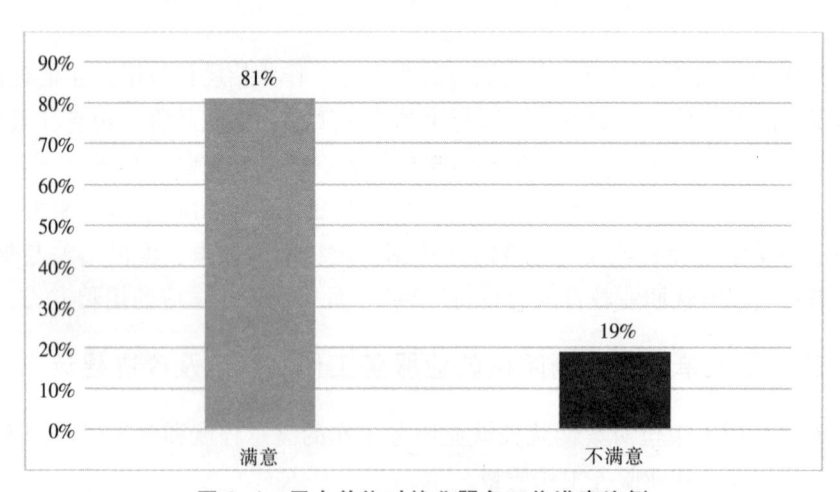

图6-4 用人单位对就业服务工作满意比例

由表6-4数据可见，用人单位对案例院校的就业服务工作的满意度状况分别为"很满意"占49.2%、"满意"占31.8%、"不满意"占19.0%，评价"很不满意"的为0，总体来讲用人单位对案例院校的就业服务工作的满意比例为81%，案例院校的就业服务工作得到了绝大多数用人单位的认可。满意程度分布见图6-3和图6-4。

(二) 用人单位对改进案例院校就业服务工作的建议

还有19%的用人单位对就业服务工作不满意，说明高职院校的就业服务工作还有需要改进的地方，用人单位对改进就业服务工作的建议如表6-5和图6-5所示。

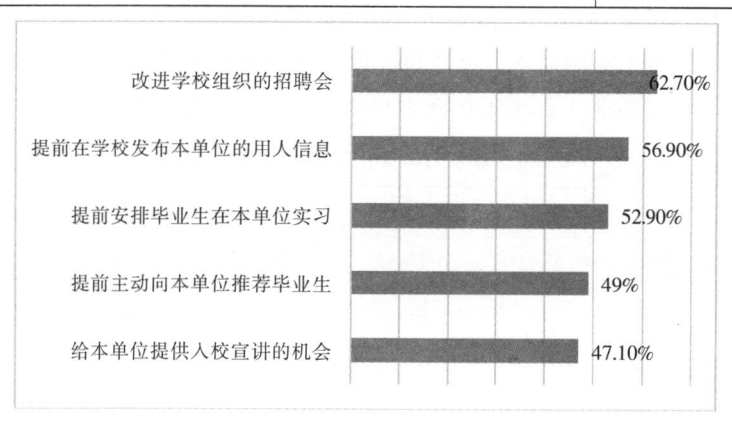

表6-5 用人单位对改进案例院校的就业服务工作的建议

改进高职院校就业服务工作的建议	百分比（%）
改进学校组织的招聘会	62.7
提前主动向本单位推荐毕业生	49.0
提前安排毕业生在本单位实习	52.9
提前在学校发布本单位的用人信息	56.9
给本单位提供入校宣讲的机会	47.1

图6-5 用人单位对改进案例院校的就业服务工作的建议

从图6-5数据可见，用人单位提出的改进案例院校就业服务工作的建议从高到排序依次是改进学校组织的招聘会、提前在学校发布本单位的用人信息、提前安排毕业生在本单位实习、提前主动向本单位推荐毕业生、给本单位提供入校宣讲的机会。从用人单位信息反馈可见，提高就业服务工作质量，主要是深入了解用人单位信息，主动和用人单位做好对接工作，密切学校和用人单位的联系，给用人单位和学生提供促进相互了解的平台，这样才能让企业招聘到合适人才，同时提高学生的就业率和就业质量，进而提高用人单位和毕业生对案例院校的就业服务工作满意度。

第三节 用人单位对高职毕业生能力、素养、知识的评价

高职人才培养质量的高低最终反映在用人单位的使用效果上，毕业生的能力素养和知识是否满足工作岗位需求，是否适应社会的需要，为社会创造价值的高低，用人单位的评价最为客观，也最具有发言权。

一、用人单位对毕业生工作能力的评价

（一）用人单位对毕业生工作能力的需求程度

用人单位对毕业生的工作能力需求程度采用5级计分，"非常需要""需要""一般""不需要""完全不需要"分别计5、4、3、2、1分。平均分在4分以上，说明该项工作能力是岗位工作"需要"的，或是行业与职业性质需要具备的能力，能力指标的得分越高，反映该项能力指标越重要，需求程度越高；反之，该项能力需求程度越低，则该能力指标越不重要。

用人单位对毕业生各项工作能力指标的需求程度见表6-6所示。

表6-6 用人单位对毕业生工作能力需求程度评价

工作能力	极小值	极大值	均值	标准差
问题分析能力	4	5	4.68	.475
动手操作能力	4	5	4.81	.402
组织管理能力	3	5	4.55	.568
沟通与交流能力	4	5	4.84	.374
自主学习能力	4	5	4.81	.402
服务他人	4	5	4.81	.402
信息技术/电脑技能	3	5	4.52	.626
解决问题能力	3	5	4.68	.541
团队合作能力	4	5	4.82	.402
时间管理	3	5	4.58	.564
压力承受能力	1	5	4.48	.851
创新能力	2	5	4.48	.769

第六章 基于用人单位信息反馈的高职人才培养质量评价实证研究

从表 6-6 数据可见，从各项工作能力需求程度的平均得分来看，用人单位对毕业生各项工作能力的需求程度平均得分在 4.48 与 4.84 之间，均大于 4 分的"需要"程度，说明当今社会现代企业看重员工的各项工作能力，全面发展的员工才是企业所需要的。从平均分来看，各项能力的需求程度也稍有差异。

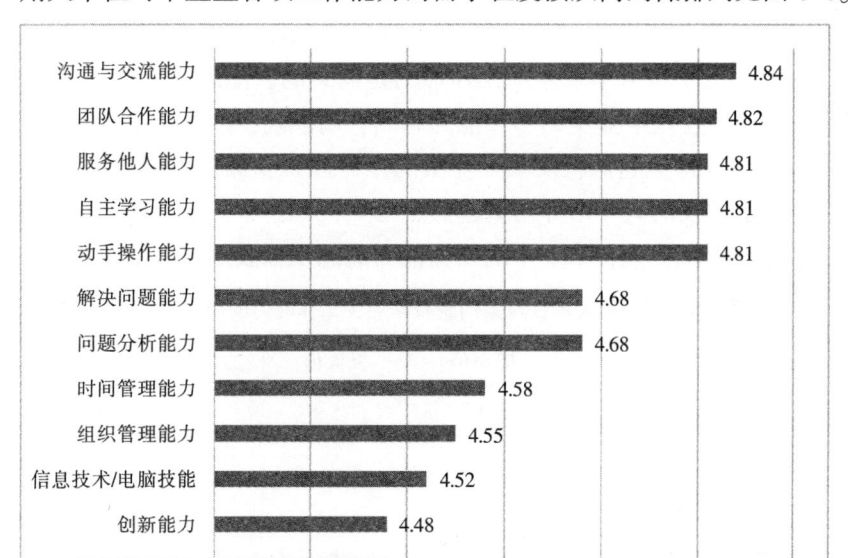

用人单位对毕业生各项工作能力的需求程度按从高到低排列见图 6-6。

工作能力	得分
沟通与交流能力	4.84
团队合作能力	4.82
服务他人能力	4.81
自主学习能力	4.81
动手操作能力	4.81
解决问题能力	4.68
问题分析能力	4.68
时间管理能力	4.58
组织管理能力	4.55
信息技术/电脑技能	4.52
创新能力	4.48
压力承受能力	4.48

图 6-6 企业对毕业生各项工作能力的需求程度

从图 6-6 可见，用人单位反馈需要程度最高的前两种能力分别是"沟通与交流能力"与"团队合作能力"，得分分别达到 4.84、4.82，接近"非常需要"的水平，该结论与毕业生对关键能力重要程度的反馈结果是一致的。所以，不管从用人单位还是毕业生的角度，"沟通与交流能力""团队合作能力"都是非常重要的，这两种能力均为普遍适用的能力。企业提高竞争力，最需要的是团队合作，团队合作攻关离不开小组成员之间的沟通交流，所以擅长人际沟通和团队合作是大多数现代企业的用人标准，但这两种能力并不是专业能力，往往被学生所忽视，这一点应该引起高职院校的重视。排在第三位的是"服务他人能力"，这也是由职业教育的特点所决定的。职业教育是"服务价值"取向的教育，面向服务领域的岗位很多，因此要求员工有服务他人的意识与能力。排在第四位的是"自主学习能力"，也称为持续学习能力，社

217

会发展日新月异，工作的内容、岗位需要的技术知识也是不断发生变化，所以，不断接受培训，不断自主学习、自我提高是有上进心的员工必备的能力，否则将会被企业淘汰。第五位是"动手操作能力"，高职教育培养的高素质技术技能型人才，最显著的特点就是有较强的动手能力。

（二）用人单位对毕业生工作能力的满意程度

用人单位对毕业生工作能力的满意程度采用5级计分，"非常满意""满意""一般""不满意""很不满意"分别计5、4、3、2、1分。平均分在4分以上，说明用人单位对毕业生的工作能力是满意的，能胜任岗位工作，满意程度得分越高，反映毕业生的工作能力越高，高职院校的人才培养水平越高；反之，满意程度得分越低，反映毕业生的工作能力越低，不能满足岗位工作的需要，高职院校的人才培养质量越低。

用人单位对案例院校毕业生的工作能力满意度如表6-7所示。

表6-7 用人单位对案例院校毕业生工作能力的满意度

工作能力	极小值	极大值	均值	标准差
动手操作能力	4	5	4.77	0.425
服务他人能力	4	5	4.77	0.425
沟通与交流能力	4	5	4.74	0.445
团队合作能力	4	5	4.74	0.445
问题分析能力	3	5	4.68	0.541
自主学习能力	3	5	4.68	0.541
解决问题能力	3	5	4.61	0.615
时间管理能力	3	5	4.61	0.558
压力承受能力	3	5	4.61	0.558
组织管理能力	3	5	4.58	0.564
信息技术/电脑技能	3	5	4.58	0.564
创新能力	3	5	4.58	0.564

从表6-7数据可见，用人单位对毕业生的工作能力给予了充分肯定，各项能力满意程度得分在4.58和4.77之间，均大于"满意"4分的评价标准，也就是说，用人单位对毕业生的工作能力是"满意"的。尤其是对"动手操作能力"和"服务他人能力"两项指标的满意程度得分达到4.77分，接近"非常满意"的水平。相比较而言，用人单位对案例院校毕业生的组织管理能

力、信息技术/电脑技能、创新能力满意程度相对稍低,但也达到"满意"水平。

用人单位对案例院校毕业生工作能力满意度从高到低排序见图6-7。

服务他人能力 4.77
动手操作能力 4.77
团队合作能力 4.74
沟通与交流能力 4.74
自主学习能力 4.68
问题分析能力 4.68
压力承受能力 4.61
时间管理能力 4.61
解决问题能力 4.61
创新能力 4.58
信息技术/电脑技能 4.58
组织管理能力 4.58

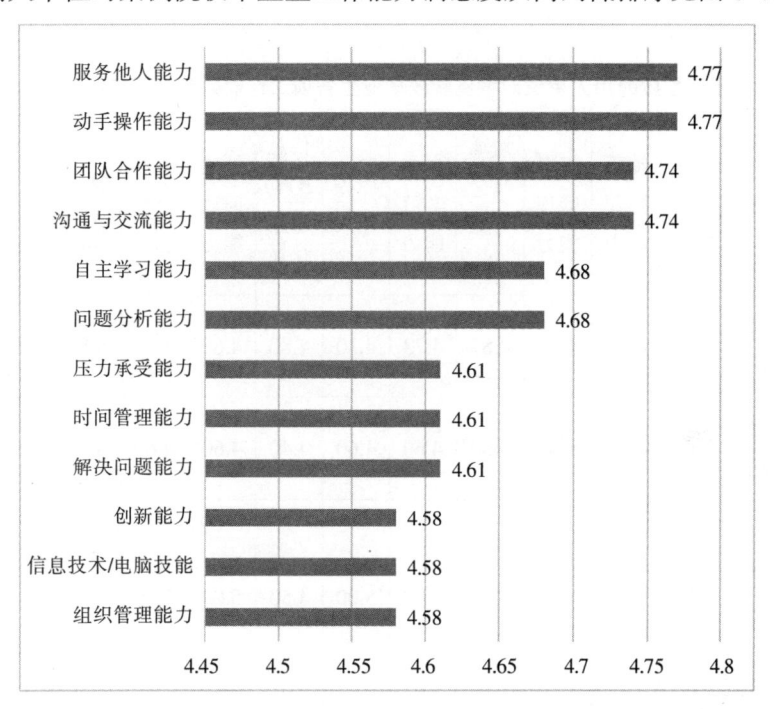

图6-7 用人单位对案例院校毕业生工作能力满意程度从高到低排序

进一步分析不同类型的用人单位对毕业生的工作能力评价有无差异,不同性质的用人单位对毕业生工作能力的描述性统计和方差分析结果见表6-8、图6-8。

从表6-8方差检验的结果可见,不同性质的用人单位对毕业生各项工作能力的满意程度均较高,都达到"满意"水平,并没有显著差异。

但从具体数据和图6-8可见,不同性质的用人单位对毕业生的工作能力满意程度也稍有不同。政府机构/科研或其他事业单位和非政府或非营利组织(NGO等)对毕业生的"问题分析能力""动手操作能力""组织管理能力""沟通与交流能力""服务他人能力""解决问题的能力"均达到"非常满意"的水平,对"时间管理能力""压力承受能力""创新能力""信息技术/电脑技能"的满意度相对偏低。

"中外合资/外资/独资"企业对毕业生的各项能力评价均没有达到"非常满意"的水平,可见"中外合资/外资/独资"相比较其他用人单位,对员工能力要求更高。尤其在"时间管理能力"指标上,"中外合资/外资/独资"企业的满意程度得分最低,在一定程度上说明该类型企业对员工时间管理要求非常严格,更加追求工作效率,所以在这种企业工作更需要有打拼精神,否则很容易被淘汰。

表6-8 不同性质的用人单位对案例院校毕业生各项工作能力满意程度和方差分析结果

企业性质	问题分析能力	动手操作能力	组织管理能力	沟通与交流能力	自主学习能力	服务他人	信息技术/电脑技能	解决问题能力	团队合作能力	时间管理	压力承受能力	创新能力
民营企业/个体	4.80	4.80	4.73	4.87	4.73	4.80	4.80	4.67	4.80	4.80	4.80	4.80
中外合资/外资/独资	4.60	4.60	4.40	4.60	4.60	4.60	4.40	4.60	4.60	4.20	4.20	4.20
政府机构/科研或其他事业单位	5.00	5.00	5.00	5.00	5.00	5.00	4.50	5.00	5.00	4.50	4.50	4.50
国有企业	4.33	5.00	4.33	4.67	4.67	5.00	4.67	4.33	4.67	4.67	4.67	4.33
非政府或非营利组织（NGO等）	5.00	5.00	5.00	5.00	5.00	5.00	4.00	5.00	5.00	5.00	4.00	4.00
方差检验F	.711	.639	.837	.639	.243	.639	1.231	.391	.429	1.252	1.474	1.632

民营企业/个体是高职毕业生就业的主体,其对毕业生各项工作能力满意程度比较均衡,得分在4.67至4.80之间,接近"非常满意"的水平。国有企业对高职毕业生的各项能力评价得分在4.33至5.0之间,对高职毕业生的"动手操作能力"和"服务他人能力"非常满意,得到了国有企业的充分肯定。另外,国有企业对高职毕业生的"创新能力""分析问题能力""解决问题能力""组织管理能力"满意程度稍低,相对国有企业大量的本科生、研究生,高职生在这几种能力方面不占优势,也是高职学生应该尽可能努力提高

第六章 基于用人单位信息反馈的高职人才培养质量评价实证研究

的方面。

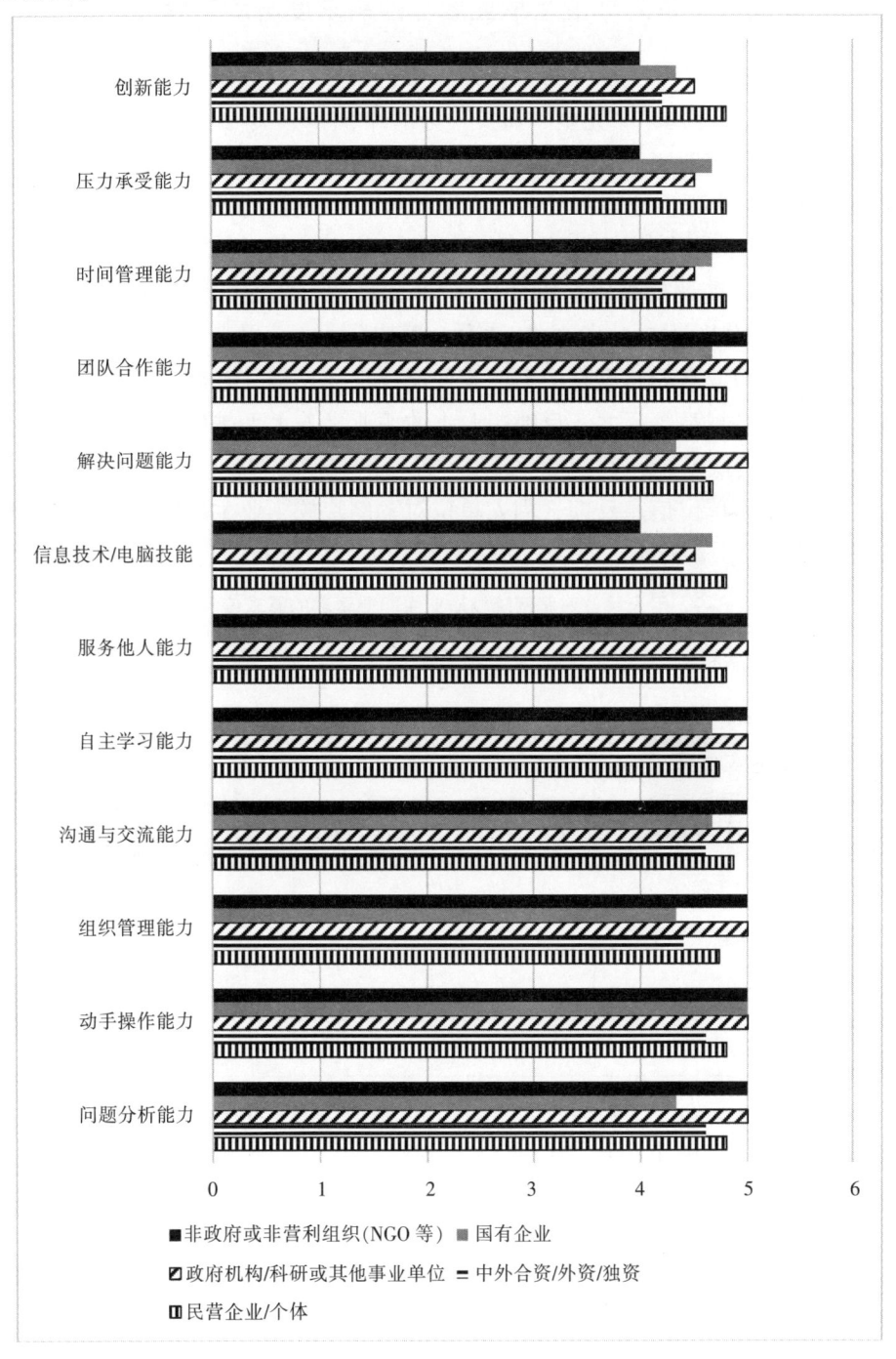

图 6-8 不同性质用人单位对案例院校毕业生各项工作能力满意程度条形图

二、用人单位对毕业生职业素养的需求度与满意程度

用人单位对毕业生职业素养的需求度：采用5级计分，"非常需要""需要""一般""不需要""完全不需要"分别计5、4、3、2、1分，平均分在4分以上，说明该项职业素养是岗位工作"需要"的，得分越高，反映该项指标越重要，需求程度越高；反之，该项素养需求程度越低。

用人单位对毕业生职业素养的满意度：用人单位对毕业生在岗位工作中的实际职业素养评价采用5级计分，"非常满意""满意""一般""不满意""很不满意"分别计5、4、3、2、1分，平均分在4分以上，说明说用人单位对毕业生的职业素养是满意的，能胜任岗位工作，得分越高，反映毕业生的职业素养水平越高；反之，反映毕业生的职业素养水平越低，高职院校的人才培养质量越低。

根据用人单位信息反馈，用人单位对案例院校毕业生的职业素养满意度结果见表6-9。

表6-9　用人单位对案例院校毕业生职业素养的需求度和满意度

职业素养	需求度	满意度
社会责任感	4.81	4.74
创新意识	4.71	4.63
对环境的适应性	4.55	4.53
积极的工作态度	4.74	4.6
学习的意愿	4.84	4.7
政治素质	4.75	4.67
职业道德规范	4.77	4.63

从表6-9数据可见，用人单位对毕业生的职业素养要求均比较高，各项职业素养的需求度平均得分在4.55至4.84分之间，接近"非常需要"的水平，说明用人单位看重员工的各项职业素养。进一步的频数分析发现（图6-9），企业对各项职业素养需求度迫切程度不同，80.6%以上的企业认为员工"积极的工作态度"和遵守企业"职业道德规范"是非常需要的，64.5%的用人单位认为员工的"创新意识"非常需要，可见单位性质不同，对职业素养的各项品质需求程度也稍有不同。

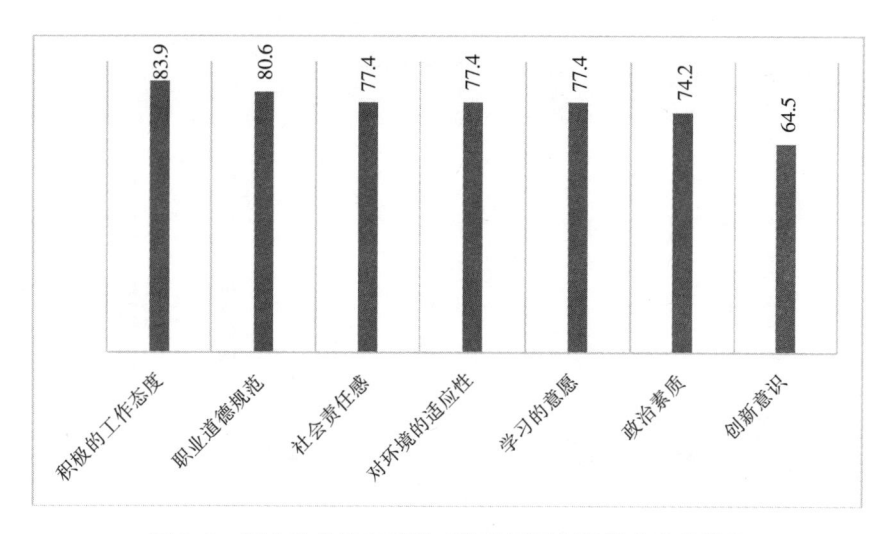

第六章 基于用人单位信息反馈的高职人才培养质量评价实证研究

图 6-9 用人单位信息反馈"非常需要"的职业素养排序

（积极的工作态度 83.9；职业道德规范 80.6；社会责任感 77.4；对环境的适应性 77.4；学习的意愿 77.4；政治素质 74.2；创新意识 64.5）

从表 6-9 可见，用人单位对高职毕业生各项职业素养的满意程度平均得分在 4.53 至 4.74 分之间，均达到"满意"水平，进一步分析用人单位对案例院校毕业生职业素养各项满意程度的频数分布情况，结果见表 6-10。

表 6-10 用人单位对案例院校毕业生职业素养的满意程度频数分布

满意程度	社会责任感（%）	创新意识（%）	对环境的适应性（%）	积极的工作态度（%）	学习的意愿（%）	政治素质（%）	职业道德规范（%）
非常满意	66.7	60.0	63.3	70.0	70.0	66.7	74.2
满意	30.0	33.3	33.3	30.0	26.7	30.0	25.8
一般	3.3	6.7	3.3	0	3.3	3.3	0
不满意	0	0	0	0	0	0	0
很不满意	0	0	0	0	0	0	0
满意比例	96.7	93.3	96.6	100	96.7	96.7	100

从表 6-10 可见，企业对案例院校毕业生"积极的工作态度""遵守职业道德规范"的满意度达到 100%，对"社会责任感强""环境的适应性强""学习的意愿强""政治素质高"的职业素养满意度达到 96.7%，对"创新意识"的满意度最低，也达到 93.3%。其中对各项职业素养企业信息反馈"非常满意"的频数分布见图 6-10。

223

"非常满意"的频数分布（%）

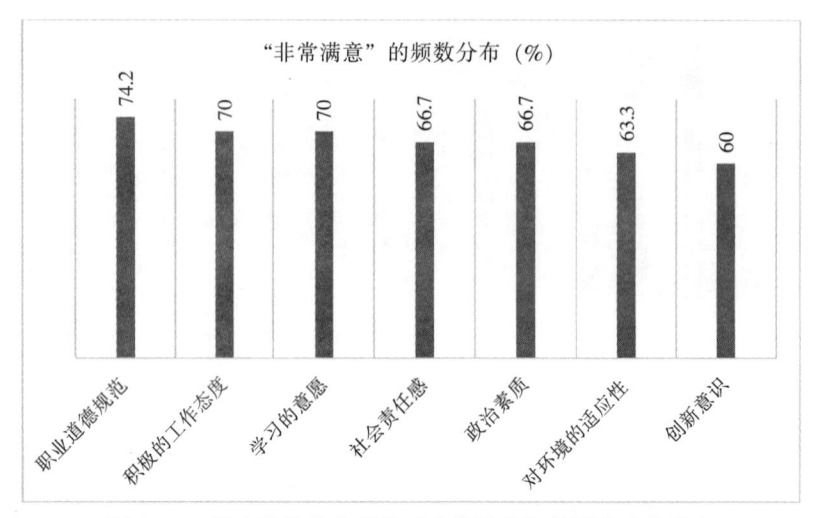

职业道德规范	积极的工作态度	学习的意愿	社会责任感	政治素质	对环境的适应性	创新意识
74.2	70	70	66.7	66.7	63.3	60

图 6-10　用人单位信息反馈"非常满意"的职业素养排序

从图 6-9 和图 6-10 可见，高职毕业生的就业单位主体是民营企业或个体企业，对员工的积极的工作态度、遵守职业道德规范、社会责任感、自主学习的意愿等职业素养比较看重，满意度较高。大部分民营企业或个体企业的工作压力没有合资或独资企业大，高职生的工作岗位主要是需要按时保质保量完成任务，不需要很强的创新性，因此企业对毕业生环境的适应性、创新意识没有太高的要求，但同时对毕业生适应性、创新意识非常满意的比例也稍低。

三、用人单位对毕业生掌握知识的需求度与满意度

用人单位对毕业生掌握知识的满意程度采用 5 级计分，"非常满意""满意""一般""不满意""很不满意"分别计 5、4、3、2、1 分，平均分在 4 分以上，说明用人单位对毕业生掌握的知识是满意的，能满足岗位工作对知识的要求，满意程度得分越高，反映毕业生掌握的知识越多，高职院校的人才培养水平越高；反之，满意程度得分越低，反映毕业生掌握的知识越少，高职院校的人才培养质量越低。

企业对案例院校毕业生掌握知识情况的需求度、满意度、满意比例如表 6-11 所示。

从表 6-11 数据可见，用人单位对案例院校毕业生掌握知识的需求度评价得分在 4.53 至 4.67 分之间，大于 4 分，达到"需要"的程度，即毕业生掌握一定的专业知识、与行业相关的知识、人文社会科学知识是必要的。进一步

从需要程度的频数分布可见，用人单位认为掌握"专业知识""与行业相关的知识""人文社会科学知识""需要"或"非常需要"的比例分别达到90%、93.3%和93.1%。专业知识是掌握专业技能的基础，行业相关知识可开阔员工的眼界，掌握一定的人文社会科学知识则可以提高毕业生的适应环境能力。

表6-11 用人单位对案例院校毕业生掌握知识情况的需求度、满意度和满意比例

掌握知识	需求度	满意度	满意比例
专业知识	4.53	4.57	90
与行业相关的知识	4.67	4.57	96.7
人文社会科学知识	4.60	4.66	96.7

从表6-11数据可见，用人单位对案例院校毕业生掌握"专业知识""与行业相关的知识""人文社会科学知识"满意度平均得分分别为4.57、4.57、4.66，均高于"满意"4分的水平，所以用人单位对案例院校毕业生的知识掌握程度是满意的，满意度分别为90%、96.7%、96.7%。有10%的用人单位对毕业生的专业知识水平不满意，因此需要高职院校强化专业技能的同时，提高学生的专业知识水平，拓宽知识面，为后续专业深造和自我学习打下坚实的基础。

第四节 用人单位对案例院校毕业生的总体满意度和招聘意愿

用人单位对高职毕业生的总体满意度与推荐度是用人单位衡量和评价高职院校整体办学水平、人才培养质量的最重要的指标，将直接影响高职院校的品牌形象。

一、用人单位对毕业生的总体满意度

用人单位对案例院校毕业生的总体满意度：采用5级计分，"非常满意""满意""一般""不满意""很不满意"分别计5、4、3、2、1分。平均分在4分以上，说明用人单位对毕业生的总体感知是满意的。

用人单位对案例院校毕业生的总体满意度见表6-12。

表 6–12　用人单位对案例院校毕业生的总体满意度

	平均值	标准差	满意比例
总体满意度	4.77	.762	96.8

从表 6–12 数据可见，用人单位对案例院校毕业生的总体满意比例高达 96.8%，总体满意度平均得分为 4.77，远高于"满意"4 分，接近"非常满意"5 分的水平。由此可见，案例院校的毕业生知识、能力与素养得到了用人单位的普遍认可，高职院校培养的高素质技术技能型人才满足了人才市场需求。

二、用人单位继续招聘案例院校毕业生的意愿

用人单位继续招聘案例院校毕业生的意愿：采用 5 级计分，"非常愿意""愿意""一般""不愿意""非常不愿意"，分别计 5、4、3、2、1 分。平均分在 4 分以上，说明用人单位愿意继续招聘案例院校的毕业生，分值越高，意愿越强烈。

因为用人单位对案例院校毕业生的质量评价较高，案例院校的品牌形象对后续毕业生就业起到了很好的宣传作用，所以这些用人单位会根据岗位需求，加深与案例院校的合作，愿意继续招聘或扩大招聘案例院校将来的毕业生。用人单位继续招聘案例院校毕业生的意愿度见表 6–13。

表 6–13　用人单位继续招聘案例院校毕业生的意愿度

	意愿度得分	标准差	愿意招聘比例
继续招聘案例院校毕业生的意愿	4.58	.502	100%

从表 6–13 数据可见，100%的样本企业愿意继续招聘案例院校的毕业生，意愿度得分平均 4.58 分，大于"愿意"4 分的水平，有 58.1%的用人单位选择的是"非常愿意"。

第五节　用人单位对案例院校专业设置与课程设置的评价与改进建议

收集用人单位对高职院校专业设置、课程设置等方面的评价与改进建议，以进一步促进高职教育教学改革，提高高职院校的专业和课程建设与人才培养水平。

一、用人单位对案例院校专业设置与课程设置的评价

符合度指用人单位评价案例院校专业设置、课程设置与企业需求的符合程度，采用5级计分，"非常符合""符合""一般""不符合""很不符合"分别计5、4、3、2、1分，平均分在4分以上，说明案例院校的专业设置或课程设置符合用人单位需求；平均得分在4分以下，则说明案例院校的专业设置或课程设置不符合用人单位需求。

通过调研，样本企业对案例院校的专业设置与课程设置评价结果见表6-14和图6-11。

表6-14　用人单位对案例院校专业设置与课程设置评价

	符合度得分（M）	标准差（D）	符合比例
专业设置	4.19	.721	92.0%
课程设置	4.11	.770	85.4%

从表6-14数据可见，用人单位对案例院校的专业设置、课程设置与企业需求的符合程度评价平均得分分别为4.19和4.11，均大于4分，可见案例院校的专业设置与课程设置是符合人才市场需要、企业需求的。从图6-11符合程度的频数分布看，有32.3%的用人单位评价案例院校的专业设置与企业产业需求是"非常符合"的，有59.7%的用人单位评价是"符合"的，所以92.0%的用人单位认为案例院校专业设置与产业需求是相符合的；有30.6%的用人单位评价案例院校的课程设置与企业岗位工作需求是"非常符合"的，有54.8%用人单位评价是"符合"的，85.4%的用人单位评价案例院校课程设置与岗位工作需求是符合的。由此可见，案例院校的专业与课程建设基本符合地方经济和社会发展的需求。

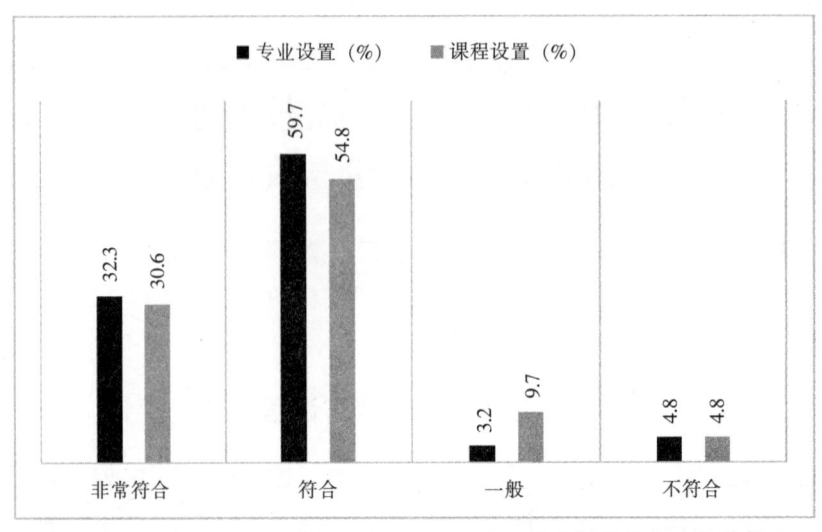

高职人才培养质量评价实证研究
——基于案例院校毕业生和用人单位的信息反馈

图 6–11 案例院校专业设置与课程设置和企业需求的符合程度频数分布

二、用人单位对案例院校专业设置与课程设置的改进建议

由图 6–11 数据可见，有 4.8% 的用人单位评价案例院校的专业设置与课程设置和企业需求是不符合的，进一步访谈这些企业对案例院校专业设置与课程设置不满意的原因和建议，主要集中在两点上：一是专业设置特色不明显，对接区域人才需求不够精准，没有做到与产业融合发展；二是课程设置体系不够完整，缺乏选择性，课程内容欠缺新技术、新模式、新标准，滞后于产业与市场需求。

党的十九大标志着我国进入了中国特色社会主义新时代，高职教育也迈入新时代。新时代职业教育要求推进高职教育高质量发展，在专业建设方面必须要密切联系行业企业，直接服务实体经济发展，坚决走教、研、产融合发展之路，全面深化专业（群）内涵建设，贯彻落实专业建设对接产业发展，真正做到校企合力协同育人；在课程建设方面，建立产业技术进步驱动课程改革机制，及时将新技术、新模式、新标准转化为教学内容，提高课程改革对技术进步的响应速度，不断优化课程资源供给。要充分利用社会资源，对接产业需求，密切校企合作，建立协同育人机制，深化"三教"改革，全面提高高职教育的适应性，培养出具有核心竞争力的高素质技术技能型人才，服务地方经济和产业发展，推动技能型社会建设，这是高职院校坚持不懈努力和不断完善的发展方向。

第七章 主要研究结论与对策建议

第一节 主要研究结论

一、毕业生就业落实与区域贡献

（1）就业率：2015 至 2019 届毕业生连续 5 年的就业率分别为 91.5%、95.3%、92.7%、92.6%、93.3%，就业率均在九成以上。在已就业的毕业生中，受雇全职工作的比例分别为 77.9%、82.2%、80.3%、81.7%、78.4%；受雇半职的比例分别为 2.6%、1.6%、2.2%、1.9%、2.2%；自主创业的比例分别为 7.2%、7.1%、5.6%、5.5%、4.6%，呈逐年下降的趋势。

（2）就业率的专业差异与性别差异：高职毕业生就业率没有显著的专业差异；在性别差异方面，2018 届高职毕业生的就业率在 0.05 水平上男生显著高于女生，其他届别就业率的性别差异不显著，但从五届毕业生统计描述平均值来看，男生的平均就业率高于女生。

（3）区域贡献：案例院校 99%以上的毕业生均在国内发展，85%以上的毕业生工作城市在山东，主要聚集在济南、泰安等地，说明人才培养的区域贡献度较高。

（4）行业贡献：案例院校毕业生就业的主要行业有住宅建筑施工业、中小学教育机构、幼儿学前教育、建筑基础结构楼房外观承建业、建筑装修业、其他个人服务业、汽车制造业、其他金融投资业、综合性餐饮、互联网运营与网络搜索引擎业。发展趋势方面，建筑业装修、建筑基础结构、楼房外观承建业始终是主流，从事保险业、制造业的比例逐渐降低，从事互联网、教育服务业的比例逐渐上升。

（5）职业贡献：案例院校毕业生主要从事的职业为会计、文员、销售人员、建筑技术员、汽车修理技术员、电气工程技术人员、中小学教师、幼儿教师等。

（6）毕业生就业单位规模排序：排在第一位的是 50 人及以下，占就业单位的30%以上；就业单位的性质集中在民营企业或是个体，占毕业生就业的70%以上。民营企业和中小微企业是高职毕业生就业的主体。

（7）离职率：案例院校2015至2019届毕业生的离职率比较高，分别为42.5%、44.3%、47.5%、50.9%、51.1%，离职率呈逐年上升的趋势。离职类型主要是学生个人主动离职，分别占有过离职样本的94.9%、93.7%、95.2%、94.0%、94.6%。

（8）毕业生离职的主要原因按百分比排序依次是：薪资福利偏低>个人发展空间不够>想改变职业或行业>工作要求高、压力大>对单位管理制度和文化不适应>就业没有安全感>准备求学深造>缺少直接主管的指导和关怀。

二、毕业生的就业满意度

（1）总体就业满意度：从各届学生的总体就业满意度平均得分来看，2015至2018届毕业生的就业满意度平均得分≥3.0，达到了满意水平，并呈逐年上升的趋势，2019届毕业生得分2.95，就业现状满意度基本达到满意水平。从频数分布来看，2015至2019届毕业生就业满意比例分别为76.4%、76.7%、83.5%、83.9%、76.8%。

（2）高职毕业生各分项满意度：总体平均来看，分项满意比例从高到低依次为工作地点75.2%、工作稳定性74.5%、工资福利74.1%、个人发展空间70.5%、社会地位70.1%、独立自主性69.4%。

（3）总体就业满意度的性别差异与专业差异：差异性t检验结果表明各届毕业生男生平均就业满意程度高于女生，但性别差异没有达到显著水平；方差分析结果表明，专业对毕业生就业满意度有一定的影响，但并没有达到显著水平。

（4）高职毕业生就业满意度的单位差异：就业单位的性质不同，就业满意度也存在一定的差异，五届平均来看，中外合资/外资/独资就业满意度最高，其次是国有企业，然后是政府机构/科研或其他事业单位，在"民营企业/个体"单位工作的就业满意度最低。方差检验结果表明，就业满意度的单位差异还没达到显著性水平，工作城市类别对高职毕业生的就业满意度没有显著影响。

三、月收入

（1）平均月收入：高职毕业生的平均月收入较高，2015至2019届分别为3022元、3281元、3568元、3817元、3976元。其中2015届、2017届、

2019 届毕业生的平均月收入比全国同等资历的毕业生平均收入分别高 425 元、416 元、448 元。

（2）月收入的性别差异：高职毕业生平均月收入男生高于女生，除 2018 届性别差异不显著外，2015、2016、2017 和 2019 届毕业生男生平均月收入非常显著高于女生。

（3）月收入的专业差异：除 2018 届毕业生外，2015、2016、2017 和 2019 届毕业生的平均月收入专业差异显著，即专业对学生就业后的月收入影响显著。汽车电子、电气自动化、软件技术等专业月收入相对较高，畜牧兽医专业、服装设计、食品营养与检测专业月收入相对较低。

（4）月收入的行业差异：除 2015 届外，2016 至 2019 届毕业生月收入的行业类别差异明显。从五届毕业生的平均月收入来看，排在前五位的行业类别分别为：运输业、房地产开发及租赁业、金融（银行/保险/证券）业、家具医疗设备及其他制成品业、文化体育及娱乐业。排在后五位的行业类别分别为：其他服务业（除行政服务）、各类专业设计与咨询服务业、纺织皮革及成品加工业、政府及公共管理、教育业。

（5）月收入的职业差异：除 2015 届外，2016 至 2019 届毕业生月收入的职业差异明显。从五届毕业生的平均月收入来看，月收入排在前五位的职业类别分别是：金融（银行/基金/证券/期货/理财）、销售、互联网开发及计算机应用、电力/能源、餐饮/娱乐/旅游；排在后五位的职业类别分别为：农/林/牧/渔类、财务/审计/税务/统计、行政/后勤、中小学教育、幼儿与学前教育。

（6）月收入的单位差异：平均来看，高职毕业生月收入从高到低的单位类型依次是中外合资/外资/独资>国有企业>民营企业/个体>政府机构/科研或其他事业单位。

（7）月收入的城市差异：工作在不同级别的城市，高职毕业生月收入差异特别显著，一线城市的月收入显著高于二线城市，二线城市显著高于三线城市。

四、工作与专业相关度、职业期待吻合度

（1）工作与专业相关度：案例院校毕业生的工作专业相关度偏低，五届毕业生的工作专业相关度分别为 56.9%、54.5%、57.2%、59.2%、54.9%。

（2）工作与专业相关度专业差异：各专业的毕业生就业的工作与专业相关度存在一定的差异，2015、2016、2017、2019 届毕业生工作与专业相关度的专业差异达到非常显著的水平。学前教育专业的毕业生专业相关度最高，

软件技术专业工作与专业相关度最低。

（3）总体职业期待吻合度：五届毕业生符合职业期待的比例分别为52.9%、50.3%、57.0%、50.0%、52.9%，平均52.62%，高于全国平均水平。

（4）职业期待吻合度的专业差异：各届不同专业的高职毕业生，期待吻合度专业差异不显著，但存在一定的不平衡性，综合来看，装饰艺术设计专业的职业期待吻合度最高，高达75%；应用电子技术专业职业期待吻合度最低，只有30%。

五、毕业生知识、能力、素养的提升评价

（1）知识提升：案例院校2016至2019届毕业生经过高职阶段的在校学习，其核心知识得到较大幅度提升，毕业时专业知识与通用知识的掌握水平均在中等水平以上；2016至2019届毕业生掌握核心知识的满足度是逐届升高的，分别为82.72%、87.91%、87.75%、89.01%。

（2）关键能力提升：从2016至2019届毕业生的信息反馈可见，8类关键能力按重要度排序从高到低依次是人际沟通能力、分析解决问题的能力、团队协作能力、持续学习能力、计划管理的能力、专业能力、创新能力、科学思维的能力。

（3）基本能力提升：案例院校2016至2019届毕业生经过高职阶段的在校学习，其基本能力得到较大提升，毕业时各类基本能力的掌握水平均在中等水平以上，各项基本工作能力满足度均≥72.8%；2016至2019届毕业生能力提升综合满足度是逐年升高的，分别为87.1%、88.3%、89.1%、90.1%。

（4）最重要的三种基本能力：根据不同专业的毕业生信息反馈，最重要的基本能力是理解他人能力、积极学习能力、有效的口头表达能力。

（5）核心素养提升：2015至2019届毕业生认为核心素养有较大提升的占比分别为50.13%、53.76%、53.79%、56.20%、58.82%，总体发展趋势是逐渐升高的。核心素养的各具体项目中，反馈最多的有较高提升的三种素养是积极乐观、追求上进、团队合作，这三项素养也是用人单位所看重的学生应该具备的素养。

（6）影响学生核心素养提升的主要因素：毕业生认为影响学生核心素养提升的主要因素是专业课程、教师的言传身教、思政课程、校风学风、社会实践活动、通识课程（除思政课程外）、校园文化活动。

六、教学服务满意度

(1) 总体教学服务满意度：2015至2019届毕业生对母校教学服务满意度分别为87.7%、91.7%、91.1%、91.8%、93.9%，除2017届较2016届稍有下降外，毕业生总体教学服务满意度变化趋势是逐渐升高的。

(2) 教学服务满意程度的性别差异与院系差异：毕业生对母校的教学服务满意程度没有显著的性别差异，均达到满意水平，总体来看，女生对母校的教学满意度得分稍高于男生。2019届毕业生对母校教学服务满意程度存在显著的系别差异；其他各届系别差异不显著，但也存在一定的不平衡性。

(3) 核心课程的重要度与满足度：案例院校毕业生对母校核心课程重要度评价较高，在从事专业相关的五届毕业生中，认为专业开设的核心课程"重要"的比例分别是81.1%、81.3%、78.7%、77.1%、79.4%，核心课程的满足度分别为76.4%、78.0%、78.4%、78.6%、81.6%。

(4) 实习实践教学满意度：案例院校毕业生对校内实习实践的评价较高，满意度在90%以上；校外实习中，对"实习实践制度规范""指导教师经验丰富"的满意度较高，达到92%，对"实习内容专业相关度"和"企业设备的完备性、接触行业先进技术"等方面满意度稍低，分别为88%和87%。

(5) 师生交流频度：把师生课下交流"每周至少一次"和"每月至少一次"视为高频交流，则案例院校2015至2019届毕业生的高频交流频度分别为61.6%、72.7%、65.6%、64.6%、63.9%，五届平均高达65.68%。

七、创新创业教育评价

(1) 毕业生主要的创业动机：排在首位的是"理想就是成为创业者"，占40.68%；其次是"有好的创业项目"，占22.84%；第三位是"未来收入好"，占20.86%；主动创业占84.38%，仅有6.6%的学生因为"未找到合适的工作"而选择创业。

(2) 创业项目与所学专业相关性：毕业生创业项目与所学专业相关度不高，五届平均来看，相关的创业项目只占37.18%，无关的比例为62.82%。

(3) 对创业帮助最大的活动：从事创业的毕业生中，36.2%的人认为对创业帮助最大的活动是"假期实习/课外兼职"；其次18.5%的创业毕业生认为是"大学的模拟创业活动，如创业大赛等"；排在第三位的是"学校和政府提供的创业培训和咨询"，比例为18.06%，11.44%毕业生认为是"大学的社团活动"。

(4) 接受创新创业教育的人数：毕业生在校期间接受过创新创业辅导活动、创新创业教学课程、创新创业竞赛活动、创新创业实践活动的比例分别是 41.2%、36.6%、25.6%、36.2%。从接受各种形式的双创教育人数总体来看，2015 至 2018 届毕业生中接受双创教育的人数总体比例是逐年升高的，说明案例院校对双创教育越来越重视。

八、学生工作满意度及生活服务满意度

(1) 总体学生工作满意度：案例院校 2015 至 2019 届毕业生的学生工作满意度分别为 83.9%、86.4%、86.3%、87.1%、89.8%，五届平均达到 86.66%。

(2) 大学生参加社团活动满意度：毕业生参加过社团活动的比例为约占 64.94%；参加社团的人数占比从高到低依次是公益类社团、体育户外类社团、文化艺术类社团、表演艺术类社团、社会实践类社团、学术科技类社团、社交联谊类社团。毕业生对各类社团活动的满意度在 83% 以上。

(3) 就业渠道与就业服务满意度：案例院校 2015 至 2019 届毕业生落实就业主要依靠学校渠道的比例分别为 27.8%、28.4%、29.5%、31.8%、35.5%，五届平均达到 28.62%，通过学校渠道就业的平均比例不高，但从发展趋势来看，呈逐年上升的趋势；2015 至 2019 届毕业生对母校的就业指导服务满意度分别为 82%、82.8%、86.2%、88.2%、90%，五届平均"满意"的比例达 85.84%，整体较高，并且呈逐年上升的趋势。

(4) 生活服务满意度：案例院校 2015 至 2019 届毕业生对母校生活服务满意度分别为 84.9%、87.4%、89.5%、90.1%、90.4%，生活服务满意度整体较高，并且呈逐年上升的趋势。

九、毕业生对母校的总体满意度和推荐度

(1) 毕业生对母校的总体满意度：2015 至 2019 届毕业生对母校的总体满意度分别为 88.3%、92.6%、92.7%、93.3%、94%，五届平均为 92.18%，并且呈逐年上升的趋势。

(2) 总体满意度的性别差异与系别差异：除了 2018 届毕业生男、女生对母校的总体满意程度基本一致外，其他届别的毕业生女生的平均满意程度得分高于男生，但性别差异没有达到显著性水平；2019 届毕业生对母校的总体满意程度存在显著的系别差异，建筑技术工程系与生物技术工程系的毕业生对母校总体满意程度较高，机电技术工程系和财经系毕业生对母校的总体满意度得分偏低。

(3) 毕业生推荐度：案例院校 2015 至 2019 届毕业生对母校的推荐度分别为 63.8%、66.9%、69.8%、70.1%、71.9%，呈逐年上升的趋势。五届平均推荐度为 68.5%，确定不愿意推荐的学生平均占 8.94%。总体来看，女生对母校的推荐度高于男生，2016 届、2017 届推荐度的性别差异达到显著水平。

(4) 推荐度与满意度的相关性：高职毕业生对母校的推荐度、总体满意度、教学服务满意度、学生工作满意度、生活服务满意度等各项指标之间均存在非常显著的正相关，从相关系数上看，总体满意度与教学满意度的相关性最高，五届毕业生的 pearson 相关系数分别达到 0.820、0.863、0.845、0.878、0.906。

十、用人单位评价

(1) 企业对高职院校就业服务满意度：用人单位对案例院校的就业服务工作满意度为 81%，其中"很满意"占 49.2%，"满意"占 31.8%，"不满意"的也占据 19.0%，评价"很不满意"的为 0，总体来讲，得到绝大多数用人单位的认可。

(2) 企业对毕业生工作能力的满意程度：企业对毕业生的岗位工作能力整体是"满意"的。对"动手操作能力"和"服务他人的能力"两项指标的满意程度最高，对毕业生的组织管理能力、信息技术/电脑技能、创新能力满意程度相对稍低。

(3) 企业对毕业生职业素养的需求度与满意度评价：企业看重员工的各项职业素养，对各项职业素养的需要度平均得分在 4.55 至 4.84 之间，接近"非常需要"的水平，最看重的职业素养是"积极的工作态度"和遵守企业"职业道德规范"；企业对案例院校高职毕业生各项职业素养的满意程度平均得分在 4.53 至 4.74 之间，均达到"满意"水平。

(4) 企业对毕业生掌握知识的需求度与满意程度：企业对案例院校毕业生工作岗位"专业知识""与行业相关的知识""人文社会科学知识"的需求度分别为 90%、93.3% 和 93.1%，满意度分别为 90%、96.7%、96.7%。从企业信息反馈看，毕业生掌握的知识能够满足岗位工作的需要。

(5) 企业总体满意度与继续招聘的意愿：企业对案例院校毕业生的总体满意度高达 96.8%，对毕业生的质量评价较高；100% 的样本企业愿意继续招聘案例院校的毕业生，意愿度得分平均 4.58 分，有 58.1% 的用人单位选择的是"非常愿意"继续招聘案例院校的毕业生。

第二节 提高人才培养质量的对策建议

从基于用人单位和毕业生的信息反馈结果来看，高职院校人才培养质量还亟需提高，特别是在学生核心素养提升与实践能力培养方面，学生满足度较低，与快速发展的产业、行业需求不相适应。

当前，我国正处于全面开启建设社会主义现代化国家新征程、向第二个百年奋斗目标进军的关键时期，亟需以推动高质量发展为主题，加快建设现代化经济体系。高质量的现代化经济体系建设，需要高质量发展的职业教育。《国家职业教育改革实施方案》指出，"中国职业教育将努力实现由注重规模扩张向质量提升转变"。提高高职人才培养质量，需要从多方面采取有力措施。

一、产教融合推进"三教"改革，提高人才培养质量

职业教育是与普通教育具有同等重要地位的教育类型，而产教融合、校企合作则是职业教育的本质特征。《国务院办公厅关于深化产教融合的若干意见》的颁布，将产教融合上升到了国家教育改革与人力资源开发整体制度安排的高度，标志着职业教育产教融合已不再局限于职业学校和企业之间的合作，而是逐渐向产业系统和教育系统的协同共生演进。

（一）搭建产教对接平台，健全职业教育标准体系

职业教育产教融合治理体系和治理能力现代化需要产业界和教育界在技术技能人才培养标准上建立共识。一是由政府、行业组织等治理主体搭建产教对接平台，建立国家、地方、行业技术技能人才供需信息网络体系，为高职院校优化专业设置和调整人才培养方案提供准确有效的信息，有效推进区域经济发展的重点产业与高职院校重点专业群对接，将产业需求融入高职人才培养过程。二是健全职业教育标准体系，发挥标准在职业教育质量提升中的基础性作用。就高素质技术技能人才培养而言，要按照职业教育高质量发展要求，进一步健全国家、省和学校三级职业教育专业教学标准。

（二）推进"三教"改革，建设高质量高职教育资源体系

教师、教材、教法都属于教育资源的范畴，开展高职"三教"改革，有利于高职院校从整体上提升高职教育资源质量。推进"三教"改革，一是要坚持教师为育人根本，全方位提升教师整体素质；二是要坚持教材为育人纲

要，全面提高课程教材质量；三是要坚持教法为育人手段，全员参与教学方式方法创新，从而构建起教师、教材、教法三位一体的高质量高职教育资源体系。高职院校要树立学生本位、能力本位的发展观，用"产教融合、校企合作"牵引"三教"改革，构建德智体美劳全面培养的教育体系，严格培养过程质量管理，引导学生热爱所学专业，坚定专业学习信念，增强学习过程的高投入，自觉内化劳动精神、工匠精神，敬畏职业，毕业即能顺利就业，并能应对未来社会变迁的挑战。高职院校开展"三教"改革，将会从整体上促进高职教育资源质量提升，最终实现全面提高技术技能型人才培养质量的目标。

在提升教师素质方面，要深化高职教师制度改革，优化师资队伍结构，提升师资培养质量。2020年12月，教育部等六部门《关于加强新时代高校教师队伍建设改革的指导意见》实施，明确要求"探索将行业企业从业经历、社会实践经历作为聘用职业院校专业课教师的重要条件"。高职院校在招聘教师时应从职业教育本身的类型特征和教育规律出发，扩大教师招聘面向范围，尤其是要重点关注行业内有建树、有影响的资深人士、大师名匠，吸引社会高端人才到校任教，解决高职教师能力素质结构不合理的问题。同时建立更加全面、系统、有效的人才留用机制。在教师培养制度完善上，高职院校应重点做好教师职前培训和在职培训的统筹，一是要完善教师职前培训的流程和内容，帮助新教师尽快适应教学工作环境；二是要强化教师在职培训制度建设，促使在职教师培训模式长期化、规范化、制度化。要健全教师评价制度，给予教师专业发展充分、合理的激励。

在教材建设方面，实施精品教材建设工程，建立教材优选机制。建立教材编写团队时，应加强与产业界的合作，注重吸纳行业资深人士、企业高级技术人员作为参与主体，与高职院校教师联合开发、共同编写高职教材，实现教材内容的理论和实践兼备，保障与产业需求有效对接；建立高职教材优选机制，明确教材选用标准，高职院校应依据各专业课程标准，对标高素质技术技能型人才培养要求和产业生产技能需求，制定系统、完善的教材选用标准，确保所选用的教材质量上乘；建立教材选用动态调整机制和教材使用成效监测评估制度，定期对各专业教材进入课堂后的教学成效、使用反响进行调查评估，确保劣质教材及时出清，优质教材得以保留。

在课堂改革方面，深化高职课堂教学模式改革，构建现代化、多元化的课堂教学生态。一是更新高职课堂教学理念，构建以学生为中心的现代课堂教学体系；二是提升实践教学在课堂教学体系中的比重，促进教学理实一体，适合项目教学的推进项目式教学；充分利用信息技术，建立线上线下混合教学模式。"三教"改革是"双高计划"的重点任务，通过开展高职"三教"改革，探索出真正符合高职办学规律与技术技能型人才培养规律的教师、教材和教法，是每一位高职教育工作者的责任和使命。

（三）校企协同，扎实推进"1+X"证书试点工作

高职院校发展要强化"标准化治理"理念，深入推进职业技能等级证书改革，加快形成高职教育国家质量标准体系"1+X"证书制度是国家为应对全球经济发展、科技革命与产业变革，在我国社会发展方式发生重大转变和产业结构优化调整迈入实质阶段，针对职业教育的发展现状与未来趋势做出的一项全新制度设计。"1+X"证书制度是对学历教育所对应的关键工作领域典型工作任务的职业技能的强化，也是对与职业领域相关的职业能力如市场开发、成本控制、大数据、物联网和智能制造等企业亟需的职业核心能力的拓展，更是对"1"中未能及时体现的新技术、新工艺、新业态的补充。

高职院校要充分利用国家实施"1+X"证书制度和建设一批产教融合型企业的契机，加强与培训评价组织、行业企业的紧密合作，积极参与职业技能证书及标准内涵的调研、开发、论证，试点社会认可度高、与本校专业融合度强的 X 证书；有效实施产教融合、校企合作的"双元"协同育人模式。通过产教融合、校企合作，发挥学校和产业之间的多元协同效应；重构课程体系、教学内容和评价标准，开发和实施"证书型"课程，实现专业与岗位对接、知识与技能融合。在专业、课程、教师、基地、教材和教法方面融入新内容、新工艺和新方法；在产教融合、校企合作和双元育人方面探索新路径；在治理结构、管理能力、信息技术和实践教学方面有新提升和新探索。

二、打造多元双创平台，培养学生创新创业能力

2015年，《国务院关于大力推进大众创业、万众创新若干政策措施的意见》中明确指出，经济发展进入新常态，需要从要素驱动、投资驱动转向创新驱动，实现创新驱动发展。在创新驱动发展战略要求下，高校的"双创"教育就显得更为重要。

（一）高职开展"创业教育"的重心在"教育"

高校创业教育的目的在于启蒙学生创业意识，培育学生创业精神和创新创业能力，为学生未来多元化的发展提供可能性；在学生的心中种下创业理想的种子，当遇到合适的土壤和其他外部条件时，种子就会生根、发芽、开花、结果。

（二）健全创新创业教育课程体系，实行分层培养

真正能够实现创业梦想的还是少数人，因此高校创业教育的过程是一个从普及开始，到分层筛选，再到择优培养的过程。为此，高职院校创新创业教育要形成分层次、多维度的创新创业课程体系与培养体系。根据学院实际，构建"全体通识教育—精英赋能训练—'创客'实战训练—毕业生跟踪"的四段递进创新创业人才培养体系。"四段递进"的跨专业协同创新创业人才培养体系见图7-1所示。

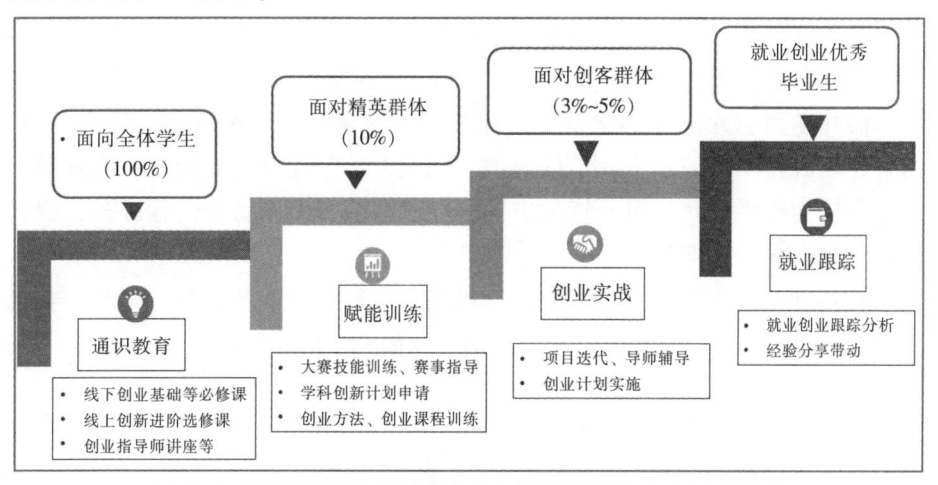

图7-1 "四段递进"的跨专业协同的创新创业人才培养体系

第一阶段：开展通识教育、创新创业启蒙教育，课程作为必修课程面向全体学生开设，培养创业意识和创新创业兴趣，与职业发展和就业指导课程衔接。线下全面开设《创新创业指导》《创业基础》等必修课，线上进行创业选修课学习，再通过企业创业指导师讲座进行创业思维激发。

第二阶段：依托各专业面向有创新创业兴趣的学生开设，提升专业技能和项目管理能力。植入跨专业课程，如《市场营销》《电子商务》《企业管理》等课程，与专业融合进行专业创新思维和创业技能训练。通过跨专业协同的实践教学平台，开展创新计划实施、创业项目演练、创新创业大赛训练。立足专业技能，以专业社团为依托，开办创新创业指导，选拔培养"创客"精英群体。

第三阶段：安排学生进行创新创业综合实战训练，开展创新创业职业教育。对于从项目指导和技能大赛突出的"创客"，由创业导师面对面对学生团队进行个性化指导，根据共性问题集中进行专业理论培训，一方面可指导学生进行创业活动，另一方面也可以参加高质量就业。

第四阶段：就业跟踪。对已经毕业的优秀学生，跟踪其创业及就业情况，分析影响因子，以优秀案例辅导新一届专业学生，形成闭环的创新创业人才培养。

（三）打造多元创新创业实践平台，提升创新创业能力

孕育平台：扶持创新创业社团，设立院级创新创业行动计划项目，依托创新创业项目，开展丰富多彩的创新创业活动，打造创新创业交流实践平台。

深化平台：组建创客中心，帮助创客把创意变成产品，学院支持典型创客项目入驻孵化，成为立足校园、面向社会的跨界合作平台，为大学生创客提供从创意到设计再到制造的专业支持和全过程服务，打造"创客梦工厂"。

孵化平台：充分发挥学校"创业大学"的功能，对创新创业能力突出、拥有比较成熟项目的学生，学校通过"创业大学"进行产业孵化，委托第三方服务机构提供工商注册、贷款申请、经营会诊、工作坊等全程服务，提升市场化运作的实战能力。

创新创业人才培养建立资源共享机制，进行跨专业的资金、导师、技术平台等所需的互补性资源改革探索，提高双创人才培养成效。

三、重视就业服务，提升高职毕业生就业质量

（一）重视职业生涯规划，拓展职业素质

打造专业化、职业化的就业指导教师队伍。国家高度重视高校毕业生就业工作，就业指导是高职院校的必修课，但是目前任课教师的专业化、职业化程度仍有待提高，缺少专业能力强的专职职业规划咨询师；另外需要加强对就业指导教师专业能力的提升，定期组织就业指导教师参加相关培训和学习，把就业指导与思想政治教育、专业认知等课程结合起来，指导学生根据专业培养目标合理规划职业生涯。

注重个性化就业指导。个人的职业兴趣与职业匹配度越高，学生的就业满意度越高。就业指导教师要了解学生的性格、职业兴趣、能力和价值观等，有针对性地开展就业指导和职业生涯管理，引导学生逐步确立职业发展目标，寻找到适合自己的职业。

职业规划与专业教育相结合。就业指导教师应根据学生的专业学习内容和就业方向，有针对性地培养学生对专业学习的兴趣和未来就业的信心，引导学生努力学习专业知识，掌握专业技能，考取相关职业资格证书，为未来就业做好充分的准备。

拓展毕业生职业素质。毕业生职业素质除了知识性技能，还有可迁移技

能和自我管理技能，这些技能在求职阶段和职业发展过程中非常关键，可迁移技能和自我管理技能的学习能够帮助毕业生激发个人潜能、提升适应能力、学会时间管理、提高沟通合作能力等，能够提升毕业生综合素质，增强自身就业竞争力。职业素质提升可以通过职业工作坊、职业团体辅导等方式，针对学生职业规划不清、目标不明确、职业技能欠缺等方面的问题进行系统辅导。

（二）进一步拓宽毕业生就业渠道

高职院校要多方面收集就业信息，定期举办分类别、分行业的校园招聘活动，利用校园招聘会、宣讲会以及各地人才市场的招聘平台，鼓励学生多参与、多了解相关企业的招聘需求和就业市场行情，拓宽毕业生就业渠道，增加毕业生的选择机会，并结合社会用人需求情况合理定位，调整就业预期。利用智慧就业的大数据平台，实现供需智能匹配，为毕业生精准推送政策、岗位和指导信息；广泛宣传解读国家和地方促进就业创业的政策措施，帮助毕业生知晓政策、用好政策。

就业指导与思想政治教育相结合。随着我国经济和社会转型，社会价值观呈现出多元化的特点，大学生在多元文化的冲突中会感到困惑和迷茫，容易出现价值观偏向与扭曲，尤其是在市场经济条件下，利益最大化思想渗入青年学生的头脑，在就业区域和就业单位选择上，毕业生会过分看重个人利益，忽视国家和社会发展需要，忽视作为社会主义建设者所肩负的重要使命。因此，要把思想政治教育与就业指导结合起来，内化为大学生自主自觉的意识，在教育形式上可以利用QQ、微信、微博等学生喜闻乐见的方式，加大对基层就业先进事迹的表彰和宣传力度以及艰苦创业典型案例的宣传教育，及时纠正学生中的消极就业观，培养学生爱岗敬业、吃苦耐劳、甘于奉献的精神。

（三）促进校企合作，提升职业能力

高职院校要通过双主体办学、与企业合作建立校内实训基地、校外顶岗实习基地等形式，充分发挥企业在人才培养和专业建设中的重要作用，努力探索建立新型的校企合作关系，搭建有效的合作平台，让学生尽早接触企业生产实际，提升学生的实践技能、职业素养，缩短毕业生进入企业就业的适应期，使学生尽快融入企业环境并适应企业的岗位要求，实现学生角色向员工角色的转变，在学校与企业的共同参与下，培养符合岗位要求的技术技能型人才。

校企合作开展就业指导。除了发挥企业在培养学生专业技能上的重要作

用外，还可以邀请企业中的相关专业人士加入学校就业指导教育中，邀请企业家、人力资源专家、行业内专家等担任职业指导教师，通过讲座、培训等形式开展职业规划、职业道德、专业素养等方面的指导。

(四) 开展社会实践活动，提升综合素质

社会实践活动是大学生了解国情、民情的一个重要途径，有助于培养大学生勇于担当时代重任的责任感和使命感，将个人的职业选择和理想抱负与社会需要结合起来。高职院校应根据学生个性特点、家庭特点、地域特点等制定实践活动方案，创造性地开展社会实践活动，使社会实践活动真正深入学生心中，落到实处。通过开展社会调查、参与志愿活动等形式，使大学生在实践中认识社会，了解不同地区、不同行业的人才需求情况，帮助毕业生认清现实，确立合理的职业期待。

通过社会实践的参与和体验，也能够增强大学生的学习能力、沟通能力、社会适应能力等多方面的素质，大学生可以通过寒暑假或周末时间，积极参与学校或有关机构组织的社会实践活动，在活动中增见识、长才干，学会融入社会、适应社会，在实践中发展自我、完善自我，为以后步入职场做好充分准备。

附录1 基于毕业生信息反馈的高职人才培养质量调查

亲爱的同学：您好！

　　首先祝贺您顺利毕业，非常感谢您花费宝贵时间填写这份问卷，本问卷旨在对学院人才培养状况进行调查，以便进一步改进学院工作。问卷调查采取无记名形式，不会以任何形式公开您的信息，请把您的真实情况和想法填写在相应的横线上或在选项编号上或对应栏内打"√"。

　　衷心感谢您的支持与合作！

全国教育科学规划课题"基于企业和毕业生信息反馈的
高职人才培养质量实证研究" 课题组

第一部分：基本信息

1. 您的大学学制：_____　(1) 三年制高职毕业生
　　　　　　　　　　　　(2) 五年一贯制高职毕业生
2. 您的性别：_____　(1) 男　　(2) 女
3. 您的民族：_____　(1) 汉族　(2) 少数民族
4. 您所在的学校名称_____系部名称_____所学的专业名称_____(请写全称)。
5. 您的家庭所在地：
　(1) 省会城市　(2) 地级市　(3) 县级市或县城　(4) 乡镇
　(5) 农村
6. 您父母的最高学历：父亲学历_____母亲学历_____
　(1) 研究生　(2) 本科　(3) 专科　(4) 高中或中专
　(5) 初中　(6) 小学　(7) 文盲
7. 您父母的职业状况：父亲_____母亲_____
　(1) 管理阶层　(2) 专业技术人员　(3) 产业与服务业员工
　(4) 农民与农民工　(5) 无业与失业

8. 你大学的平均成绩在本专业属于：

（1）前 25%　　　（2）中上 25%　　（3）中下 25%　　（4）后 25%

第二部分　学生就业状况

下面各项目是对您实习就业或创业状况的描述，请您在对应选项上打"√"。

9. 您毕业后的流向：

（1）受雇全职工作，与专业有关　　（2）受雇全职工作，与专业无关

（3）受雇半职工作　　　　　　　　（4）毕业后读本科

（5）毕业后入伍　　　　　　　　　（6）自主创业

（7）无工作，继续寻找工作　　　　（8）无工作，其他

下面 10~19 题是已经就业的毕业生作答。

10. 您就业的行业类别_____行业名称_____职业类别_____职业名称_____

11. 您目前的工作单位所在城市是_____

12. 选择与专业无关工作的原因：_____

（1）迫于现实先就业再择业

（2）专业工作不符合自己的职业期待

（3）达不到专业相关工作的要求　　（4）专业无关工作收入更高

（5）专业工作岗位招聘少　　　　　（6）专业工作的环境不好

13. 您的工作单位类型：_____

（1）民营企业/个体　　　　　　　　（2）国有企业

（3）中外合资/外资/独资　　　　　（4）政府机构/科研或其他事业单位

（5）非政府或非营利组织（NGO 等）

14. 您的工作单位规模：_____

（1）1000 人以上　　　　　　　　　（2）301~1000 人

（3）51~300 人　　　　　　　　　　（4）50 人及以下

15. 是否有过离职：_____

（1）是　　　　　　　　　　　　　（2）否

离职的主要类型：_____

（1）只有主动离职　　（2）只有被解雇　　（3）两者均有

主动离职的原因：_____

（1）薪资福利偏低　　（2）工作要求高，压力大

(3) 对单位管理制度和文化不适应　　(4) 个人发展空间不够
(5) 就业没有安全感　　　　　　　(6) 准备求学深造
(7) 想改变职业或行业　　　　　　(8) 缺少指导和关怀
(9) 其他

16. 您毕业后的月收入_____元
17. 您目前工作与专业的相关程度：
(1) 非常相关　　(2) 有些相关　　(3) 不太相关　　(4) 很不相关
18. 您认为目前从事的工作与您自身职业期待的吻合程度：_____
(1) 非常吻合　　(2) 吻合　　　(3) 不太吻合　　(4) 很不吻合
不符合职业期待的原因：_____
(1) 不符合我的职业发展规划　　(2) 不符合我的兴趣爱好
(3) 不符合我的性格　　　　　　(4) 不符合我的生活方式
(5) 不符合，其他
19. 您对目前自己就业现状的满意程度为（请在符合的情况下打"√"）：

	非常满意	满意	不太满意	很不满意
总体满意度				
对工资福利				
对工作地点				
对工作稳定性				
对独立自主性				
对个人发展空间				
对职业社会地位				

20. 对就业现状不满意的原因_____
(1) 收入低　　　　　　　　　(2) 工作能力不够造成压力大
(3) 工作氛围不好　　　　　　(4) 工作环境条件不好
(5) 发展空间不够　　　　　　(6) 加班太多
(7) 工作不被领导认可　　　　(8) 其他
21. 你毕业后选择自主创业的动机是：_____（自主创业的学生作答）
(1) 理想就是成为创业者　　　(2) 未来收入好
(3) 未找到合适的工作　　　　(4) 有好的创业项目
(5) 受他人邀请加入创业　　　(6) 其他

22. 您的创业项目与所学专业的相关性：_____（自主创业的学生作答）

　　（1）非常相关　　　　　　（2）有些相关

　　（3）不太相关　　　　　　（4）很不相关

第三部分　毕业生知识、能力、素养提升自我评价

23. 本阶段，您认为掌握下列知识、能力，具备下列素养的重要性如何，每项指标后有4个选项，请结合个人实际情况，在您认可的选项上打"√"。

项　目	重　要　度			
1. 知识方面	非常重要	重要	有些重要	不重要
行政与管理知识				
人事与人力资源知识				
法律与政府知识				
心理学知识				
文秘知识				
传播与媒体知识				
中文语言知识				
数学知识				
美术知识				
外国语知识				
教育与培训知识				
计算机与电子学知识				
消费者服务与个人服务知识				
设计知识				
经济学与会计知识				
工程与技术知识				
机械知识				
生产与加工知识				
营销与沟通知识				

续表

项　目	重　要　度			
2. 能力方面	非常重要	重要	有些重要	不重要
服务他人能力				
积极学习能力				
时间管理能力				
说服他人能力				
判断和决策能力				
有效的口头沟通能力				
谈判技能能力				
积极聆听能力				
解决复杂的问题能力				
理解他人能力				
协调安排能力				
操作和控制能力				
批判性思维能力				
科学分析能力				
针对性写作能力				
学习方法能力				
安装能力				
疑难排解能力				
技术设计能力				
理解性阅读能力				
维修机器和系统能力				
质量控制分析能力				
财务管理能力				
人际沟通能力				
团队协作能力				

续表

项　目	重要度			
2. 能力方面	非常重要	重要	有些重要	不重要
分析解决问题的能力				
计划管理的能力				
持续学习能力				
专业能力				
科学思维的能力				
创新能力				
3. 素养方面	非常重要	重要	有些重要	不重要
诚实守信				
包容精神				
积极乐观				
追求上进				
遵纪守法				
公益助人				
社会公德				
关注社会				
人文美学				
健康卫生				
艺术修养				
科学精神				
职业规划				
团队合作				
专业素养				
创新精神				

24. 现阶段，您认为下列所述知识、能力、素养工作要求的水平，毕业时你能达到的水平，选项从一级到七级，一级水平最低，七级最高。请结合个人实际情况，在您认可的选项上打"√"。

附录1 基于毕业生信息反馈的高职人才培养质量调查

项目	工作要求的水平							毕业时达到的水平						
	一级	二级	三级	四级	五级	六级	七级	一级	二级	三级	四级	五级	六级	七级
1. 知识方面														
行政与管理知识														
人事与人力资源知识														
法律与政府知识														
心理学知识														
文秘知识														
传播与媒体知识														
中文语言知识														
数学知识														
美术知识														
外国语知识														
教育与培训知识														
计算机与电子学知识														
消费者服务与个人服务知识														
设计知识														
经济学与会计知识														
工程与技术知识														
机械知识														
生产与加工知识														

续表

项目	工作要求的水平							毕业时达到的水平						
	一级	二级	三级	四级	五级	六级	七级	一级	二级	三级	四级	五级	六级	七级
营销与沟通知识														
2. 能力方面														
服务他人能力														
积极学习能力														
时间管理能力														
说服他人能力														
判断和决策能力														
有效的口头沟通能力														
谈判技能能力														
积极聆听能力														
解决复杂的问题能力														
理解他人能力														
协调安排能力														
操作和控制能力														
批判性思维能力														
科学分析能力														
针对性写作能力														

续表

项目	工作要求的水平							毕业时达到的水平						
	一级	二级	三级	四级	五级	六级	七级	一级	二级	三级	四级	五级	六级	七级
2. 能力方面														
学习方法能力														
安装能力														
疑难排解能力														
技术设计能力														
理解性阅读能力														
维修机器和系统能力														
质量控制分析能力														
财务管理能力														
人际沟通能力														
团队协作能力														
分析解决问题的能力														
计划管理的能力														
持续学习能力														
专业能力														
科学思维的能力														
创新能力														

续表

项目	工作要求的水平							毕业时达到的水平						
素质方面	一级	二级	三级	四级	五级	六级	七级	一级	二级	三级	四级	五级	六级	七级
3. 素质方面														
诚实守信														
包容精神														
积极乐观														
追求上进														
遵纪守法														
公益助人														
社会公德														
关注社会														
人文美学														
健康卫生														
艺术修养														
科学精神														
职业规划														
团队合作														
专业素养														
创新精神														

第四部分：学生对母校教学工作、学生工作、生活服务等信息反馈与评价

25. 您对母校教学、学生工作和生活服务满意程度等如何评价？（请在相应栏内打√）

项　目	非常满意	满意	不满意	很不满意
总体满意度				
教学服务满意度				
学生工作满意度				
生活服务满意度				
创新创业教育满意度				
就业服务满意度				
社团活动的满意度				

26. 您对本专业人才培养定位的了解程度如何？（请在相应栏内打√）

项　目	符合	不符合	无法评价
了解本专业的总体人才培养目标			
了解本专业毕业生应具备的能力			
了解本专业毕业生就业的行业与职业			
了解本专业的人才培养定位			
了解本专业毕业生毕业 3~5 年后的职业成就和定位			

27. 您是否了解专业对您的毕业要求？_____

（1）完全了解　　　　　（2）部分了解　　　　　（3）不了解

28. 您认为母校设置的核心课程的重要性如何：_____

（1）极其重要　　　　　（2）非常重要　　　　　（3）重要

（4）有些重要　　　　　（5）不重要

29. 您认为母校设置的核心课程是否满足工作或学习要求：_____

（1）是　　　　　（2）否

30. 您对母校整体改进教学服务的主要建议：_____（可多选）。

（1）改进实习实践环节　　（2）调动学生学习兴趣

（3）提高课堂学生参与度

31. 您认为母校教学改革存在哪些不足：_____（可多选）。

（1）实习和实践环节不够　　（2）课程考核方式不合理

(3) 教师专业能力差　　　　　(4) 课堂上让学生参与不够
(5) 教师不够敬业　　　　　　(6) 无法调动学生学习兴趣

32. 您对母校实践教学满意程度如何？（请在相应栏内打√）

实习实践环节	非常满意	满意	不满意	很不满意
专业认识实习				
专业生产实习				
课程实践				
专业技能比赛				
专业技能相关实训				
毕业顶岗实习				
校内生产性实训基地				
校外顶岗实习				
专业作品设计				

33. 您对母校实践教学与实习效果的评价如何？（请在相应栏内打√）

实习实践环节	完全符合	符合	不符合	很不符合
校内实习实践教师实践经验丰富，指导效果好				
校内实习实践实践教学过程中，有充分的动手操作机会				
校内实习实践教学内容与目前工作岗位需求契合度高				
校内实习实践教学设备是所在工作单位普遍使用的设备				
校外实习实践评内容与所学专业相关				
校外实习实践设施完备，能够接触到行业先进技术				
校外实习实践指导老师经验丰富、业务素质好、责任心强				
校外实习实践有明确实习目标、任务、考核目标				

34. 您认为母校实习实践教学需要改进的环节有哪些？_____(可多选)
（1）专业认识实习　　　　　（2）专业技能相关实训
（3）课程实践　　　　　　　（4）专业技能比赛
（5）校内生产性实训基地　　（6）校外顶岗实习
（7）毕业顶岗实习　　　　　（8）专业生产实习
（9）毕业论文或作品设计

35. 您在母校求学时，课下师生交流互动次数为：_____
（1）每周至少一次　　　　　（2）每月至少一次
（3）每学期至少一次　　　　（4）每年至少一次

36. 您大学毕业时是否获得了职业资格证书：_____
（1）是　　　　　　　　　　（2）否

37. 你认为对创业有帮助比较大的活动为_____(可多选)
（1）大学的模拟创业活动，如创业大赛等
（2）大学的社团活动　　　　　　　　（3）假期实习/课外兼职
（4）学校和政府提供的创业培训和咨询　（5）其他

38. 你在大学接受过哪些创新创业教育活动：_____
（1）创新创业辅导活动　　　（2）创新创业教学课程
（3）创新创业竞赛活动　　　（4）创新创业实践活动

39. 您认为哪些创新创业教育活动对您的工作或学习有帮助：_____；哪些创新创业教育活动需要改进_____(可多选)
（1）创新创业辅导活动　　　（2）创新创业教学课程
（3）创新创业竞赛活动　　　（4）创新创业实践活动

40. 您认为母校学生工作需要改进的地方有：_____(可多选)
（1）学生社团活动组织不够好　（2）与辅导员或班主任接触时间太少
（3）辅导员或班主任专业素质不够
（4）辅导员或班主任态度不够好
（5）学生资助服务不够好　　（6）学校解决学生问题不及时

41. 大学期间，您参加过的社团有_____(可多选)
（1）公益类社团　　　　　　（2）文化艺术类社团
（3）体育户外类社团　　　　（4）社会实践类社团
（5）表演艺术类社团　　　　（6）社交联谊类社团
（7）学术科技类社团
（8）没有参加任何社团活动，原因是_____

42. 你参加大学生社团活动的满意度（请在对应栏内打√）

社团活动种类	非常满意	满意	不满意	很不满意
学术科技类社团活动				
社会实践类社团活动				
社交联谊类社团活动				
文化艺术类社团活动				
表演艺术类社团活动				
体育户外类社团活动				
公益类社团活动				

43. 获得第一份工作的渠道是：＿＿＿＿＿＿

（1）本大学的招聘活动或发布的招聘信息

（2）通过顶岗实习获得　　　　　（3）学校订单培养

（4）通过媒体看到招聘信息

（5）参加政府或其他大学组织的招聘活动

（6）通过专业求职网站　　　　　（7）直接向用人单位申请

（8）学校直接介绍工作　　　　　（9）通过朋友和亲戚得到招聘信息

44. 你接受过的母校就业服务的形式有：＿＿＿＿＿＿＿（可多选），你认为哪些就业服务活动比较有效＿＿＿＿＿＿＿（可多选）

（1）职业发展规划教育　　　　　（2）教师辅导简历写作

（3）教师辅导面试技巧　　　　　（4）大学组织的招聘会

（5）开展就业政策、法规咨询活动　（6）没有接受任何服务

45. 母校的学习和生活设施环境能否满足您的学习与生活需求？（请在对应栏内打√）

学习和生活	非常满足	满足	不满足	很不满足
教室及教学设备				
图书馆与图书资料				
计算机、校园网等信息化设备				
实验室及相关设备				
运动场及体育设施				
艺术场馆				

46. 您认为母校应该在哪些方面改进生活服务质量：_____(可多选)
(1) 宿舍服务方面　　　　　　　(2) 食堂饭菜质量及服务方面
(3) 学校洗浴服务　　　　　　　(4) 学校交通服
(5) 学校医院或医务室服务方面　(6) 学校保安服务

47. 如果让您重新选择，您会愿意再选择该大学（母校）就读吗？
(1) 愿意　　　　　　(2) 不愿意　　　　　　(3) 不确定

48. 您是否愿意推荐母校给亲戚朋友去就读：_____
(1) 愿意　　　　　　(2) 不愿意　　　　　　(3) 不确定

问卷结束，再次谢谢您的合作！

附录2　基于企业信息反馈的高职人才培养质量调查

尊敬的企业领导：您好！

非常感谢您能在百忙之中参加这次调查活动。此次调查的目的是通过您的信息反馈，了解学院毕业生在贵单位工作岗位的适应性以及工作表现，以便更全面准确地测评学院的高职人才培养质量。问卷调查采取无记名形式，不会以任何形式公开您的信息，请您对学院学生的真实表现情况和您的评价填写在相应的横线上或在选项编号上或对应栏内打"√"。

衷心感谢您的支持与合作！

全国教育科学规划课题 "基于企业和毕业生信息反馈的
高职人才培养质量实证研究"　课题组

第一部分：基本信息

1. 贵单位全称：_____
2. 贵单位所属行业：_____
3. 贵单位的性质：_____
   (1) 民营企业/个体　　　(2) 国有企业
   (3) 中外合资/外资/独资
   (4) 政府机构/科研或其他事业单位
   (5) 非政府或非营利组织（NGO 等）
4. 单位的规模：_____
   (1) 3000 人以上　　(2) 1001~3000 人　　(3) 51~300 人
   (4) 301~500 人　　(5) 50 人及以下
5. 在员工招聘阶段您最看重以下哪些因素（可多选）_____
   (1) 学习成绩　　　　(2) 思想品德　　　　(3) 所学专业
   (4) 学校品牌　　　　(5) 组织管理能力　　(6) 人际关系能力
   (7) 语言表达能力　　(8) 个人形象气质　　(9) 所获得荣誉
   (10) 其他：_____

6. 贵单位聘用本校应届毕业生的主要理由：_____

(1) 能力和知识结构合格　　　(2) 符合本单位职场文化和价值观

(3) 专业对口

(4) 持有与工作相关的资格证书（如会计证、英语四六级证、全国计算机等级证等）

(5) 学校声誉好　　　　　　　(6) 有相关的实习经历

(7) 其他

7. 贵单位聘用本校应届毕业生的主要渠道：_____

(1) 在本单位实习

(2) 校园招聘会或通过学校发布招聘信息

(3) 通过本公司网站发布招聘信息　　　(4) 通过社会媒体进行招聘

(5) 聘用对象的亲朋好友推荐　　　　　(6) 聘用对象的学校推荐

(7) 聘用对象的校友推荐

第二部分：毕业生工作能力、知识、素养评价

8. 您对该校毕业生岗位工作能力、知识、素养的满意度如何？（请在对应栏内打√）

	项　目	非常满意	满意	不满意	很不满意
工作能力	问题分析能力				
	动手操作能力				
	组织管理能力				
	沟通与交流能力				
	自主学习能力				
	服务他人				
	信息技术/电脑技能				
	解决问题能力				
	团队合作能力				
	时间管理				
	压力承受能力				
	创新能力				

续表

项　目		非常满意	满意	不满意	很不满意
职业素养	社会责任感				
	职业道德规范				
	积极的工作态度				
	对环境的适应性				
	政治素质				
	学习的意愿				
	创新意识				
核心知识	专业知识				
	与行业相关的知识				
	人文社会科学知识				
对本校应届毕业生的总体满意度					

9. 如果下次有用人需求，贵单位愿意继续招聘本校的应届毕业生

(1) 非常愿意　　　　(2) 比较愿意　　　　(3) 不确定

(4) 不太愿意　　　　(5) 很不愿意

第三部分：对学校的整体评价

10. 学校专业设置符合贵单位用人需求程度：_____

(1) 非常符合　　　　(2) 比较符合　　　　(3) 不确定

(4) 不太符合　　　　(5) 很不符合

11. 学校的课程设置符合贵单位岗位工作需求程度：_____

(1) 非常符合　　　　(2) 比较符合　　　　(3) 不确定

(4) 不太符合　　　　(5) 很不符合

12. 您对学校的社会声誉评价如何？_____

(1) 很高　　　　　　(2) 较高　　　　　　(3) 不确定

(4) 不高　　　　　　(5) 较低

13. 您对学校就业服务工作的满意程度如何？_____

(1) 非常满意　　　　(2) 比较满意　　　　(3) 不确定

(4) 不太满意　　　　　(5) 很不满意

14. 您对改进学校专业建设有哪些建议？

15. 您对学校的就业服务工作由哪些需求或建议？

问卷结束，再次谢谢您的合作！

参考文献

［1］李永健，李梦玲，黄东显."人民满意"的高职教育办学质量评价体系诠释与构建［J］.中国职业技术教育，2018（13）：77-83.

［2］岳昌君 夏洁、邱文琪.2019年全国高校毕业生就业状况实证研究［J］.华东师范大学学报（教育科学版），2020（4）：1-17.

［3］刘海峰，李木洲.构建"四位一体"功能互补的教育评价新体系［J］.中国考试，2020（9）：3-7.

［4］范春艳，赖莉，蒋梦凡.基于微信公众平台探索大学生就业与企业招聘的关注要点［J］.企业管理，2019（01）：64-66.

［5］https://wenku.baidu.com/view/cb582a7dcf2f0066f5335a8102d276a2002960ae.html 解决问题的八种能力.

［6］刘晓岩，刘晓杰，刘春霞，吴龙慎，王永丰.基于用人单位满意度的高职毕业生就业质量评价研究［J］.职业技术，2018（05）：19-22.

［7］彭建娟，李建华.基于多层次因子分析的区域科技能力指标体系建立及东北现状解析［J］.工业技术经济，2005，24（8）：63-67.

［8］冰启.工作与专业相关率引发的思考［J］.教育与职业，2009（7）：84.

［9］蔡清田.核心素养在台湾十二年国民基本教育课程改革的角色［J］.全球教育展望，2016，45（2）：13-23.

［10］潘海生，程欣.新时代职业教育产教融合治理体系和治理能力现代化的现实内涵和行动路径［J］.中国职业技术教育，2021（12）：68-74.

［11］吴秀杰，张蕴启."双高计划"背景下高职"三教"改革的价值、问题与路径［J］.教育与职业，2021（9）：11-18.

［12］张男星，王纾，孙继红.我国高等教育综合发展水平评价及区域差异研究［J］.教育研究，2014，35（5）：28-36.

［13］孙继红，等.区域高等教育发展综合评价实证分析［J］.科学与科学技术管理，2009，30（12）：122-127.

［14］杨应崧.高职评估工作需要进行彻底的反思和改革［J］.职业技术教育，2009（33）：22-22.

［15］吴岩.构建中国特色高等教育质量保障体系［M］.北京：教育科学

出版社，2014：9.

[16] 教育部高等教育司，教育部高等教育教学评估中心，高等职业院校人才培养工作评估研究课题组.高等职业教育教学质量保障体系建设进展报告[J].职业技术教育，2010（30）：33-34.

[17] 李福华.利益相关者视野中大学的责任［J］.高等教育研究，2007，28（1）：50-53.

[18] 张家宜.高等教育行政全面品质管理、理论与实践［M］.台北市：高等教育出版，2002：47.

[19] 焦磊.大学教育质量保障与提升——外部利益相关者信息反馈机制研究［D］.华东师范大学，2010.

[20] 王辉，张小诗，刘海军.高校人才培养质量反馈机制建构［J］.现代教育管理，2011（11）：38-40.

[21] 刘珊珊.高职院校毕业生就业信息反馈机制研究［J］.产业与科技论坛，2013（23）：155-155，156.

[22] 潘懋元.高等教育大众化的教育质量观［J］.中国高教研究，2000，(1).

[23] 教育部，国家发展改革委，财政部等.现代职业教育体系建设规划（2014-2020年）（教发［2014］6号)[EB/OL].(2014-06-25).

[24] 麦可思研究院.2011年中国大学生就业报告.(2012-12-10).

[25] 袁益民.教育评估理论与实践：概念、构念和理念的中外比较（上）［J］.高教发展与评估，2011（1）.

[26] 唐以志.关于以效果为导向构建职业教育质量评价标准的思考［J］.中国职业技术教育，2016（6）.

[27] 陈玉琨.高等教育质量保障体系概论［M］.北京：北京师范大学出版社，2004：55.

[28] 丁金昌.高等职业教育人才质量观的探究［J］.中国高教研究，2011（12）.

[29] 董刚，杨立连，张强.高职院校内涵式发展质量评价体系的构建［J］.高等工程教育研究，2013（9）.

[30] 冷余生.从质量争议看高等教育质量评价的现状和任务［J］.高等教育研究，2007（03）.

[31] 刘俊学.试论"双重性"视角下的高等教育质量评价与监控［J］.中国高教研究，2007（11）.

[32] 吴亚萍. 基于学生、学校发展的高职教育质量评价观 [J]. 教育与职业，2009（02）．

[33] 胡小桃. 社会中介组织参与高职教育质量保障体系构建：意义、路径与问题 [J]. 职教论坛，2010（04）．

[34] 任君庆. 高等职业教育的质量标准和质量观 [J]. 职业技术教育，2003（25）．

[35] 李志宏，等. 高职高专院校人才培养工作水平评估绩效分析研究 [J]. 教育研究，2011（08）．

[36] 国务院《国务院关于加快发展现代职业教育的决定》，国发〔2014〕19号.

[37] 余秀琴. 浅论基于多元互动的高职院校人才培养质量评价体系 [J]. 职业技术教育，2014（39）．

[38] 王爱冬. 高等教育外部评价指标体系的构建 [J]. 河北师范大学学报（教育科学版），2009（23）．

[39] 崔清源，颜韵. 高职院校人才培养质量保障模式研究 [J]. 国外社会科学，2014（5）．

[40] 涂三广. 建立基于校企合作的高职人才培养质量评价体系 [J]. 职教论坛，2009（01）．

[41] 俞仲文，等. 高等职业教育模式研究 [M]. 广州：广东科技出版社，2003.

[42] 陈涛. 高等职业院校核心竞争力研究 [M]. 湖南：湖南大学出版社，2008.

[43] 肖化移. 审视高等职业教育的质量与标准 [M]. 上海：华东师范大学出版社，2006.

[44] 杨永华，张进. 企业质量管理及实施 ISO9000 标准及实务 [M]. 北京：海天出版社，1999.

[45] 周建松，陈正江. 高职职业教育示范建设理论与实践 [M]. 杭州：浙江大学出版社，2011.

[46]［德］费利克斯·劳耐尔，赵志群，吉利. 职业能力与职业能力测评 KOMET 理论基础与方案 [M]. 北京：清华大学出版社，2010.

[47]［美］EgoivG´Guba，Yvonna S. Lincoln 著，秦霖，蒋燕玲等译，杨爱华校. 第四代评估 [M]. 北京：中国人民大学出版社，2008.

[48] James Bellanca Carolyn Chapman Elizabeth Swartz. 多元智能与多元

评价——运用评价促进学生发展［M］.北京：中国轻工业出版社，2004.

［49］冯琳娜.德国职业教育质量保障机制研究［D］.陕西师范大学，2010.

［50］沈滢.现代技术评价理论与方法研究［D］.吉林大学，2007.

［51］张翠英，首衍.试论以能力为本的高职学生质量评价［J］.教育与职业，2009（9）.

［52］赵志群.再谈职业能力与能力研究m.职教论坛，2010，（24）：1.

［53］Richard Winter and Maire Maisch. Professional Competence and Higher Education：the ASSET Programme. The Faimer Press，1996：56.

［54］张立华.多元化内外部结合的高职八才培养质量评价体策研究［J］.农业经济，2015（11）.

［55］周建松.构建开放、多元、立体的高职教育质量评价体系［J］.中国高教研究，2012（08）.

［56］李顺.高校人才培养质量评价模型的建立与应用研究［D］.广州：华南理工大学，2011.

［57］吴静.高职人才培养质量社会评价的必要性及建议［J］.北京工业职业技术学院学报，2012（7）.

［58］李小娟.高职院校人才培养绩效评价研究——基于参与主体视角的调查分析［J］.中国高教研究，2015（09）.

［59］鲍威.学生眼中的高等院校教学质量——高校学生教学评估的分析［J］.现代大学教育，2007（04）.

［60］马树超，郭扬.高等职业教育 跨越.转型.提升［M］.北京：高等教育出版社，2008：36-59.

［61］毕于民.高职学生顶岗实习满意度及其影响因素研究［M］.济南：山东人民出版社，2014：36-39.

［62］岳昌君.全国高校毕业生就业调查报告（2019）［M］.北京：北京大学出版社，2020：47-52.